《国际安全治理》丛书（三）

国际安全秩序与治理
现状与展望

National Security Order and Governance —— Current Situation and Prospect

罗英杰 / 申 林 ◎ 主 编
曹 玮 / 李春霞 ◎ 副主编

时事出版社
北京

《国际安全治理》丛书（三）

编委会
主　任　陶　坚
副主任　郭惠民

编委（按姓氏笔画排序）

王灵桂	王　帆	王逸舟	达　巍	江时学
刘跃进	刘笑盈	孙君健	孙吉胜	朱素梅
李永辉	李文良	李绍先	李　渤	李少军
苏长和	杨光斌	吴志成	季志业	陈　岳
孟祥青	金灿荣	张胜军	林利民	罗英杰
羌建新	杨建英	赵晓春	唐永胜	秦亚青
袁　鹏	黄大慧	黄仁伟	彭光谦	楚树龙
戴长征	蔡　拓			

总编　林利民

序

继《国际安全治理》第一辑《国际安全治理的困境与出路》和第二辑《国际安全治理的理论与实践》相继推出后，我们现在又迎来了第三辑《国际安全秩序与治理——现状与展望》，对此我谨表祝贺并谈几点看法。

当今世界正面临百年未有之大变局。大国竞争加剧，国际安全的不稳定和不确定因素增多。大国关系层面，美国挑起贸易战，中美关系持续紧张；美俄在地区问题上的争端不断，矛盾日益加深；欧美在军费分担、全球治理问题上的分歧严重。国际秩序层面，单边主义、霸权主义时时再现，国际政治秩序继续遭到破坏；贸易保护主义抬头，全球化受阻，国际经济秩序面临从未遭遇的挑战；经济衰退和难民问题引发的民粹主义不断冲击现有的国际规范，加之恐怖主义、分离主义和极端主义的蔓延，国际社会正面临传统安全和非传统安全的双重挑战。中东、非洲、拉美等地区安全局势起伏动荡，气候变化等全球性问题不断蔓延加剧。国际安全秩序的变化和全球治理赤字的频现需要新思路、新对策，更需要各国尤其是大国参与到国际安全治理之中。

人类是一个多元的世界，各国在利益和价值上存在差异是一个客观现实，它们对于国际安全的认知也不尽相同甚至会存在云泥之别，这就为国际安全治理增添了困难。但当每个国家都把是否有利于本国的安全作为评价国际安全治理模式好坏的标准时，良好的国际安全治理将永不可能出现。因此，各国在维护自身利益的同时，也应理解其他国家对自身利益的合理关切，尽量求同存异，寻找重叠共识，在此基础上建立一个能够得到各国普遍认可的国际安全治理模式。

国际关系学者应当为建立一种能被广为接受的国际安全治理新模式贡献自己的一份力量。习近平主席的"人类命运共同体"构想代表了建立一种良好的国际安全治理模式的前进方向，但要把它落实到具体可行的环节，使它能为各国广泛接受，成为面向未来的国际安全治理新理念，尚需要中国国际关系学者做出不懈的努力，我们应该有这样的历史担当。

国际关系学院几十年来致力于国际关系研究，近年来汲汲于国际安全研究，取得了一些成绩。这部《国际安全秩序与治理——现状与展望》又汇聚了一批新成果。这部论文集由16篇论文构成，其作者除了国际关系学院的学者外，还有其他一些高校和研究机构的学者。在此，对于他们的辛勤耕耘我谨表感谢，同时还要特别感谢襄助本书的校外学者。

《国际安全秩序与治理——现状与展望》一书分为三部分，第一部分是总体国家安全观，其中既包含了对总体国家安全的研究，又包含了对总体国家安全中的某些方面——如军事安全、情报安全、金融安全和国家安全法治问题——的研究。第二部分是国际安全形势，涉及到整体国际安全秩序、中美关系、欧洲安全、亚太安全和中国周边安全。第三部分是国际安全治理，既包含了反恐治理、能源安全治理等特殊领域的治理，又反映了俄罗斯、欧盟等国家对国际安全问题的治理方式。全书既有理论又有实践，既有问题又有对策，比较充分地反映了当前国际安全秩序中存在的问题与治理的方略。

希望国际安全治理论坛能继续办下去，且越办越好；也希望能见到更多的《国际安全治理》专辑和相关研究论著，并以此形成国际关系学院在这一领域的学术品牌和学术优势！

郭惠民

国际关系学院副院长、教授

目 录

第一编 总体国家安全观

全球化背景下总体国家安全 ……………………… 李大光(3)
安全观转型与上海合作组织联合军演 …………… 王树春 张 娜(26)
试析开源情报在中国国家安全情报中的地位
　和作用 ………………………………………… 杨建英 余至诚(51)
国家安全法治三题:涵义、必要性与重点难点 ……………… 肖君拥(70)
互联网金融与金融安全 ……………………………………… 羌建新(87)

第二编 国际安全形势

震荡与重塑中的国际安全秩序
　——2018年国际安全形势述评 …………… 孟祥青 王 啸(107)
世界秩序的变局与中美关系的范式性转折 …………………… 达 巍(119)
试析欧洲极右势力的崛起及其政治影响
　——难民危机的视角 ………………………… 罗英杰 张昭曦(133)
从亚太地区到印太体系:演进中的战略格局 ………………… 宋 伟(154)
超越冷战
　——大国共治模式研究 ……………………… 曹 玮 杨 原(181)

越南在东盟地区安全合作中的作用:从机制建设
　　到争端解决……………………………………… 李春霞(214)

第三编　国际安全治理

国际安全秩序的治理
　　——以反恐对策为例 ……………… 朱素梅　范家齐(235)
国际能源安全治理中的中国角色 ………………… 董秀丽(250)
俄罗斯加强国家安全的措施 ……………………… 盛世良(267)
欧盟在反扩散领域的实践及其面临的挑战………… 王明进(288)
中国与欧盟在反恐领域的合作 …………………… 江时学(322)

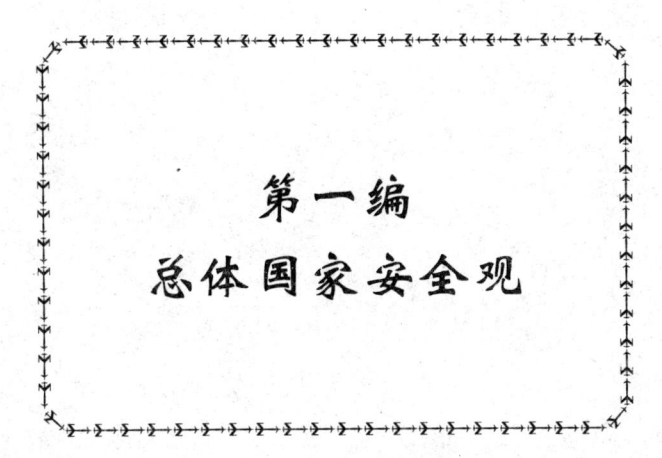

第一编
总体国家安全观

全球化背景下总体国家安全

李大光*

[内容提要] 当今时代是一个全球化时代。在这一背景下中国的国家安全面临许多新情况、新问题，并表现出总体国家安全的新观念。总体国家安全表现出与传统国家安全所不同的特定内涵和体系。如今的中国，包括政治安全、国土安全和军事安全在内的传统安全隐患不容乐观，包括经济安全、文化安全、社会安全、科技安全、信息安全、生态安全、资源（核）安全、民生安全的非传统安全面临严峻的现实威胁。我们必须要以总体国家安全观为指导，全面维护国家安全的各个领域，为实现中华民族伟大复兴的中国梦提供坚强有力的安全保障。

[关键词] 总体国家安全　传统安全　非传统安全　国家安全观

当今，我国的国际国内环境都发生了巨大的变化，维护全球化时代的总体国家安全是我们面临的一个紧迫课题。因此，习近平总书记在2018年4月17日的十九届中央国家安全委员会第一次会议上强调指出："正确把握当前国家安全形势，全面贯彻落实总体国家安全观，努力开创新时代国家安全新局面，为实现'两个一百年'

---

* 李大光，国防大学教授，主要研究领域为国家安全、军事战略、军事装备和国际政治。

奋斗目标，实现中华民族伟大复兴的中国梦提供牢靠安全保障。"从全球视域的角度了解当下中国的总体国家安全，对于维护国家的长治久安具有重要的现实意义。

一、总体国家安全观的内涵与体系

总体国家安全观是全球化时代提出的国家安全的新理念。了解和掌握总体国家安全观的内涵和体系构成，对于更好地维护总体国家安全具有重要的指导意义。

（一）总体国家安全观的提出

当今世界正处于全球化时代，国际社会正处于大发展、大变革、大调整时期，传统安全威胁和非传统安全威胁相互交织，国家安全问题已经成为影响国家发展的重大问题，并已引起全球各国的广泛关注。世界总体态势仍然以和平与发展为时代主题，但恐怖活动、武装冲突和局部战争仍然不断。

在这一背景下，习近平总书记于2014年4月15日在中央国家安全委员会第一次全体会议上提出了总体国家安全新观念。习近平在这次会议上指出，坚持总体国家安全观，走出一条中国特色国家安全道路。在这次会议上，习总书记还指出："当前我国国家安全内涵和外延比历史上任何时候都要丰富，时空领域比历史上任何时候都要宽广，内外因素比历史上任何时候都要复杂，必须坚持总体国家安全观，以人民安全为宗旨，以政治安全为根本，以经济安全为基础，以军事、文化、社会安全为保障，以促进国际安全为依托，走出一条中国特色国家安全道路。"可见，总体国家安全观是全球化时代维护国家安全的新理念，这是一种综合的安全观、发展的安全观、统筹的安全观。总体国家安全观对于我们维护全球化时代国家安全具有重要的指导意义，是当今时代我们维护国家安全的行动指南。

（二）总体国家安全观的内涵

总体国家安全观既是一种全面系统、注重统筹的新型国家安全观，蕴含着富有中国特色的国家安全价值理念、工作思路和机制路径，也是一个不断发展的开放型国家安全思想理论体系，会随着国家安全与发展战略的推进而不断创新发展。因此，总体国家安全观具有十分丰富的内涵。

习近平总书记提出的总体国家安全观具有深远的理论价值和鲜明的实践意义，彰显了中国智慧，体现了五位一体的安全内涵：一是以人民安全为宗旨。坚持以民为本、以人为本，坚持国家安全一切为了人民、一切依靠人民，确保人民安居乐业，真正夯实国家安全的群众基础。二是以政治安全为根本。要坚持党的领导和中国特色社会主义制度不动摇，把制度安全、政权安全放在首要位置，为国家安全提供根本政治保证。三是以经济安全为基础。要确保国家经济发展不受影响，促进经济持续稳定健康发展，提高国家经济实力，为国家安全提供坚实物质基础。四是以军事、文化、社会安全为保障。要准确把握不同安全领域的特点规律，研究解决新情况、新问题，完善保障安全的各项对策措施，为维护国家安全提供硬件和软件方面的保障。五是以促进国际安全为依托。要始终不渝走和平发展道路，在注重维护本国安全利益的同时，注重维护共同安全，推动建设持久和平、共同繁荣的和谐世界。

上述五位一体就构成了总体国家安全观的基本内涵，清晰反映了国家安全的内在逻辑关系，是全球化时代国家安全的大思路。总体国家安全观的提出，是国家安全理论的创新和升华，是做好国家安全工作的总纲，对走出一条中国特色国家安全道路具有重要的指导意义。

（三）总体国家安全的体系

古语说得好，"安而不忘危，存而不忘亡，治而不忘乱"。在全球化背景下，国家安全的内涵和外延又得到进一步拓展，已由领土、军事和政治领域拓展到经济、文化、信息、金融、能源、气候、公共卫生等诸多领域。

当前，总体国家安全包括人民安全、政治安全、经济安全、军事安全、文化安全、社会安全等全方位内涵，兼顾传统安全与信息安全、生态安全、资源安全、核安全等非传统安全，既重视外部安全，又重视内部安全，对内求发展、求变革、求稳定、建设平安中国，对外求和平、求合作、求共赢、建设和谐世界，实现本国安全与他国安全的共同安全，甚至包括人与自然、国家与国际的总体安全。这是一种"大安全"理念，因此当前和今后一个时期国家安全工作谋求的正是构建集政治安全、国土安全、军事安全、经济安全、文化安全、社会安全、科技安全、信息安全、生态安全、资源（核）安全和民生安全等于一体的国家安全体系。其中，政治安全、国土安全和军事安全属于传统安全范畴，其他安全则属于非传统安全范畴。

二、传统安全隐患不容乐观

在传统安全范畴中,主要包含政治安全、国土安全和军事安全三个安全领域。这是总体国家安全体系中最基本的安全领域。

(一)政治安全形势不容小觑

在总体国家安全中,政治安全是总体国家安全的基石。政治安全是国家安全的根本,经济、军事、社会、文化、科技等领域安全的维系,最终都需要以政治安全为前提条件。如今,我国维护政治安全的各项基础和条件虽然不断得到加强和改善,但维护政治安全也面临着一些挑战,突出表现在五个方面:

一是精神懈怠、能力不足、脱离群众、消极懒政的危险十分尖锐。2018年是改革开放40周年。40年来,我国经济社会发展取得了翻天覆地的变化,人民群众的物质生活得到极大改善。但同时也应该看到,我党内部一些党员领导干部出现骄傲自满、贪图享乐情绪;特别是我党八项规定出台后,面对反腐压力,少数党员干部不思进取、消极懒政。最近,习近平总书记深刻而严正地指出:"绝不能犯颠覆性错误",非常值得引以为戒。40年来的改革开放确实存在一些值得我们注意的问题,在关系党、国家和民族"信仰、宗旨、方向、道路"等根本性问题上是否犯了"颠覆性错误"。

二是"颜色革命"对我国政治安全构成重大现实威胁。进入21世纪以来,在东欧、高加索、中亚、西亚和北非等地区发生的以颜色命名、倡导"非暴力"进行政权更迭的运动。其实质是外部势力通过各种手段在有关国家进行各领域渗透、培植政治反对派并鼓励其利用社会矛盾推翻现政权的一种政治颠覆活动。"颜色革命"的旋风从2000年早期开始席卷世界，到2014年乌克兰爆发"二次橙色革命"，"颜色革命"席卷了半个地球。中国是一个与西方国家价值观不同的社会主义国家，西方势力不愿意看到一个强大的中国存在，总是千方百计进行破坏和干扰，甚至试图发动"颜色革命"，颠覆中国共产党的领导、颠覆我国社会主义制度。

三是意识形态领域斗争形势复杂严峻。当代世界思想文化领域交流交融频繁、斗争深刻复杂，尤其是外部势力把我国崛起视为对其价值观和制度模式的挑战，加紧通过互联网等各种渠道进行渗透和分化。近年来，境外势力利用信息网络、课堂讲坛、独立媒体、地下教会等多种形式，传播西方思想文化和意识形态，诋毁我国的主流价值观，片面渲染、刻意放大我国的各种问题，甚至制造各种谣言，煽动人民的不满情绪。

四是"一国两制"实践遭遇新情况、新问题。2014年9月28日，香港发生少数激进分子骤然发动"占领中环"的事件，这是"一国两制"在香港的实践遇到的新情况、新问题。受"占中"行动的影响，香港金融市场出现震荡，股市大跌，港元急挫；数十家银行分行暂停服务，不少商户关门歇业；师生罢课，部分学校被迫停课；核心地带交通瘫痪，市民上班上学受阻。香港有极少数人在外部势力支持下，妄图将香港作为对中国内地进行渗透、颠覆的桥头堡。

五是政府官员腐败为新中国成立以来之最。改革开放以来，我国的市场经济建设确实取得了辉煌的成就，但我们也应该清醒地认识到，官员腐败确也大有人在。2018年3月9日，最高人民检察院曹建明检察长在13届人大一次会议二次全体会议上作高检工作报告时说道："党的十八大以来，检察机关对周永康、孙政才、令计划、苏荣等120名原省部级领导干部立案侦查，提起公诉105名。"腐败现象的存在，一定程度上影响了中国特色社会主义的感染力，影响了中国特色社会主义在人民群众中的传播。如果我们掉以轻心，任由腐败泛滥，就会葬送我们的党，葬送我们的人民政权，葬送我们的社会主义现代化大业。

（二）国土安全仍有现实威胁之忧

国土安全是整个国家安全体系的载体和基础，是传统安全备受关注的首要方面。我国国土安全面临复杂严峻挑战，具体表现在如下四个方面：

一是国土边境安全面临挑战。目前，与我国没有划定陆地边界的国家只有印度和不丹两个，其中我国与不丹的边界的主要原因是印度干涉不丹的结果。近年来，中印边界安全形势出现一些复杂的局面和敏感因素，特别是2017年6月到8月，印度军队竟然越境进入我国洞朗地区长达70多天，令人匪夷所思，也引起国际社会的广泛关注。我国周边海上安全形势也面临较多挑战：南海方向，一些周边国家长期非法侵占我国南沙部分岛礁，不断加强非法岛礁建设和油气等海洋资源开发；在东海方向，因海洋划界不同而引起中日东海海洋权益争端，日本政府于2012年9月对钓鱼岛实施所谓"国有化"，企图将其实际控制的中国钓鱼岛长期占有；在黄海方向，中韩、中朝之间存在着苏岩礁、海洋专属经济区、大陆架划界等纷争。

二是反"台独"分裂活动仍然任重而道远。如今"台独"势力已经成为台湾的一种政治力量，不仅民进党主张"台独"，还有包括国民党内少数人以及其他党派也有不少"台独"势力。在台湾，只要说我是台湾人也是中国人、我主张统一，都是票房毒药，无法参选台湾领导人，无法参选台湾立法院委员，无法参选台湾县市长。自2016年5月20日蔡英文上台执政以来，拒不承认"9·2共识"，坚决不承认两岸同属一中，导致两岸关系趋于低谷。自美国总统特朗普2018年3月16日签署所谓的"台湾旅行法"之后，"台美官员交流"被全数解禁，美台政府官员互访开始热络起来。

三是边疆民族分裂势力蠢蠢欲动。由于多种因素特别是腐败问题，以及国家民族政策的偏差，导致边疆地区的民族分裂活动不断升级，"藏独""东突"等民族分裂势力暴力倾向进一步加剧。"东突"势力不断变换手法，打着"民主""人权""宗教自由"的幌子，骗取国际社会同情与支持。2018年3月24日，由"台独"势力、"港独"势力、"藏独"势力、"疆独"势力、"蒙独"势力，以及中国大陆海外"民运"分子等分裂势力，在台湾上演了一场鼓吹分裂中国的"研讨会"。如今，民族分裂主义势力、宗教极端势力、暴力恐怖势力及境外国际敌对势力，对我国民族地区安定团结的政治局面和国家安全构成严重危害。

四是国土安全舆论环境亟待改善。自"南海仲裁案"以来，美西方国家主导国际话语权，频频制造不实的国际舆论，挑唆一些国家不能公正看待我国维护国土安全有关政策、举措，使我国的国土安全面临着十分不利的舆论环境。另外，与我国存在领土和海洋权益争议的部分国家，也在不断制造不利于我国国土安全的舆情。

（三）军事安全仍有潜在的战争风险

当前，我国面临的军事安全环境总体上是稳定的，但仍然存在一些不稳定性因素和威胁挑战，具体表现在如下三个方面：

一是国家的领土统一和完整仍深藏隐患。我国尚未实现完全统一，是与周边存在陆地和海洋的领土争端最多的国家。如台湾问题，"疆独""藏独"等分裂势力及其分裂活动的威胁仍然存在，远未消除，维护钓鱼岛主要问题一直是影响我国土安全的现实威胁。其中，以"台独""疆独"和维护钓鱼岛主权最为突出。我国主张的300多万平方千米管辖海域中，有一半以上与有关国家存在争议。南海周边有关国家非法侵占南沙岛礁，南沙和西沙大面积海域被分割，油气和渔业资源被掠夺。个别国家频繁挑起事端，企图联手他国对我国发难，给我国维护岛礁主权和海洋权益带来新的复杂因素。

二是美国已将中国作为战略对手施以遏制。在2017年底和2018年初出台的《国家安全战略报告》《国防战略报告》中，美国清楚地表明了当下的中美关系性质，把中国作为主要战略竞争者与战略对手。相应地，为了达成战略竞争、对抗与遏制的目的，美国国会用尽所有国际条件去追求战略目标的实现。因此，就有了《国防授权法》《台湾旅行法》的陆续出台，进而对华实施贸易战、科技战。同时，利用朝核问题、南海航行自由权问题在我国周边地区制造事端，对我国实施战略遏制。

三是新军事革命深入发展带来新挑战。当今，一场新军事变革已经在世界范围内深入展开，太空、网络、极地等新维域成为军事竞争关注的焦点。随着新兴技术的迅猛发展及广泛应用，太空、网络和极地等维域的博弈日趋尖锐复杂，逐步成为国家安全新领域和军事斗争新战场。美军非常重视网络空间这一新型战场，如同制海权、制空权、制天权一样，争夺网络战场上的控制权已成为美军维持军事霸权的重要组成部分。2018年5月4日，隶属于美军战略司令部的网络司令部升格为独立的作战司令部，正式成为美军第10个联合作战司令部，体现了美国对网络战力量建设的重视，凸显了其着力维护网络空间霸权地位的战略意图。

三、非传统安全面临严峻的现实威胁

在非传统安全范畴中，包含经济安全、文化安全、社会安全、科技安全、信息安全、生态安全、资源（核）安全等领域。此外，还有民生安全问题，这是总体国家安全观以人民安全为宗旨的题中应有之义。而核安全属于能源问题，因此应将其放置于资源安全之中。

（一）经济安全威胁不容小觑

在全球化背景情况下，经济安全居于总体国家安全的核心地位。随着我国经济发展进入新常态，产能过剩化解、产业结构优化升级、创新驱动发展实现都需要一定的时间和空间，经济下行压力明显，保持较高增长速度难度不小。由于多方面因素影响和国内外条件变化，我国经济发展仍然面临一些突出矛盾和问题。

一是国际贸易保护主义对我国经济发展造成深刻影响。当前，国际金融危机深层次影响在相当长时期依然存在，全球经济贸易增长乏力，保护主义抬头，各种高风险的非经济因素对经济稳定的冲击增大。商人出身的美国总统特朗普已经开始对华实施贸易战、金融战。2018年3月22日，特朗普签署了针对进出口的1300种、价值约500亿美元商品的增加高额关税的"总统备忘录"，正式拉开了中美贸易战的序幕。企图通过贸易战、金融战打压和搞垮中国。

二是国际经济秩序变革带来深层次挑战。随着国际力量对比发生新变化，国际经济规则制定主动权之争日趋激烈，美西方国家积极谋求为全球经济设立新的规制标准。国际经济秩序变革，事关各国在国际经济体系长远制度性安排中的地位和作用,其深层次影响在相当长时期依然存在。中国作为世界第二大经济体,在由美西方国家主导的国际经济秩序中处于十分不利的态势,必须努力打造一个国际经济新秩序。随着"一带一路"倡议的实施、亚投行等金融机构的设立,将对国际经济秩序产生重大影响。

三是金融风险积聚给我国金融领域埋下新隐患。近年来,我国社会宏观债务水平持续上升,产能过剩、行业信贷风险逐步显现,金融机构信用和流动性风险上升,部分影子银行业务扩张过快,跨境资本异常流动风险增大,金融风险日趋加大。随着我国金融市场对外开放程度不断提高,风险跨境传染的可能性增大。频繁显露的局部风险特别是资本市场的剧烈异常波动说明,现行监管框架存在着不适应我国金融业发展的体制性矛盾,必须通过改革保障金融安全,有效防范系统性风险。

四是财政特别是地方政府财政安全和社会保险面临风险隐患。如今,我国部分城市建设规模和速度超出财力,城市政府债务负担过重,有些地方政府甚至是负债运行,财政和金融风险不断积累。社会保险存在隐患,养老保险基金制度还需完善,长期收支平衡存在压力。多层次医疗保险体系尚未完全建立,城镇居民基本医疗保险制度和新型农村合作医疗制度有待进一步整合。

五是产业安全面临内外部多重压力和多种风险威胁。自我国改革开放以来尤其在加入WTO之后,跨国资本纷至沓来,在华掀起了一波又一波的并购浪潮。如今,发达国家再工业化吸引本国制造业回流,东南亚、南亚国家大力吸引低端产业和订单转移,我国产业面临提升竞争力和避免空心化的双重挑战。从关键产业看,装备制造、互联网信息等产业的核心技术、核心专利、关键设备、基础软件和零部件对外依存度依然较高,引进先进技术受到多方面因素制约。装备制造业、互联网等关键和新兴产业还受到外资并购等方面威胁。根据国务院研究发展中心发表的一份研究报告，在中国已开放的产业中，排名前5位的企业几乎都由外资控制；中国28个主要产业中，外资已在21个产业拥有多数资产控制权。

六是粮食安全存在不确定性风险。受耕地、水资源、自然灾害、环境等多种因素制约，我国口粮可持续发展形势严峻，抵御国际粮价大幅波动的能力不强。中国粮食安全面临耕地不足、水资源缺乏等诸多因素威胁，加上粮食育种日益依赖外资品牌，食品安全问题频发，"大豆之殇"成国人心头之痛，粮食安全存在不确定性风险隐患。对此，习近平主席提醒国人，"中国人要牢牢将饭碗子掌握在自己手里""中国人的饭碗子要装中国自己产的粮食"。

（二）文化安全不容乐观

当今，随着国际文化交流交融向纵深发展，文化的交锋冲突也愈演愈烈，国家文化安全问题日渐凸显，我国的文化安全也不容乐观。

一是我国经济社会处在转型时期，维护文化安全工作面临压力。随着经济全球化的深入和市场经济体制的不断完善、改革进入攻坚阶段，同时西方反华势力加紧通过思想意识的渗透，使形形色色的非主流意识形态不断涌现，纷繁复杂的非主流意识形态对国内主流意识形态带来负面影响。各种错误观点时有泛滥，一些腐朽落后文化沉渣泛起，使以雷锋、焦裕禄、王进喜精神为代表的"为人民服务、立党为公、大公无私"的社会主义主流价值观念受到冲击，对维护文化安全造成一定压力。

二是信息技术迅速发展和广泛普及，维护网络文化安全任重道远。国际互联网的发展，的确给我们的学习与生活带来了极大的便利，但也产生了一些"雾霾"。如今，境内外各种势力利用互联网散布有害信息、传播错误思想，一些不法分子在网上传播扩散淫秽色情和低俗信息，网上思想文化争夺日益加剧。根据中国青少年研究中心和搜狐社区的调查显示，有48.28%的青少年接触过黄色网站，43.39%的青少年收到过含有暴力、色情等内容的电子邮件或电子贺卡。

三是世界范围文化交流交融交锋日益频繁，开放环境下维护文化安全任务更加艰巨。境外资本、文化企业、文化产品和服务大量进入国内，对我国维护文化安全带来很大压力。某些别有用心的外部势力加紧对我国进行思想文化渗透，对党史、国史、民族史等进行恶意解构甚至颠覆，在青少年中宣扬拜金主义、享乐主义、极端个人主义，传播消极颓废的消费文化，价值观等"软实力"较量更为激烈。

四是文化发展建设中存在某些薄弱环节，对维护文化安全造成一定影响。一些地区没有处理好经济发展与历史文化资源保护之间的关系，个别文化企业片面追求经济利益、存在趋利媚俗现象，一些地方基层宣传思想文化工作薄弱，对维护文化安全工作造成一定影响。改革开放以来，我国的经济取得了举世瞩目的成就，但在文化建设方面却并不令人乐观，特别是低俗文化、庸俗文化的泛滥，阳春白雪的高雅文化乏善可陈。

（三）社会安全面临严峻威胁

40年的改革开放，使我国经济发展进入加速转型的关键阶段，使社会安全稳定面临严峻威胁。如今，影响社会安全的事件主要包括恐怖袭击事件、民族宗教事件、安全生产事件、公共安全事件、涉外突发事件和群体性事件等。

一是暴力恐怖活动多发，严重影响社会安全。当前，受境外渗透加剧、境内宗教极端活动升温等影响，暴力恐怖活动在我国处于多发期、活跃期。暴恐分子作案方式多样，暴力程度增强，手段极其残忍，如2013年在新疆喀什发生的"4·23"暴恐事件、2014年在云南昆明火车站发生的"3·01"暴恐事件等，残忍暴行令人发指，造成大量人员死亡和受伤，以及财产重大损失，给民众造成极大的伤害，使社会安全面临现实威胁。

二是社会治安问题突出，影响民众的安全感。我国仍处于刑事犯罪的高发期，违法犯罪活动日趋暴力化、组织化、职业化，严重暴力犯罪案件突出，高新技术犯罪、网络犯罪增多，对传统公共安全工作提出挑战。另外，一些传统的治安"顽症"依然多发，个别地区黄、赌、毒问题严重，不仅直接带来各种治安问题，而且毒化社会风气，影响非常恶劣。个人极端暴力案件增多，作案手段残忍，犯罪后果严重，极易引发民众恐慌。2013年6月7日，福建厦门发生的公交车纵火案，致47人死亡，34人受伤，就是一起犯罪嫌疑人因泄愤纵火而对社会造成的伤害。

三是社会矛盾积聚，加大社会安全风险。改革开放以来，我国社会加速转型，积聚了诸如生产责任事故高发、劳资冲突不断、社会道德失范、信任危机加深之类的社会风险因素，出现了不同社会发展阶段风险因素交织叠加的特征。一般社会问题和深层次社会问题、改革发展中的新问题与历史遗留的老问题交织叠加，境外因素引发境内问题，经济问题引发社会问题，一地矛盾引发其他地方矛盾，一些单纯利益冲突事件引发非直接利益群体参与等特点日趋明显。由此容易引发规模大、难处理的重大群体性事件，直接影响社会和谐安定。

四是网络公共安全问题凸显，给社会安全带来挑战。传统违法犯罪加速向网上发展蔓延，网络黄赌毒、金融诈骗、贩枪、传授制爆技术等违法犯罪明显增多，电信诈骗、窃取公民个人信息等新型网络犯罪不断滋生，网上造谣、恶意炒作等乱象屡禁不止，网络有组织违法犯罪突出，网络社会安全问题明显增多。2016年8月，山东临沂发生的"徐玉玉案"就是一起典型的电信诈骗案。

（四）科技安全面临多重挑战

进入21世纪，席卷全球的全球化和高科技浪潮，正在使世界发生前所未有的变动与调整，致使科技系统在国家安全中的重要性与日俱增，促使科技手段在维护国家安全的作用显著增强，科技安全正在成为国家安全的基础和保障，是国家安全的重要内容之一。如今，我国科技安全还不能有效满足维护国家安全的要求，科技安全面临多重挑战。

一是世界新一轮科技革命对我国未来生存和发展带来新挑战。当今世界，新一轮科技革命和产业变革正在孕育兴起，一些重要科学问题和关键核心技术已经呈现出革命性突破的先兆，网络、太空、深海、极地成为大国拓展生存空间和国家利益的战略竞争之地。当前，我国前沿基础研究依然薄弱，科技基础依然不牢，原始创新能力依然不足，对事关长远和战略全局的重点领域部署不够，技术创新缺少源头供给。如果不能准确把握世界科技发展趋势和重大动向，我国就有可能在世界新一轮科技革命中发生严重战略误判，错失良机。

二是重点领域核心关键技术受制于人，威胁我国科技产业的安全。与世界先进国家相比，我国科技发展水平处于跟跑、并跑、领跑"三跑"并存，且跟踪为主的状态。从科技部对1149项关键技术问卷调查的统计结果来看，我国技术与国际领先技术的差距约为10年，总体技术水平相当于美国的67.1%。随着贸易战的进行，美国利用拥有绝对的科技实力又对我国实施科技战，利用芯片制裁华为公司，给我国造成巨大的经济损失。目前，我国在芯片、操作系统、基础零部件、基础工艺、基础材料等方面，以及重点产业领域核心技术长期受制于人。

三是军民科技相互融合转化不畅，制约我国国防建设与经济社会的统筹发展。当前，我国军民融合发展进入由初步融合向深度融合的过渡阶段，还存在思想观念跟不上、顶层统筹统管体制缺乏、政策法规和运行机制滞后、工作执行力度不够等问题。我国军民科技发展尚未建立顺畅高效的组织运行机制，军民分割的现象依然存在。军民技术双向流动不畅，"围墙"式封闭创新依然普遍，军民技术标准壁垒提高了转化的经济成本和时间成本。

四是科技安全管理薄弱，传统科技领域潜在危害大。科技安全管理受到体制、文化、安全意识、人才和环境等多方面因素影响。同时，我国科技安全预警、监测和管理体系建设处于起步阶段，识别、防控和应对科技安全问题能力还十分薄弱。起于唐代的宣纸为纸中极品，具有巨大的经济价值，因此令国外对宣纸制造工艺垂涎已久。改革开放之初，日本人借着我国地方官员和民众热情迎接外宾、毫无商业保密头脑的机会，轻而易举地获取了宣纸制造的整个流程，以及"纸药"的配方。

（五）信息安全令人担忧

大数据环境在给我们带来各项便利的同时，也带来信息安全危机，特别是网络空间的安全危机。具体表现在如下几方面：

一是外部势力通过互联网进行侵犯，对意识形态安全构成威胁。当前，有些外部势力通过互联网进行意识形态渗透，宣扬所推崇的价值理念，鼓噪"网络自由"，攻击我国的政治制度和发展模式。美国宣扬，网络空间没有疆域，信息流动没有边界，并以此为立论起点，在互联网领域推行符合美国利益的"网络自由"，反对他国运用"网络主权"控制信息自由流动。

二是关键信息基础设施遭到攻击破坏，将严重威胁经济安全和公共利益。相对信息技术的快速发展和广泛应用，我国网络安全整体防护能力还不强，基础信息技术水平较为薄弱，特别是在核心芯片、操作系统、数据库等基础软硬件大部分是舶来货，存在重大安全隐患。信息产品的"后门"、漏洞一旦被用于网络攻击，可能产生重大网络安全事件，导致金融紊乱、供电中断、交通瘫痪，严重威胁经济社会安全乃至国家安全。此外，网络违法犯罪对公共利益带来重大危害。如计算机病毒、木马等在网络空间传播蔓延，网络欺诈、黑客攻击、侵犯知识产权、滥用个人信息等不法行为大量存在，一些组织肆意窃取用户信息、交易数据、位置信息以及企业商业秘密，严重损害国家、企业和个人利益，影响社会和谐稳定。

三是网络空间军事竞争异常激烈，使我国网络国防面临严峻安全威胁。随着网络空间军事对抗的加剧，网络战已经成为信息化战争一种重要作战样式。目前，全世界已有60多个国家在或多或少地研究计算机间谍工具、黑客攻击和监视手段；30个国家拥有专门应对信息安全威胁的网络部队。美国于2009年成立了网络司令部，2010年就利用"震网"计算机病毒摧毁了伊朗核离心机。2016年10月，美国国防部宣布，网络司令部下属的133支"国家网络任务部队"已经全部具备初步作战能力。2018年5月4日，隶属于美军战略司令部的网络司令部正式升格为与战略司令部同等级别的独立作战司令部。如今，各国网络军事力量建设已进入向强体系、扩规模、提能力发展的新阶段。

（六）生态安全面临不断恶化趋势

我国人口分布、经济发展与资源环境条件不均衡，布局性、结构性矛盾突出，生态基础状况较为脆弱，适宜工业化、城镇化开发的面积仅有180余万平方千米，中度以上生态脆弱区域占陆地国土空间的55%，全国生态环境面临恶化趋势。

一是自然生态空间过度挤压。我国森林覆盖率和单位面积蓄积量远低于全球平均水平。约90%的可利用天然草原存在退化问题，草原超载过牧现象十分严重。湿地面积不断萎缩，湿地开垦、淤积、污染、缺水等问题突出，生态功能降低或丧失。近海生态恶化，自然岸线保有率仅为37.6%，红树林和珊瑚礁面积较20世纪50年代减少70%以上，近海赤潮、绿潮频发，生物资源衰退程度加剧，主要鱼类产卵场大幅萎缩。

二是土地沙化、退化及水土流失不容忽视。经过长期发展，我国耕地开发利用强度过大，一些地方地力严重透支，水土流失、地下水严重超采、土壤退化、面源污染加重已成为制约农业可持续发展的突出矛盾。全国水土流失面积占国土面积的37%、沙化土地面积占18%，生态系统破坏带来的自然灾害频发。耕地土层变薄、酸化、次生盐渍化加重、有机质流失等问题加剧。

三是水资源严重短缺。近年来，我国年均缺水量达500多亿立方米，近2/3城市不同程度缺水。海河、黄河和辽河流域地表水资源开发利用率分别高达106%、82%和76%，西北内陆河流开发利用已接近甚至超出水环境承载能力。全国年均超采地下水215亿立方米，其中华北平原已形成12万平方千米的漏斗区。挤占生态用水问题也较为突出，京津冀地区永定河、大清河等主要河道发生断流，西北内陆河等河湖下游尾闾面临生态消亡，区域水生态系统受损严重。

四是生物多样性面临挑战。中国生物的物种不仅数量多，而且特有程度高，但不幸的是也是生物多样性受到最严重威胁的国家之一。原始森林长期滥砍滥伐、草原超载放牧，生态系统无一例外地出现退化现象，就连青藏高原生态系统也不能幸免。人类活动干扰及违法开发建设对野生动植物栖息地影响较大，我国陆上4357种脊椎动物（不含海洋鱼类）中，受威胁物种占21.4%，其中两栖类的受威胁比例高达43.1%；34450种高等植物中，受威胁物种占10.9%，其中裸子植物受威胁比例高达51%，60%—70%的野生稻分布点已消失或萎缩。另外，部分珍稀或特有种质资源状况堪忧，外来物种入侵事件频繁发生，对自然生态系统平衡、本土物种基因构成严重威胁。

五是城乡人居环境恶化。近年来，以PM2.5为主的雾霾天气发生频繁，范围涉及广大中东部地区。2014年，开展空气质量新标准监测的74个重点城市中，仅有8个城市空气质量年平均值达标。空气污染导致我国成为世界三大酸雨地区之一。根据《2014年中国环境状况公报》，全国470个城市中，酸雨城市比例达29.8%。酸雨污染主要分布在长江以南—青藏高原以东地区，主要包括浙江、江西、福建、湖南、重庆的大部分地区，以及长三角、珠三角地区。此外，全国水污染的问题也十分严重。松花江流域、淮河流域、辽河流域、黄河流域为轻度污染，海河流域为中度污染，大多数城市的地下水遭受污染。我国的土壤污染也十分严重。全国土壤总点位超标率为16.1%，其中耕地土壤点位超标率达19.4%，局部地区呈现从轻度污染向中、重度污染，从单一污染向复合污染，从土壤污染向食物链污染转移的趋势。

六是气候变化可能造成重大影响。近年来，我国的温室气体排放量急剧攀升，排放总量已居世界之首。受气候变化影响，近百年来我国陆域平均增温0.9—1.5摄氏度，洪涝、台风和季节性干旱更趋严重，低温冰雪和高温热浪等极端天气事件频发，造成农业生产的不稳定性和成本增加，基础设施建设和运行安全受到影响。根据《第三次气候变化国家评估报告》，1980—2012年我国沿海海平面上升速率为2.9毫米/年，预计21世纪末我国海区海平面将比20世纪高出0.4—0.6米，可能对长三角、珠三角等地区经济社会发展造成重要影响。

（七）资源（核）安全压力巨大

作为世界第一大资源消费国，资源安全问题与中国发展息息相关。长期以来，由于重经济发展、轻环境保护，生态、环境和水土资源处于不同程度的失衡或危机状态。

一是水资源供需矛盾突出。我国水资源总量居世界第六位，但人均占有水资源仅为世界人均水资源量的28%，且时空分布严重失衡，北方地区水资源严重不足。用水方式粗放增加了供水压力，资源性、工程性、水质性缺水并存，华北、西北等一些地区水资源、水环境承载能力严重不足。目前，全中国最缺水的地方是甘肃武威市，其缺水程度超乎常人想象。有传说，这里的人一生只洗三次澡，分别是出生，结婚，去世的时候。

二是土地资源形势严峻。作为一个人多地少的大国，我国耕地后备资源十分有限，土壤侵蚀、沙化、污染情况严重。资源的无序开发和粗放利用，导致植被破坏、地面沉陷、水土流失，优质耕地、生态用地被大量占用，出现江河断流、湖泊干涸、地下水位下降、水质和土壤污染，资源环境难以承受。

三是资源对外依存度过高。我国资源总量大、人均少、质量不高，一些主要资源人均占有量与世界平均水平相比普遍偏低。2014

年，我国重要能源资源对外依存度进一步攀升，石油达到59%，铁、铜超过60%。预计未来5—10年，我国资源净进口品种还将增加，铜、镍、铬等多数矿种对外依存度还将扩大，铁矿石、铝等少数矿种尽管需求总量将趋于稳定，但对外依存度将长期维持高位。锆、钴、铂族、钽、铌等战略性小品种矿产储量较为短缺，对外依存度也将加深。

四是资源开发利用水平不高。从总体上讲，我国资源开采方式粗放，科技创新能力严重不足，初级冶炼加工产能过剩，产品深加工和终端应用严重依赖国外技术，资源浪费严重，环境污染等问题突出，特别是非法开采、超指标开采、采富弃贫等问题屡禁不止。矿产开采引发的生态破坏问题造成了高昂的经济成本和社会成本。这种高强度开采所导致的国内资源大量消耗，进一步削弱了我国资源的可持续供应能力。

五是核安全形势仍不容乐观。首先，核能与核技术利用事业快速发展使得核安全的任务剧增。核技术在能源、农业、医疗等领域的应用日益广泛，越来越引发人们担心1986年苏联切尔诺贝利核事故和2011年日本福岛核事故等重大核灾难的再次发生。其次，核恐怖主义威胁日益凸显。近年来，核材料与核技术流失现象严重，一旦恐怖分子获得核武器或核材料，并发动核恐怖袭击，将对人类造成严重危害。第三，周边国家核扩散形势严峻。如，印度和巴基斯坦已经有核武器，朝鲜坚持发展核武器，并已经具备了一定的核打击能力。此外，核安全问题的综合性、复杂性和多变性明显上升。截至2016年1月1日，我国运行核电机组30台，在建核电机组26台，研究堆、核燃料循环设施、中低水平放射性废物处置设施近百座。这样广泛的核能与核技术利用，对核安全提出了挑战。

（八）民生安全问题亟需解决

40年来的改革开放，我国经济发展取得了长足的进步，但在民生问题上问题也异常突出，也是中国社会不稳定因素的重大隐患，对中国社会顺利发展形成巨大挑战。

一是"五座大山"重重压在中国老百姓身上。"学有所教、劳有所得、病有所医、住有所居、老有所养"是中国社会主义制度优越性之所在。然而，今天的中国在教育、收入、医疗、住房、养老五个领域形成了重重压在中国底层老百姓身上的"五座大山"，使当今中国社会出现上学难、就业难、看病难、养老难、住房难的"五难"问题。特别是看病难已经成为中国老百姓的心头之痛。医疗费用一路上涨，老百姓看病越来越贵、越来越难。

二是贫富不均严重地影响着民生安全。反映贫富差距的基尼系数，是指国际上通用的、用以衡量一个国家或地区居民收入差距的常用指标。西南财经大学中国家庭金融调查报告显示，2010年中国家庭的基尼系数为0.61，远远高于0.44的国际警戒线。

三是社会公平缺失是民生安全最大的隐患。社会不公平会使政府公信力缺失，人人自危，会使社会倒退，社会不稳定，矛盾激化加剧，甚至撕裂社会。如今，中国社会公平严重缺失，存在诸多不公，如住房不公、司法不公、社保"双轨制"的不公、收入分配不公、社会资源配置引发的不公、不同所有制企业遭受国民待遇的不公等。

四是社会公共领域安全问题日益凸显。如今，其他民生领域的违法犯罪居高不下，盗窃、抢劫等侵财犯罪多发，假冒伪劣商品泛滥、食品药品安全犯罪、农资建材领域犯罪、环境污染犯罪等新型犯罪不断出现。安全生产事故频发，社会公共场所重大爆炸事件时有发生。如 2015 年 8 月 12 日天津滨海新区塘沽开发区发生有危险品仓库爆炸案，事故造成直接经济损失高达 68.66 亿人民币。

总之，如今我国的总体国家安全面临许多挑战，需要我们以总体国家安全观为指导，全面维护国家安全的各个领域，为实现中国梦提供坚强有力的安全保障。

（本文曾发表于《人民论坛·学术前言》2018 年第 8 期）

安全观转型与上海合作组织联合军演

王树春* 张 娜**

[内容提要] 冷战结束后，国际安全体系发生剧烈变化，非传统安全成为损害国家利益及世界安全的重要威胁，传统安全观逐渐向新安全观转变。上海合作组织在安全观转型的背景下诞生，同时也是新安全观的倡导者和实践者。上海合作组织始终把打击"三股势力"作为自己的重要使命，组织内的联合军演是打击恐怖主义的重要方式，其在"上海精神"的指引下通过成员国相互合作增加互信与沟通，为实现地区和平与稳定发挥巨大作用。面对外界部分媒体对其性质的质疑，从安全观角度对其进行系统而全面的解读，对打消西方疑虑、推动上海合作组织的发展至关重要。"和平使命"系列军演是上海合作组织框架下规模最大、影响力最深的安全合作项目，对其进行深度解析是认识上海合作组织安全观的重要途径。

[关键词] 安全观转型 上海合作组织 联合军演 和平使命

冷战结束后，国际政治、经济结构发生明显变化，国际安全体系经历调整与重组，传统安全问题还没有完全解决，非传统安全问题不断涌现。恐怖主义、分裂主义、极端主义等非传统安全威胁单

---

* 王树春，广东外语外贸大学国际关系学院教授，博士生导师。
** 张娜，广东外语外贸大学西方语言文化学院博士研究生，海南大学热带农林学院讲师。

靠一个国家的力量、通过军事手段已不能保证国家的安全,传统安全观的"不适"在新形势下逐渐显现,各国安全观逐渐发生转变。

上海合作组织就是在这种背景下成立的。上海合作组织遵循互利共赢、平等协商的合作理念,主张用协商合作的方式,实现地区的和平与稳定。自2001年组织成立以来就把打击非传统安全问题作为组织的基本定位与主要功能,成员国间的安全合作是其重要的合作领域。其中联合军演是展现战略意图、应对安全威胁的重要方式。虽然在历次上合联合军演中成员国负责人都明确表态,上海合作组织框架内的联合军演是以反恐为主题,不针对第三方,不损害别国利益,但还是有不少外国政学界及媒体对此产生质疑,用"冷战"思维来看待上海合作组织的安全合作,认为上海合作组织具有军事联盟的性质,是"东方北约",上海合作组织联合军演是中俄联手用来抗衡美欧国际影响力的军事行为。那么,上海合作组织的联合军演到底是什么性质呢?冷战时期的传统安全观还是互利互信的新安全观?正确解读上海合作组织联合军演的安全观性质,对打消西方疑虑,使以美国为首的西方国家对其做出积极反应,对推动上海合作组织的发展有着至关重要的作用。

一、国内外对安全观转型和上海合作组织的研究综述

冷战后,随着传统安全观的"不合时宜",传统观逐渐发生转变,多数国家处于安全观转型的阶段,即旧安全观特点减弱但仍然存在,新安全观正在构建却尚未形成的状态。面对安全观转型的大趋势,国内外对于安全观转型及新安全观的建立及特点等研究逐渐展开。同时,随着上海合作组织的不断壮大与发展,在国际舞台影响力的提高,学术界对其的关注也在不断增多。

国外对于安全观转型大部分始于 20 世纪末，随着苏联解体、世界政治经济格局的转变而产生。进入 21 世纪，除了军事对抗，各国在政治、外交、经济、科技等领域的竞争与合作逐渐加强，研究领域得到拓展和延伸。

学者杰姆琴科（Демченко）从基本理论概念入手，对 21 世纪初的国家安全及其转型做了研究。他认为，国家安全观作为一个历史概念，其原因、影响因素及内容在 21 世纪都发生了变化。俄罗斯安全观的转型具有学术研究的必要性。[①]

布鲁塞尔自由大学的学者认为，冷战后欧洲安全观正经历巨大转型，并且这为欧洲带来了威胁和脆弱性。作者认为，霍布斯思想家提出的旧安全概念已逐渐转变为恐怖主义、大规模杀伤性武器、组织犯罪、地区冲突、移民与种族问题等，这些新威胁构成了欧洲的内在威胁。国家不仅要设法防卫来自外部的威胁，而且同样将内在的安全性视作国际体系中的重要安全内容。[②]

宾夕法尼亚大学的威廉姆森·穆雷（Williamson Murray）教授在其著作《21 世纪的国家安全观转型》中展现了美国陆战学院学生关于国家安全观转型的一些看法。研究指出，迅速行动、大力打击、保障所有胜利果实，将是美国战争成功的秘诀。同时，美国武装部队正在发展新的国际安全观，以确保在反恐战争中保卫国家。书中指出，基于联合概念和能力框架对安全观转型进行的研究，很可能会推动陆军和其他服务部门的进程。作者认为，陆军应从历史的角度来研究这些概念，即从美国独立战争到现在美军的整个战略和作

---

① Демченко С. В. Концептуальные основы теории национальной безопасности и их трансфопмация в начале XXI столетия. Политология: Актуальные аспекты. pp. 87 - 91.
② Jong Yoon DOH. A Transformation of European Security Concepts Since the Post-Cold War. Université Libre de Bruxelles. 2006. 07.

战框架,将历史与目前实际内容相结合,研究整个概念发展的过程。[1]

俄罗斯司法部社会委员会成员布尔津(Буркин)在《俄罗斯安全观转型》一文中指出,18世纪以来,随着世界主要国家大规模军队及负责国家和社会安全的独立国家机构的出现,国家间的对抗不仅体现在军事上,而且在经济、外交、技术等领域。由于内外环境的威胁,俄罗斯的安全体系已经出现由以国家利益为中心向保障人民、社会组织及国家的共同利益转变,并随着国家管理职能的提高进行国家安全体系结构上和功能上的转型。[2]

关于上海合作组织的研究主要在于其安全合作对于地区稳定的重要性、中俄两国的主导地位、组织发展等方面。随着印巴两国的加入,观察员国、对话伙伴国的增加,学者们对上海合作组织的扩员及成员国间关系的关注逐渐增多。

学者克利门科(Клименко)在自己的著作中对上海合作组织的发展战略做了详细研究,重点关注了上海合作组织在地区安全中的作用,其内部成员间的发展问题以及上海合作组织与邻国的关系。[3]

美国山姆休斯顿州立大学的威廉·卡罗尔(William E. Carroll)对中国在上海合作组织中的定位与作用进行了研究,并指出,上海合作组织最初的共同威胁和关切为安全领域,目前在经济合作和贸易方面发挥了更大作用。中国将上海合作组织作为反击其他国家进行霸权行为的手段。中国将上海合作组织作为其"和平崛起"的一

---

[1] Williamsom Murray, Transformation concepts for mational security in the 21st ctntury. Strategic Studies Institute. 2002. 09.

[2] А. И. БУРКИН, Трансформация концепций национальной безопасности России. Угрозы и безопасность. 2007 - 9 (18).

[3] А. Ф. КЛИМЕНКО. Стартегия развития Шанхайской организации сотрудничества: проблема обороны и безопасности. ИДВ РАН, 2009.

部分，寻求更大的经济和外交影响力。①

阿伽弗诺夫（Агафонов）在关于上海合作组织发展的圆桌会议中对上海合作组织在发挥地区安全潜力中的问题进行了研究并给出了解决对策。②

国内针对安全观转型或新安全观的相关研究主要包括以下四个方面：（1）新安全观下各领域的发展和管理，如网络信息安全管理、恐怖主义治理、海外基地转型等。如王杨（2018）结合网络安全管理的相关理论对新安全观下的网络安全管理框架进行分析。③谌力等（2017）对新安全观背景下我国的海外基地建设进行研究，认为海外基地的转型与重塑以"互信、互利、平等、协作"为核心价值观的新安全观所指引，展现出和平与发展的主题。④（2）新安全观下地区组织及战略发展，如新安全观下的上海合作组织研究、"一带一路"倡议下的非传统安全合作等。如王柏松（2013）在博士论文中指出，"中国新安全观是在上海合作组织和中国—东盟经济安全合作的成功实践中确立和发展起来的。中国新安全观是国家安全观的具体原则，具有一定的稳定性，但缺乏可操作性。需要在新安全观指导下筹划和制定切实可行的具有一定动态性的国家安全战略，并根据国内外安全形势的需要不断进行调整，以对国家安全起到更积极

---

① William E. Carroll. China in the Shanghai Cooperation Organization: Hegemony, Multi-Polar Balance, or Cooperation in Central Asia. International Journal of Humanities and Social Science. 2011. 12, No19.

② Г. Д. Агафонов. Возможность изменения ситуации в Афганистане. Проблемы региональной безопасности и потенциал ШОС по ее поддержанию: тезисы выступлений участников круглого стола., ИДВ РАН, 2011.

③ 参见王杨：《试论新安全观下的网络信息安全管理》，载《网络安全技术与应用》，2018年第8期。

④ 参见谌力等：《新安全观视域下海外基地转型重塑的影响及启示》，载《国防》，2017年第9期。

的指导作用。"①（3）中国及亚洲新安全观的建立及特点。如郑先武（2016）将亚洲区域整体作为核心分析对象，阐明了二战后亚洲区域合作中的"亚洲经验"，提出了亚洲大国协调和合作安全相融合的制度构建路径，并揭示了"中国经验"与"亚洲经验"的共生关系及中国在"亚洲安全观"制度建构中所扮演的关键角色。②（4）安全观转型下中国与周边国家的合作与发展。王树春（2004）将当前的安全观分为传统安全观、过渡型安全观和新型安全观三类，其认为占主导地位的是过渡型安全观。并认为中俄之间之所以能在安全领域进行良好合作的根本原因在于两个都奉行过渡型安全观的共性。③同样，任飞（2004）通过对中印安全合作进行分析后也得出，安全观转型为两国安全合作提供更多契机，有助于两国合作与互信的良性互动。④

  上海合作组织自成立以来就是国内学者研究的重点，随着上海合作组织不断发展，国内学界关注不断增多，相关研究成果颇丰。国内关于上海合作组织的研究成果已非常丰富，主要集中在几个方面：（1）关于上海合作组织的成立及发展，如杨雷（2013）研究了俄罗斯学者对上海合作组织发展进行研究的派系及其观点，认为在现实派、谨慎派、反对派三大派别中，现实派和反对派的观点对俄罗斯政府的外交政策影响较大。俄罗斯学者认为上海合作组织地缘政治空间还很大，对扩员呈积极态度，对中俄竞争与合作、上海合

---

  ① 参见王柏松：《中国新安全观及其安全战略选择研究》，东北师范大学博士生论文，2013年5月。
  ② 参见郑先武：《"亚洲安全观"制度建构与"中国经验"》，载《当代亚太》，2016年第2期。
  ③ 参见王树春：《俄罗斯的国家安全战略——从安全观转型评析俄罗斯的国家安全构想》，载《欧洲研究》，2003年第1期；王树春：《安全观转型与中俄安全合作》，载《国际论坛》，2004年第1期。
  ④ 参见任飞：《安全观转型与中印合作》，载《南亚研究季刊》，2004年第3期。

作组织发展前景存在分歧。[1]冯玉军（2006）研究了上海合作组织的战略定位、核心价值观及发展方向。其认为上海合作组织的核心价值观为新欧亚主义，上海合作组织的发展主要体现在功能多样化及扩员两方面。[2]（2）上海合作组织在地区安全中的作用。（3）上海合作组织的扩员问题。曾向红、李廷康（2014）从学理和政治两方面分析上海合作组织的扩员问题，并得出目前扩员对上海合作组织成本大于收益，中俄对定位分歧存在使得上海合作组织扩员短期内不可能实现的结论。[3]（4）主要成员国在上海合作组织中的关系。赵华胜（2010）指出，上海合作组织是后冷战时期中俄合作的重要载体，是进入中亚的重要平台，合作是建立的初衷，竞争等因素会存在，但不是主流。[4]（5）上海合作组织与"一带一盟"对接。王晓泉（2016）通过研究得出，上海合作组织可在协调机制、效益及安全保障上助力一带一盟。上海合作组织的用武之地主要在金融、交通运输、能源及农业领域。[5]

通过对已有研究的总结分析发现，对于安全观转型或新安全观的建立、上海合作组织的成立及发展等研究已具有较丰硕的研究成果，这对本文的研究起到重要的借鉴和指导作用。但同时笔者发现，在上海合作组织相关研究中对上海合作组织联合军演的研究多为时事报道，对军演内容或阵容的评论以及中俄合作的政治渲染等，而从理论层面对其进行分析的学术成果非常有限，从安全观角度对其

---

[1] 参见杨雷：《俄学者关于上海合作组织发展方向的观点评析》，载《俄罗斯东欧中亚研究》，2013年第4期。

[2] 参见冯玉军：《上海合作组织的战略定位与发展方向》，载《现代国际关系》，2006年第11期。

[3] 参见曾向红、李廷康：《上海合作组织扩员的学理与政治分析》，载《当代亚太》，2014年第3期。

[4] 参见赵华胜：《中俄关系中的上海合作组织》，载《和平与发展》，2010年第10期。

[5] 参见王晓泉：《上海合作组织在"一带一盟"对接合作中的平台作用》，载《欧亚经济》，2016年第5期。

进行分析的则更为稀缺。鉴于此，本文尝试在一定程度上弥补学术界在上述方面的不足，拟用实证分析法从安全观的角度对上海合作组织历次联合军演进行系统全面地综合分析，对上海合作组织联合军演的安全观特征进行解答。为此，本文将从三个方面展开：第一，冷战后安全观的转型与上海合作组织成立；第二，上海合作组织联合军演的现状与特点；第三，上海合作组织联合军演的新安全观体现。

二、冷战后安全观的转型及上海合作组织

安全观是指人们对安全问题的看法与观念，安全观作为一种社会意识，他的形成滞后于现实的发展，但一旦形成又会在一段时间内保持稳定。由于长期以来"国际关系学"把国家作为安全的唯一主体，因而人们通常将安全观称作"国家安全观"。国家安全观是国家根据自己所处的安全环境和所面临的安全问题，基于历史经验和政治思维，所得出的观念系统。[1]国家安全观对制定国家战略目标有着决定性作用。任卫东（2004）认为，安全观包括安全主体、安全目的、安全性质、安全手段、安全状态和安全主体间关系六要素。[2]而王树春（2003）认为，不同安全观类型的主要异同点在于安全主体、安全内容与安全手段。[3]通过分析与比较，笔者认为安全主体、安全目标、安全性质与安全手段是判断安全观性质的主要特征。因此，本文对传统安全观及新安全观的特点分析将从上述四点展开。

---

[1] 参见崔珩：《国家安全观的转型——从苏联到俄罗斯》，外交学院硕士论文，2011年5月。
[2] 参见任卫东：《传统国家安全观：界限、设定及其体系》，载《中央社会主义学院学报》，2004年第4期。
[3] 参见王树春：《俄罗斯的国家安全战略——从安全观转型评析俄罗斯的国家安全构想》，《欧洲研究》，2003年第1期。

国家安全理论始于二战到20世纪60年代，对安全研究的界定为"有关军事力量的威胁、使用和控制的研究"。这种研究模式后来被称为传统主义模式或传统安全观。[①]传统安全观的主体是国家，个人、社会等其他一切行为体都是为国家而服务的。安全内容为国家的政治安全与军事安全。竞争与冲突被认为是国家间的主要内容，彼此总是相互猜忌或敌视，所以消除外部军事威胁、应对主权独立与领土完整是传统安全观的首要目标。国家必须依靠自身的力量来维护自己的安全，而保障国家安全的手段则是强化自身军事力量。在无政府状态下，安全的性质是零和的。冷战时期的苏联就是这种传统安全观。苏联领导人不断扩张军事力量、扩展势力范围、输出意识形态、争夺世界霸权，追求自主国家单方面的安全最大化，无视这种行动对于其他国家的影响。冷战后的国际格局发生剧烈变化，全球化带来的众多全球性问题对人类构成不同的安全威胁，解决这些问题需要世界各国的合作。安全的内涵和外延不断扩展，以政治和军事为目的、军事力量为手段的传统安全观受到质疑和挑战，新安全观应运而生。

"新安全观"又称"非传统安全观"，是对冷战后期开始出现的一些不同于"旧安全观"即"传统安全观"的新安全观念的统称。新安全观的产生是以抨击传统安全观为前提的。[②]目前"新安全观"还不是一个统一的思想体系，随着世界政治经济形势的发展和变化，不同的"新安全观"应运而生，如"综合安全观""共同安全观""合作安全观"，以"互信、互利、平等、协作"为核心内容的安全观等。虽然他们提出的主体、时间、背景各有不同，但存在很多交

---

① 参见马振超：《新型下国家安全观的演变及特点》，载《中国青年政治学院学报》，2008年第5期。

② 参见王树春：《俄罗斯的国家安全战略——从安全观转型评析俄罗斯的国家安全构想》，载《欧洲研究》，2003年第1期。

集。通过比较分析冷战后的几大安全观,总结出新安全观的主要特点有:第一,安全主体不再只是国家,还包括社会和人民。国家的安全目标不仅在于整体安全和发展,还需要为个人价值创造良好的内外环境,稳定的经济发展与良好的社会秩序。不能为了维护国家安全而损害个人安全。第二,单个国家已经不能应对新的威胁,如"三股势力"、生态问题、能源问题、自然灾害等。新安全观的安全本质不再是单一国家的安全利益最大化,而是超越单方面的安全范畴,在互信互利的基础上通过合作方式寻求地区或国家间的共同安全。第三,摈弃冷战思维——以军事力量来保障自身安全,新安全观提倡通过国际合作,综合利用经济、政治、文化、社会等多种非军事手段相结合,发挥其综合作用来实现。两种安全观的异同点如下表:

表1 传统安全观与新安全观的主要异同点

	传统安全观	新安全观
安全主体	依靠自己的力量维护单个自主国家的安全	依靠组织的力量维护地区、国家、社会及个人的共同安全
安全目标	追求国家安全利益最大化	国家追求安全与发展,保障人民安全、权力、权益和自由,为其提供良好的内外环境;维护地区共同安全
安全性质	零和关系,"非友即敌" 国家追求单方面利益最大化,无视对其他国家的影响	在互信的基础上,以互利共赢为原则,通过友好协商的方式,实现共同安全,共同发展
安全手段	军事力量是唯一的保障手段	将经济、政治、军事、外交、人文等手段相结合并发挥其综合作用

可以说,上海合作组织就是在国际格局变化、安全观转型的背景下成立的。上海合作组织的前身"上海五国",即中国、俄罗斯、哈萨克斯坦、吉尔吉斯斯坦和塔吉克斯坦是为加强边境地区信任和

裁军谈判形成的组织。五国摒弃了冷战时期以军事手段解决问题、强调一国利益的传统安全观，通过对话和协商，用和平手段解决了属于国家核心利益的边界问题。"上海五国"机制这一经过实践检验的合作模式为新安全观的实践提供了特殊借鉴作用。上海合作组织与"上海五国"对新安全观的实践一脉相承，摒弃冷战和对抗思维，始终贯彻互信、互利、平等、协商、尊重多样文明、谋求共同发展的"上海精神"，建立并发展了以"好邻居、好朋友、好伙伴"为内涵的新型国家关系。这种关系模式确保了整个地区的和平，促进了整个区域的经济发展。

作为上海合作组织的主导国，中国和俄罗斯都经历了安全观的转型。冷战结束后，俄罗斯面临着复杂的内外安全形势，以军事安全为核心的旧观念已不能适应新形势下保障国家安全的需要。俄罗斯从战略高度出发，于1997年制定了保障国家综合安全的纲领性文件——《俄罗斯联邦国家安全构想》[1]（简称《构想》）。《构想》已经明显向新安全观靠拢：安全主体多元化，不再是单纯的国家，而是增添了个人和社会，并明确界定了个人利益、社会利益及国家利益的表现形式；安全内容由军事安全扩充为集政治、经济、文化、军事等相结合的综合安全；安全手段强调军事手段和非军事手段的综合运用，其中包括利用国际组织来保障国家安全。[2]值得一提的是，俄罗斯强调，在当前正常的国际关系体系尚未形成的情况下，军事

---

[1] 1997年12月17日第一部《俄罗斯联邦国家安全构想》（Концепция национальной безопасности Российской Федерации）出台，2000年1月进行较大修订。2009年梅德韦杰夫政府宣布俄罗斯需要一个长期的安全战略指导纲领，并于同年5月12日出台了新的安全文件——《2020年前俄罗斯联邦国家安全战略》（Стратегия национальной безопасности Российской Федерации до 2020 года），文件名称由原来的"构想"改为"战略"。2015年12月31日，第683号总统令批准了一项新的《2020年前俄罗斯联邦国家安全战略》，原2009年5月12日的法令宣布无效。

[2] Концепция национальной безопасности Российской Федерации. Президент России. http://www.kremlin.ru/acts/bank/11782. [2018-03-20]

手段的安全保障作用仍然不可替代。

与此同时，冷战后复杂的地缘环境与非传统安全威胁对中国安全观也产生了深刻影响。以江泽民和胡锦涛为核心的领导集体立足于国际和周边安全形势变化，结合我国综合国力及自身安全需求提出并发展了国家新安全观。中国新安全观在安全主体、安全内涵、安全手段和安全目的等各方面实现了对就安全理论的更新和升级。习近平总书记在主持召开中央国家安全委员会第一次会议时提出总体国家安全观，基本内涵是以人民安全为宗旨，以政治安全为根本，以经济安全为基础，以军事、文化、社会安全为保障，以促进国际安全为依托，走出一条中国特色国家安全道路。作为系统全面综合的定位，"总体"二字突破了传统视域的安全理念、体系及政策，内涵十分丰富。[1]习总书记还指出："既重视发展问题，又重视安全问题；发展是安全的基础，安全是发展的条件，富国才能强兵，强兵才能卫国。"[2]关于地区及国际和平，既重视自身安全，又重视共同安全，打造命运共同体，推动各方朝着互利互惠、共同安全的目标相向而行。"总体国家安全观"是冷战后中国新安全观的延续，是中国新安全观的最新及最高阶段。

从上述内容可以看出，中俄作为上海合作组织的两大主体，在国家安全观上有诸多共同点，主要体现在安全手段及国家间合作方面。主张用非军事的综合手段维护国家和个人利益，但仍旧将军事安全放在非常重要的位置。同时，提倡利用国际组织形式维护地区安全，实现共同安全目标，互利互惠。中俄在安全观上的共识为两国的安全合作提供了基础，地区内共同的安全诉求、追求国家发展的共同目标为两国合作贡献动力，为上海合作组织的成立及发展提

---

[1] 转引自高民政：《为何强调总体国家安全观》，《解放日报》2018年2月6日。
[2] 《习近平：既重视国土安全又重视国民安全》，人民网，2014年4月16日，http://he.people.com.cn/n/2014/0416/c192235-21003021.html。[2018-03-28]

供了良好条件。

三、上海合作组织框架下的联合军演及其新安全观的体现

经历了近二十年的发展,上海合作组织框架内展开了多种形式的合作,在政治、经济、社会、人文等领域取得了诸多务实成果,组织的发展得到国际社会的广泛关注和认可。安全合作是上海合作组织成立的初衷,也是组织坚持发展的基本方向。联合军演是安全合作的重要内容,但因为其涉及到军事性质,西方便对其增添了威胁或对抗色彩。那么,上海合作组织框架下的联合军演到底是怎样的呢?本章将从上海合作组织联合军事演习的形成背景入手,梳理历届"和平使命"联合军演的时间、地点、参演国家等基本情况,对上海合作组织联合军演的特点进行分析及总结。

(一)上海合作组织联合军事演习的背景

冷战结束后,国际安全局势变得更加复杂和多元化,恐怖主义、分裂主义、极端主义等非传统安全威胁不断伸出魔爪,对世界和平与安全造成极大挑战。1998年8月25日,"上海五国"元首第四次会晤发表的《联合声明》第一次将各国在非传统安全领域中联合采取行动列入了地区合作的工作日程和实际活动中,也是在国际政治舞台上首次将恐怖主义作为地区安全的主要威胁因素正式提出。[①]上海合作组织延续了"上海五国"的安全使命,自成立之日起,就将

---

① 参见许涛:《上海合作组织地区安全合作进程与前景分析》,《国际观察》,2006年第2期。

通过高效务实合作维护地区安全与稳定作为重要职责之一。2001年6月15日组织成立当天，成员国即签署《打击恐怖主义、分裂主义和极端主义上海公约》，在国际上首次对恐怖主义、分裂主义和极端主义"三股势力"作了明确定义，并提出成员国合作打击的具体方向、方式及原则。这发生在"9·11"事件之前，体现了成员国打击恐怖主义的远见卓识。上海合作组织由此成为最早打出反恐旗帜的国际组织之一。成员国还相继签署了《上海合作组织成员国合作打击恐怖主义、分裂主义和极端主义构想》《关于在上海合作组织成员国境内组织和举行联合反恐行动的程序协定》和《关于查明和切断在上海合作组织成员国境内参与恐怖主义、分裂主义和极端主义活动人员渗透渠道的协定》等重要文件，为联合打击"三股势力"奠定了法律基础。

实践证明，通过防务与军事领域的合作打击国际恐怖主义是行之有效的好方法，其中，联合军演已成为应对非传统安全挑战，区域安全合作的重要形式。联合军演是有两个国家或多个国家的军队参加，联合举行的演习，分为双边联合演习和多边联合演习，既可以是单一军种，也可以是多军种的综合演习。联合军演的目的主要有三：一是借新式武器宣示实力，加大对潜在对手的震慑；二是从演习过程看军队间的协同能力；三是通过演习检验新式武器装备的作战性能。

2007年6月27日，六国元首在吉尔吉斯斯坦首都比什凯克签署了《上海合作组织成员国关于举行联合军事演习的协定》，该协定旨在联合各成员国力量，对上海合作组织区域内发生的威胁到和平、安全和稳定的状况作出有效反应，为筹划、举行联合军事演习奠定法律和组织基础。上海合作组织的军演目的非常明确：表明成员国共同应对新威胁、新挑战、维护地区安全与稳定、促进共同发展与繁荣的意志；展示成员国共同打击恐怖主义、分裂主义、极端主义

"三股势力"的坚定决心和行动能力；反映成员国在防务安全领域的合作水平；彰显上海合作组织在维护地区和平与稳定，共同建设和谐世界、和谐欧亚地区中的重要作用。

（二）上海合作组织框架内联合军演的特点

上海合作组织内的联合军演既有双边演习，也有多边联合军演。中国与吉尔吉斯斯坦于 2002 年 10 月 10—11 日在两国边境举行联合反恐军事演习，是上海合作组织框架下的首次联合军演，也是中国军队第一次与外国军队联合举行军事实战演习。上海合作组织框架内有不同系列联合军演，考虑到研究的连续性和数据可得性，本文将规模最大、影响力最深的"和平使命"系列联合军演作为研究对象。从 2005 年开始，截止到 2018 年 10 月，"和平使命"已完成 9 次演习，联合军演已常态化并呈现出一系列特征。历年军演概况参见表2。

表2 上海合作组织"和平使命"系列军演历年概况

时间	名称	地点	参演国家	参演兵力
2005 年 8 月 18 日至 25 日	"和平使命—2005"联合军演	俄罗斯符拉迪沃斯托克和中国山东半岛及附近海域	中、俄	中俄参演兵力近万人，其中中方参演兵力为 8000 余人，双方派出陆、海、空军和空降兵、海军陆战队
2007 年 8 月 9 日至 17 日	"和平使命—2007"联合军演	中国乌鲁木齐和俄车里雅宾斯克切巴尔库尔合成训练场	中、哈、吉、俄、塔、乌	六国武装力量。总人数 4000 多人。包括了空军航空兵、空降兵、运输航空兵、特种兵、装甲兵、陆军航空兵等多个兵种

续表

时间	名称	地点	参演国家	参演兵力
2009年7月22日至26日	"和平使命—2009"联合军演	哈巴罗夫斯克、沈阳军区洮南合同战术训练基地	中、俄	两国共2600人,参演装备包括坦克、步战车、自行火炮等各类装甲车辆上百台,歼击机、歼击轰炸机、强击机、武装直升机等60余架
2010年9月10日至25日	"和平使命—2010"联合军演	哈萨克斯坦阿拉木图市和马特布拉克训练场	中、哈、吉、俄、塔	共5000多人参演,装备包括坦克等装甲车辆1600多台,火炮和火箭发射器100多门,战机和直升机50多架
2012年6月14日至16日	"和平使命—2012"联合军演	塔吉克斯坦胡占德市郊外的"乔鲁赫—代龙"靶场	中、哈、吉、俄、塔	共2000多名官兵,包括直升机、苏—27战斗机、一个炮兵班、山地步兵连、特种班、俄方为一个摩步营及其配备的装甲运兵车等
2013年7月27日至8月15日	"和平使命—2013"联合军演	哈萨克斯坦的南哈萨克州	中、俄	中方派出646人参演,俄方出动约600人参加演习
2014年8月24日至29日	"和平使命—2014"联合军演	中国内蒙古朱日和基地	中、哈、吉、俄、塔	共7000多名官兵,陆军、空军和特战、空降等,动用各型装备440多台套
2016年9月15日至21日	"和平使命—2016"联合军演	吉尔吉斯斯坦伊塞克湖州巴雷克奇市"埃杰利维斯"训练中心	中、俄、哈、吉、塔	共1100人兵力,航空兵空中参演机型5种24架,直升机4种16架,地面有火炮、坦克、步战车等型装备200余台。首次实枪实弹合练
2018年8月22日至29日	"和平使命—2018"联合军演	俄罗斯车里雅宾斯克州军用机场	中、俄、哈、吉、塔、乌、印、巴	超3000余人,动用战斗机、直升机以及坦克、步战车、自行火炮等各型武器装备500余台

资料来源:根据新华网、人民网和中国军网等相关资料整理。

上海合作组织联合军演的特点具体表现在：

1. 联合军演在上海合作组织框架内开展，安全主体为其所有成员国及人民

上海合作组织成立初期，成员国就深受"三股势力"的滋扰，俄罗斯有车臣反政府武装恐怖分子进行恐怖活动、中亚各国有宗教极端主义势力滋扰生事、中国西北边境有"疆独"恐怖主义的安全隐患。在此背景下，上海合作组织确立了打击非传统安全威胁的安全目标。"9·11"事件以后，上海合作组织成员国仍长期处于恐怖主义的阴影之下，甚至全世界人民都"谈恐色变"。[①] 为表明打击"三股势力"的决心和意志，增强上海合作组织成员国军队协同作战能力，上海合作组织以反恐为主题举行多次联合军事演习。军演不再是某个国家的单独军事行为，不再将单一国家安危作为安全目标，而是以地区安全组织的形式，通过双边或多边联合军演，保障组织内所有成员国的安全利益，为其人民的安全与生活稳定提供良好的内外部环境。自联合军演开展以来，对地区"三股势力"起到强大的威慑效果。联合军演加强了整个地区的和平，促进了整个区域的经济发展，使欧亚大陆过半人口从中受益。

2. 联合军演以互信为基础，且军事与政治互信不断提高

联合军演兼具军事和政治价值，透过联合演习，我们可以观察两国或多国间政治关系的密切程度和发展趋势。"和平使命"联合军演的产生、发展已经说明成员国间存在的相互信任。随着联合军演

---

① "9·11"事件之后，以美国为主导的反恐联盟对恐怖主义打击取得了基本胜利，但一年后中亚地区就开始出现极大反弹。2003年初恐怖分子成立了"中亚伊斯兰运动"，叫嚣"发动春季攻势"；2004年9月3日，俄罗斯别斯兰发生人质事件；2010年3月29日，莫斯科地铁站发生恐怖袭击；2011年1月24日，莫斯科多莫杰多沃机场草鱼恐怖袭击；2014年4月30日中国新疆乌鲁木齐发生暴力恐怖袭击事件。在世界范围内也接连出现恐怖活动，如2008年11月26日至27日，印度（已于2017年6月加入）孟买发生连环恐怖袭击；2016年法国和德国发生暴力恐袭。

的逐渐成熟，机制化的实现，上合成员国内的军事与政治互信不断提高，这主要体现在以下几个方面：

第一，参加联合军演的国家变化。首次"和平使命—2005"军演中，只有中俄两国参演，随着军演的固定举行，参演形式以多边为主，标志着成员国间信任上升。"和平使命—2007"军事演习中成员国中、俄、哈、吉、塔、乌六国全部参加，在国内外引起广泛关注。美国普林斯顿大学俄罗斯问题专家基尔伯特·罗兹曼对《华盛顿观察》说："中俄能军事联手将这些小国动员起来，共同参加这次军事行动，说明 SCO 的内部合作正在日益深入。"① 2018 年的"和平使命—2018"联合军演为上海合作组织扩员后的首次联合军事演习，八国成员全部参加，中印作为两个有领土争端的国家，共同参与这种大规模、真正意义上的联合军事演习在两国关系史上尚属首次。②

第二，联合军演的地点变化。纵观"和平使命"系列演习，实兵演习地点已涉及中、俄、哈、吉、塔五国地区。首次演习在俄罗斯符拉迪沃斯托克和中国山东半岛及附近海域进行，两地属于边境口岸、沿海地带，离国家政治中心比较远。

2014 年军演选择在中国内蒙古朱日和军事基地进行，这里是亚洲最大、也是解放军最先进的陆军军事训练基地，被称为东方的"欧文堡"。演习地点从开始的边境口岸、边界地区和沿海地带逐渐向战略纵深、腹地发展，地域的变化显示成员国政治、军事互信的不断加强。

第三，联合军演的兵种、难度及军演机制的变化。联合军演兵种从最初的步兵、特种部队，拓展到了诸军兵种，2007 年解放军首次成建制、大规模、携重装备出境参加多国联合军演。覆盖海、陆、

---

① 《"和平使命—2007"中美俄暗中较劲——国外媒体评论本届上合组织军演言论选》，《国际展望》，2007 年第 16 期。

② 参见《联合军演促中印互信（专家解读）》，《人民日报（海外版）》，2018 年 5 月 7 日。

空三种兵种，装备包括坦克、自行火炮、格列装甲车、歼击机、歼击轰炸机等，规模和实战化程度不断提高。演习从最初的连级规模、战术级演练，逐渐发展到今天的集"战略磋商、战役准备、战役实施"为一体的诸军兵种联合作战演练。①从最初一般的反恐演习发展到现在在人员密集的城市或者商业中心等进行特定情况下的反恐演练巷战、城市战，在恐怖分子聚集的山地等复杂地形地缘环境下的反恐作战，难度成倍增加，实战型更强，合作层次更深。军演机制方面，国际军演的常规做法为"一方主导、相互配合、分别实施"，"和平使命"军演中使用了"统一计划、联合指挥、信息共享、行动融合"的新模式，显示了各国军事战略人才的指挥与才能。②在联合层次上，既有战术层面的，也有战略、战役层面的协同合作。经过多次实践，目前无论在领导协调机构、演习程序，还是在法律制度保障上，联合军演都已逐渐成熟，已经成为成员国常规化、制度化的一项重要合作内容。③成员国的军事互信与协作向纵深发展。

3. 联合军演目标为威慑非传统安全，保障地区和平与安全，而非军事对抗

上海合作组织联合军演虽然是成员国间的军事安全合作，但却与冷战时期的军事行为完全不同。冷战时期的安全观为军事对抗，无限制的发展军事力量以达到制约对方发展势力的目标，是"你消我长"的"零和博弈"。而上海合作组织联合军演强调的是军事合作，它的"敌人"是对成员国已经进行恐怖主义活动或存在安全隐患的非传统安全威胁，目标为成员国的互利共赢，实现地区及世界的共同和平与发展。对此，上海合作组织的历次演习都组织中外记

---

① 参见周猛：《联合反恐走向：深度磨合》，载《解放军报》，2014年8月19日。

② 参见薛翔：《"和平使命—2007"：提升武装能力的反恐军演》，载《世界经济与政治》，2007年第9期。

③ 参见朱雁新：《我国参与国际军事立法的实践和意义——以上海合作组织为例》，载《法制与经济》，2010年第1期。

者采访报道,全程向媒体开放,媒体还对演习的重要环节和阶段进行直播报道。联合军演动用的武器装备基本代表了参演国武器装备的最新发展水平,公开透明的做法进一步增大了演习的影响力,强化了对"三股势力"的震慑。

4. 联合军演合作得到越来越多国家的关注与认可

越来越多的国家认可"上海精神",成为上海合作组织的观察员和对话伙伴。同时,联合军演的合作安全模式也获得各国更多的关注。联合军演举行初期只有成员国出席,发展到"和平使命—2014"联合军演时,上海合作组织秘书处、地区反恐机构和伊朗、巴基斯坦、阿富汗、蒙古、印度五个观察员国,斯里兰卡、白俄罗斯、土耳其三个对话伙伴国,以及60多个国家的驻华武官团也观摩了实兵演习。据报道,此次军演以充分体现"亲、诚、惠、容"周边外交理念和"一路一带"倡议为设计理念。[①]首次同步组织六国总参谋长会议并举办军乐节,向国际社会展示上海合作组织合作交流的最新成果,具有重大深远的政治影响。同时"和平使命—2018"联合军演中更是所有成员国都派兵参加。此举表明了各成员国对军演的高度重视,显示了共同应对新威胁、新挑战,维护所在地区安全与稳定、促进发展与繁荣的共同意志。"和平使命"是国际军事合作的有益尝试,对新的国际安全合作模式具有典型的示范效应。

5. 联合军演不只有军事的交流,同时也是文化、科技交流的重要窗口

"和平使命"联合军演不只有各成员国官兵紧张刚烈、奋勇"战斗"的肃穆,还有轻松柔和、友好交流的微笑。"和平军演—2013",我军抵达俄罗斯车里雅宾斯克米夏什火车站时,俄军用富有

---

① 参见《"和平使命—2014"创多个"首次"》,人民网,2014年8月19日,http://military.people.com.cn/n/2014/0819/c1011-25490467.html。[2018-03-15]

特色传统仪式欢迎远道而来的中国朋友，让我军官兵倍感亲切。我陆军战斗群利用业余时间学唱俄语歌曲，感受异国风情。"和平军演—2014"中，首次举行军营开放暨民族传统文化交流活动，各国参演部队在紧张的联演之余，展示本国传统文化。中方官兵为近千名参演官兵献上排演的舞龙舞狮、威风锣鼓、武术太极、中国书画、民族乐器等风格多样的中华传统文化艺术盛宴。中国士兵观看了其他成员国表演后表示，通过了解对方民族文化中的精髓，更有助于互相理解，有助于联合军演的顺利进行。在举行几次联合军演后，各国参演官兵对成员国的文化认识与认同有了很大提高。有学者用"不用翻译的凝眸"来形容不同成员国官兵间的交流，已经可以达到不用语言，一个动作一个眼神就可以明白对方意思的程度。

当然，军演更多的是军事文化的交流。联演官兵悉心感悟英雄、崇高、荣誉、法制、使命等诸多超越时空、国界和民族的文化精髓。① "和平使命—2007" 联合军演，我军官兵展现出威武之师、文明之师、和平之师的良好形象，赢得了各国友军和俄罗斯人民的盛赞。俄媒体发表评论称："事实证明，中国军队已成为一支维护地区和平的重要力量。"②

同时，联合军演更是科技交流的平台。联合军演动用的武器装备基本代表了参演国武器装备的最新发展水平，所以，联合军演是成员国展示本国军事力量的重要平台。2014 联合军演时我军专家把新型战场视频监视系统引入现地，将陆、海、空、天战场动态实时展现在野外超大荧屏上，实现了"动中能通、静中能看、全程能

---

① 参见《中外联演启示：有种凝眸不用翻译》，中国军网，2015 年 6 月 2 日，http://www.81.cn/jmywyl/2015-06/02/content_ 6518258_ 3. htm. [2018-03-16]
② 转引自张志冲：《论非传统安全领域合作中我军国际形象塑造——以"和平使命"系列联合军演为例》，《新闻世界》，2011 年第 11 期。

控",开创了中外联合军演指挥通信保障新模式,让俄方刮目相看。[1]所以,科技无言,胜过万言。科技发展是中国发展的最亮名片,是中国国力增强的最佳证明。

不过,值得一提的是,历经多个大型国际战争,新闻报道的重要性越来越突出,甚至已经成为影响国际舆论的一柄"利刃"。[2]由于媒体报道的不足、语言与文化障碍等原因,我军的国际形象塑造重视不够,联合军演的正面解读不足,给西方媒体趁机渲染"东方北约"以机会,这是我方需要加强的方面。

通过以上分析可以看出,上海合作组织联合军演是以所有成员国及其人民的利益为根本利益,以促进军事协作、提高政治互信为目标的安全合作行为,其为打击"三股势力"、毒品走私等非传统安全起到积极作用,为推动地区和平与稳定提供重要保障。在"上海精神"的引领下,联合军演受到越来越多国家及地区的认可。

四、上海合作组织联合军演的新安全观体现

在上文中已经提到,安全主体、安全目标、安全性质及安全手段是判断安全观的主要因素。也正是因为以上四点的明显不同,构成了传统安全观即新安全观的差异。那么,上海合作组织联合军演属于哪种安全观呢?西方对联合军演的"指控"究竟是否属实?本章将对此作出判断。具体研究路径为,以安全观的主要因素为研究主体,通过分析联合军演中各因素特点,与表1进行核对,判定它

---

[1] 参见《中外联演启示:有种凝眸不用翻译》,中国军网,2015年6月2日,http://www.81.cn/jmywyl/2015-06/02/content_6518258_3.htm.[2018-03-16]

[2] 参见张志冲:《论非传统安全领域合作中我军国际形象塑造——以"和平使命"系列联合军演为例》,载《新闻世界》,2011年第11期。

的安全观特征，最终得出结论。

将历届联合军演基本情况与安全观性质判定因素结合，我们得出表3的内容：

表3 上海合作组织联合军演的安全观体现

安全主体	安全主体为上海合作组织内的所有成员国（中、俄、哈、吉、塔、乌、印、巴），而不是某个单一国家。依靠上海合作组织的力量维护地区、成员国国家、社会及个人多个主体的共同安全，而不仅只是维护国家安全
安全目标	强调军事合作，而非军事对抗共同。联合军演以打击"三股势力"等地区恶势力，应对"非传统安全"威胁为目标，为上海合作组织成员国提供良好的内外环境，维护地区共同安全
安全性质	通过军演加深成员国间的相互了解，增进国家军队间沟通和互信，妥善处理分歧，就一些重大事件采取迅速联合行动，实现亚太地区的共同安全，共同发展。安全性质并非只是以某个国家的自身利益最大化为目标
安全手段	军演中除军事合作外，人文、科技交流也伴随其中，共同推进互信与了解

从表3可以看出，上海合作组织框架下的联合军演安全主体为全体成员国，而不是传统安全观中的单个国家；安全目标是加强上海合作组织成员国的军事合作，提高政治互信，以共同打击非传统安全，保障成员国及其地区的安全，而不是为了军事对抗，这同样体现了与传统安全观的关键区别。安全性质方面，不再是非此即彼的"零和游戏"，某个国家的利益是建立在其他国家或组织的利益损失的基础上。相反，上海合作组织成员国包括安全合作在内的各项活动都是建立在互利、互惠、互信的基础上，为实现共同和平与发展而进行的。实现安全目标的安全手段也不再单是军事行为，而是伴随着人文合作与科技交流，重视人民的沟通与了解，为加强成员国合作创造良好的文化环境。

总之，上海合作组织框架下的联合军演不管是安全主体、安全目标还是安全性质和手段都符合新安全观的特点，即采用和平的方式、互信互利、实现成员国及人民等多个安全主体的共同利益，但不针对其他国家，不搞军事对抗，同时加强人文科技等多领域交流。同时，在每个安全观特点上也对其与传统安全观的差别做了说明。从而更加肯定了上海合作组织联合军演体现出了新安全观的特点。除此之外，在传统安全观中，联合军演一般发生在盟国之间。而上海合作组织成员国中，中国和印度都坚持不结盟政策，和俄罗斯之间是结伴不结盟的关系，故此次军演不同于传统安全观中盟国之间的军演，[1]而旨在加强成员国间的协作与互信，就重大事件采取迅速联合行动，以维护地区和平。从这点来看，联合军演也是符合新安全观的。

结　语

上海合作组织的前身——"上海五国"是冷战后各国在国际安全形势发生变化的背景下，以寻求和平解决边境问题为初始目标而形成的组织。五国摒弃了冷战时期以军事手段解决问题、靠一国自身力量解决本国事务、单纯强调国家利益的传统安全观，通过邻国间对话和协商，用和平手段解决了属于国家核心利益的边界问题。所以可以说，"上海五国"本身就是安全观转型的产物。

上海合作组织延续了"上海五国"新安全观的理念，从成立之初就明确提出奉行不结盟、不针对其他国家和地区、对外开放的原则，组织成员国在公开、透明的原则下开展防务及安全领域的合作。

---

[1] 参见《联合军演促中印互信（专家解读）》，载《人民日报》（海外版），2018年5月7日。

反恐是上海合作组织安全合作的重要使命，作为反恐合作的重要形式，上海合作组织联合演习同样秉承互信、互利、平等、协商、尊重多样文明、谋求共同发展的"上海精神"，在打击"三股势力"、威慑地区恶势力等非传统安全问题上作用重大。通过上文研究可以了解到，上海合作组织联合军演是以反恐为目的、以组织为形式、协调各国官兵作战能力、强化战斗技能的联合演习，它的安全目标不再是单个国家的安全，而是捍卫整个地区、成员国以及在其内生存人民的安全，为国家的安全与发展、人民权宜的保障提供良好的内外环境。安全性质摒弃了冷战的对抗思维，成员国以平等、互信为基础，通过和平、协商、合作的方式解决彼此关切，通过历次军演，成员国间政治与军事互信不断加强，协调能力逐步提高。同时，通过联演平台，各国官兵通过丰富的军演开放日活动展示本国民族文化，运用军事、文化、科技等多种安全手段实现多领域交流，为联合军演助力。同时，军来自于民，民心相通，联演为各成员国近距离交流提供良好平台。

上合联合军演在新的国际安全环境下举行，此举是国际军事合作的有益尝试，对世界地区安全合作具有典型的示范效应，得到越来越多国家的认可。事实证明，上海合作组织联合军演的安全主体、目标、性质、手段都具备新安全观的特点，联合军演是新安全观的具体实践。西方媒体对上海合作组织"东方北约"的污蔑，对"冷战"思维形容联合军演的言论是"无源之水、无本之木"。对此，上合联合军演组织者应加强新闻报道，消减西方掌握的"话语霸权"，抢占先机，掌握对外宣传的主动权和主导权。当前上海合作组织成员国境内"三股势力"仍然猖獗，反恐任务任重而道远。"和平使命"还在继续，打击恐怖主义、维护地区安全的决心会更加坚定。

（本文曾发表于《亚太安全与海洋研究》，2018年第6期）

试析开源情报在中国国家安全情报中的地位和作用

杨建英* 余至诚**

[内容提要] 随着总体国家安全观的提出，中国国家安全情报的内涵也发生了变化。国家安全情报不再仅仅是传统意义上的隐蔽战线情报，而是涉及国家政治、经济、文化、社会等各领域的安全情报。尤其是在传统安全和非传统安全交织、内部安全与外部安全并存的新形势下，开源情报因其具有的优势和特点，将成为中国国家安全情报的主要组成部分，所发挥的作用愈加突出。

[关键词] 开源情报 国家安全情报 总体国家安全观

一、中国国家安全情报的传统内涵与当代内涵

情报是战争的产物，尽管情报一词出现的历史不超过一个世纪，但是情报活动却早已伴随军事活动而展开。早期的情报活动所获取的情报多为秘密情报，服务于军事活动，旨在辅助赢得战争的胜利，从而维护国家安全。随着时代的发展，国家安全的构成要素不断丰

---

* 杨建英，国际关系学院公共管理系教授、博导。
** 余至诚，国际关系学院国家安全学专业硕士研究生。

富，传统安全和非传统安全问题并存且交替上升，总体国家安全观所提及的国民安全和其他 11 个安全领域，极大地扩展了国家安全工作的内涵，从而也使国家安全情报的内涵有了变化。

（一）国家安全情报的传统内涵

情报界经常引用的情报定义是克劳塞维茨在《战争论》中对情报的界定，即："情报是指我们对敌人或敌国所了解的全部材料，是我们一切行动和想法的基础。"[1] 1979 年版《辞海》对情报的定义为：（1）以侦察手段或其他方式获得的，有改观敌人军事政治经济等各方面的情况，以及对这些情况进行分析研究的成果，是军事行动的重要依据之一。（2）泛指一切最新的情况报道。如：科学技术情报。[2] 从上述对情报的定义不难看出，情报所指的多以军事情报为主，或为军事行动服务。由于军事行动的涉密性高，自然而然情报多以秘密情报为主。在当今时代背景下，军事行动并非是唯一维护国家安全的手段，但在冷战及其以前，军事安全和军事行动是国家安全的主要内容，也是维护国家安全的重要手段。所以情报的定义基本与军事情报的定义相类似。

（二）国家安全情报的当代内涵

随着冷战的结束，和平与发展成为当今时代的主旋律。尽管传统的军事、政治、外交等安全问题依然存在，但由于国际格局的制约，以及非传统安全问题的出现，使得国家安全问题不仅仅停留在

---

[1] 克劳塞维茨：《战争论》（上卷），中国军事科学院译，解放军出版社，1964 年版，第 71 页。
[2] 《辞海》，上海辞书出版社，1980 年版，第 870 页。

军事、政治、外交等传统安全问题上，文化安全、社会安全、生态安全、科技安全、信息网络安全等非传统安全问题对国家安全的影响和威胁越来越大。因此，传统的国家安全情报也被赋予新的内涵。

在1989年版的《辞海》中，对情报的定义是"获得的他方有关情况以及对其分析研究的成果。"① 这一定义虽然与1979年版《辞海》中对情报的定义相似，但不再指出情报是军事活动的重要依据。随着冷战的结束，情报的内涵更为宽泛，情报的服务对象已不仅仅限于军事领域和传统的安全领域。高金虎认为，国家安全情报不应包括军事情报和公安情报，"优化决策功能、安全与反情报职能、战略预警功能是国家安全情报工作的核心功能"。② 赵冰峰在《情报学》一书中，把国家情报定义为："是国家开展军事、安全、公安、经济、外交、科技、外宣、国际等一切情报活动的总和。国家情报是由国家机构对危害国家安全与阻碍国家发展的敌对势力开展的认知活动对抗，通过情报搜集、情报分析、情报设计与情报行动等复杂活动，在对抗认知中构筑认知优势，实现国家治理的目的"。③ 尽管是国家情报的定义，但笔者认为，该定义与国家安全情报的定义相似。从学术研究的角度出发，在总体国家安全观的指导下，国家安全情报如同国家安全工作，可有广义和狭义之分。广义的国家安全情报是国家在政治、经济、军事、文化、社会等领域开展的一切情报活动的总和；狭义的国家安全情报是指隐蔽战线的安全情报。

当代国家安全情报与传统国家安全情报的内涵最大的区别在于，当代国家安全情报突破传统国家安全情报所重视的领域，为总体国家安全观服务，因此，当代国家安全情报应为：通过公开或秘密手

---

① 《辞海》，上海辞书出版社，1989年版，第875页。
② 高金虎：《论国家安全情报工作——兼论国家安全情报学的研究对象》，载《情报杂志》，2019年第1期。
③ 赵冰峰：《情报学》，金城出版社，2018年版，第316页。

段所获取的各个领域的信息,并经过各个领域情报机构分析处理后的成果汇总。这些情报成果为国家安全所需,是国家安全治理的重要依据。国家安全情报应包含：政治安全情报、国土安全情报、军事安全情报、经济安全情报、文化安全情报、科技安全情报、信息安全情报、生态安全情报、资源安全情报、核安全情报。国家安全情报以保障人民安全为宗旨,是国家安全的第一道防线。国家安全情报的新内涵,体现了总体国家安全观中既重视内部安全又重视外部安全、既重视传统安全又重视非传统安全的特点。

当代国家安全情报的新内涵是传统安全与非传统安全交织的产物,更是总体国家安全观对国家安全情报提出更高要求的体现。广义的国家安全情报更符合国家安全现实的需要,能更好的服务于国家安全,实现国家安全治理的战略目标。

二、开源情报的内涵与特点

开源情报作为一种新的情报观,在20世纪30年代后开始显现。英国工业情报中心通过分析德国海关进出口统计,得出德国正在秘密重整军备的结论。[1] 美国第二任中央情报主任霍伊特·范登堡曾谈到,有80%的情报是依靠发掘公开资料获得的。[2] 肯特认为,秘密搜集不可或缺,但绝大多数信息都是可以通过公开的正大光明的观察和研究获得。[3] 由此可见,开源情报的重要性,当时既已被人们所认知。随着互联网技术的发展,开源情报的获取变得更加便捷、更

---

[1] Jeffrey Richelson, A Century of Spies: Intelligence in the Twentieth Century, New York: Oxford University Press, 1995, p. 208.
[2] John Ranelagh, The Agency: The Rise and Decline of the CIA, New York: Simon and Schuster, 1986, p. 56.
[3] 谢尔曼·肯特：《战略情报：为美国世界政策服务》,金城出版社,2012年版,第5页。

加多样，在传统安全与非传统安全交织的新形势下，开源情报的地位不断上升。一方面，开源情报的信息素材海量，来源比较稳定，搜集较为容易，工作风险小，可以快速的填充情报地图，找出情报空白；另一方面，开源情报能够与秘密情报相互印证和补充。在总体国家安全观的背景下，开源情报成为广义的国家安全情报的主要部分，与秘密情报共同为总体国家安全的决策提供重要依据。

（一）开源情报的定义

开源情报是相对于秘密情报而言，因此，笔者认为开源情报是指通过公开途径、运用合法手段所获取，并进行筛选过滤、整理、分析形成的情报。美国《国防部军事相关术语词典》将开源情报定义为：大众可以得到的具有潜在情报价值的信息。2001年出版的《北约公开来源情报手册》将开源情报定义为，从任何公开可用来源获取的，印制、电子甚至口头形式的非涉密信息。[1] 2006年，美国陆军部将公开情报定义为，通过对公开信息的系统性搜集、处理和分析而得到的情报[2]。通过对这三种定义的比较，可以明显的看出第三种定义，即2006年美国陆军部对开源情报的定义更为准确。由于互联网的公开特性，以及受众面广泛的特点，存在于互联网上的信息鱼龙混杂，通过互联网所搜集的公开资料和信息的质量也必然是参差不齐的。比如，互联网上的信息既有普通公民传播的谣言、无效信息，也有官方有意释放的虚假信息。如果对这些无效的虚假信息不加以甄别、分析、处理而直接作为情报，成为决策资源，必然

---

[1] U. S. Joint Chiefs of Staff, Joint Publication 1-02, Department of Defense Dictionary of Military and Associated Terms, 8 Nov. 2010.

[2] 中共中央党史和文献研究院：《习近平关于总体国家安全观论述摘编》，中央文献出版社，2018年版，第5页；赵小康："公开源情报研究综述"，《情报理论与实践》2013年第11期，总36卷，第118、119、123页。

会导致决策的错误，这是情报失误。因此，开源情报一定是指通过对公开信息、资料的系统性搜集、处理和分析而得到的情报，这也是开源情报与公开信息、公开资料区别的重要标志。

（二）开源情报的特点

信息时代的开源情报相较于秘密情报，具有以下特点：

1. 搜集领域具有总体性

习近平总书记指出，当前我国国家安全内涵和外延比历史任何时候都丰富，时空领域比任何时候都要宽广，内外要素比历史上任何时候都要复杂。[1] 这也要求了我国的情报工作涉及各个领域、多个层次。公开来源情报资料来源广泛，从政治、军事、经济到人文、社会、地理可以说是无所不包。从公开情报资料的来源不难看出，开源情报涉及各个领域，其来源既包括传统的安全领域又包括非传统安全领域，尽管在开源情报搜集的过程中，主要集中围绕于某一特定的领域进行搜集，但是其他领域公开信息或公开资料也能成为补充，甚至在单一领域开源情报搜集工作出现困难时，通过改变搜集领域，可以填补情报空白。美国陆军情报与安全司令部所辖亚洲研究小组一直通过公开渠道搜集、处理和分析中国、朝鲜和其他潜在对手的军队能力、兵力部署和战备方面的信息，汇报该地区各国经济、环境、政治和社会等情况。可以看出，尽管美国主要想得到的是关于该地区军队能力的情报，但是其搜集的领域却并非单一的军事领域，而是通过对该地区的各个领域的公开信息和资料进行搜集，从而得出满足其需求的军事情报。开源情报虽然为某一单一领

---

[1] 赵小康："公开源情报研究综述"，《情报理论与实践》2013年第11期，总36卷，第119—123、118页。

域所需,但是其来源绝非单一的领域。另外,在总体国家安全观的背景下,各个安全领域相互交织,在这样的背景下,只有开源情报工作包含各个领域,并能更好地发挥作用。

2. 来源具有公开性

国际关系学院刘跃进教授认为,开源情报和秘密情报最大区别即开源情报的来源具有公开性,这里需要注意的是,尽管开源情报的来源是公开的,但是开源情报并不是公开的,开源情报是情报,情报是从他处获取且需要保密的经过处理的信息,因此只能说开源情报的来源具有公开性,而不能说开源情报具有公开性。

首先,开源情报的来源是公开的资料和信息,按照媒介的种类划分,开源情报的来源媒介可以划分为七类。第一类,印刷媒介,其中包括报纸、杂志、电话簿、画册、交通时刻表、挂历、宣传册等;第二类,电子媒介,其中包括电视、广播、电影、电子显示屏、电话、网站等;第三类,展示媒介,其中包括陈列、橱窗、门面、立式广告、真人广告等;第四类,户外媒介,其中包括广告牌、霓虹灯、海报、旗帜、车厢、气球、建筑物等;第五类,物件媒介,其中包括火柴盒、打火机、手提袋、包装纸、雨伞、旅行包等;第六类,web 2.0 时代的媒介,其中包括社交网站、应用、视频分享网站、维客、博客、大众分类等;第七类,其他媒介,其中包括政府数据、航拍图片和学术信息等。[1] 尽管在其中包含一些不起眼的小物件,如包装纸、打火机等,但是这些不起眼的小物件,如果加以利用和分析则可以成为重要的开源情报。日本情报机构就曾通过对1966 年的《中国画报》上铁人王进喜站在钻机旁的照片,分析判断得出了大庆油田的位置、储量和产量等重要信息,成为之后三菱重

---

[1] 赵小康:《公开源情报——在情报学和情报工作中引入 Intelligence 的思考》,载《情报理论与实践》,2009 年第 12 期,第 23—27 页。

工中标中国石油开采设备的重要前提。

其次，开源情报的获取手段具有合法性。开源情报与秘密情报的另一个重要区别，即获取手段的不同。秘密情报活动在任何一个国家都是违法的，而开源情报则不同。肯特认为，绝大多数信息都可以通过公开的、正大光明的观察研究而获得。[1] 开源情报的来源都是公开的信息和资料，获得方式不需要任何秘密手段，只需要对公开的资料和信息进行搜集并加以分析和处理即可获得。由于开源情报的获取方式具有合法性，开源情报工作的风险性几乎为零，在大数据时代，开源情报工作更具有较高的性价比。

3. 搜集手段主要依赖信息技术

在"互联网+"和大数据的时代背景下，许多文献和资料都已数字化，仅需要通过关键词搜索和查找即能找到所需的信息，这虽然方便了开源情报工作，但也加大了开源情报的工作量。由于全球24小时都有重要的信息和资源在产生，开源情报工作自然也需要24小时不间断进行，沿用传统的人工方法显然无法应对海量的数据，难以完成开源情报工作，因此，现代信息挖掘采集技术在开源情报工作中扮演着重要角色。全球整合新闻数据库（The Global Database of Events, Language, and Tone, GDELT）是世界上规模最大、内容最全面、分类粒度最细，且开源免费的，有关冲突与调解事件的数据库。它包含了自1979年以来，从全球新闻媒体报道中抓取到的各类冲突与调解事件。[2] 该数据库每15分钟更新一次，实时监测65种语言的电视、广播、报纸、网络媒体甚至学术论文中的新闻事件，并对其进行处理得出相关信息。Event表是GDELT的主表，该表主要对事件进行定义，2015年2月后GDELT数据库引入Mentions和

---

[1] 高金虎：《军事情报学》，金城出版社，2017年版，第49页。
[2] 刘坤佳、陈科第、乔凤才、王晖：《基于全球整合新闻数据库的开源情报关联与可视化分析》，《情报学报》，2017年第2期，第152—158页。

Global Knowledge Graph（GKG）数据表，mentions 数据表将 Event 表中的事件的复杂关系加以显现，GKG 表则通过一系列十分复杂的自然语言处理算法，计算一系列编码元数据，将数据中隐藏的信息进行解码，[①] 使被记录的事件不止限于流于表面的基础信息。GDELT 数据库通过一系列的算法和技术实时采集来自于全球的冲突事件的信息和资料，并且对其进行分类和简单分析，一方面体现了信息技术在处理海量数据方面的优势，另一方面体现了信息技术在开源情报工作中的优势和重要性。然而，技术手段一直是我国情报工作的短板，如何将信息挖掘和采集技术运用到开源情报工作中，以适应互联网＋、大数据时代下对开源情报工作提出的新要求，是一个亟需解决的问题。

三、开源情报在国家安全情报中的地位和作用

随着冷战格局的结束，国家所面临的威胁已不单单是传统的安全问题，而是受到传统的和非传统的两方面安全问题的共同威胁。冷战时期的旧威胁范式强调战略核力量和常规力量与政府静态战斗序列结合，并随时间按照线性发展和部署，因此可以相对容易地探知到军事动员情况。而新威胁范式则正好相反，它通常是以非政府、非常规、动态的或随机的和非线性的状态出现，没有任何规则，不受任何约束。[②] 面对旧范式威胁，传统的秘密情报能发挥主要作用；而面对新范式威胁时，开源情报则能发挥其特有的作用。

[①] 刘坤佳、陈科第、乔凤才、王晖：《基于全球整合新闻数据库的开源情报关联与可视化分析》，《情报学报》，2017 年第 2 期，第 152—158 页。
[②] 张晓军主编：《美国军事情报理论著作评介》，时事出版社，2010 年版，第 179 页。

（一）开源情报是国家安全情报的主要组成部分

"开源情报之父"史迪尔在 1992 年的 Whole Earth Review 杂志的一文中就提到：国家情报工作应当转换工作思路，重视情报共享和开源情报，替代传统的秘密式情报工作。[①] 美国第二任中央情报主任霍伊特·范登堡也曾谈到，有 80% 的情报是依靠发掘公开资料获得的。[②] R·Winks 指出"在期望得到的外国情报中，有 90% 可以从公开信息源中获得。"[③] A. S. Hulnick 认为"在一份典型的分析报告中，有 80% 的内容来自公开信息源"[④]。尽管这些表述并不完全准确，比如用开源情报工作替代传统的秘密情报工作。但值得注意的是，开源情报的重要性确是在当下逐渐突显出来。

根据《新情报技艺——面临非传统威胁时获取非对称优势》一书中的内容，非传统安全所表现出的特征是非常规的、动态的、随机的、非线性的，秘密情报往往针对的是某一具体事件，并且持续性较弱，在应对非传统安全威胁的这种无规律的特性时，会表现得较为吃力。同时，在非传统安全威胁日益增加的情况下，安全威胁不再仅仅停留于某一单一敌对国家，而是来源于全球。任何单独一个国家都无法用间谍和秘密手段实现全球覆盖。[⑤] 因为这样做会耗费巨大的资金以及人力，同时效果也不一定显著。在信息革命的冲击下，越来越多的信息和资料被数据化，共享于网络空间，使得开源

[①] Hamid Jahankhani. Handbook of electronic security and digital forensics [M]. World Scientific Publishing Company. 2010：89-91.

[②] 高金虎：《军事情报学》，金城出版社，2017 年版，第 49 页。

[③] ROBNWW. CLOAK&GOWN. Scholars in the secret war, 1939-1961 [M], New York William Morrow, 1987：456.

[④] HULNICK A. OSINT is it really intelligence [EB/OL]. [2009-01-25]. http://www.allacademic.com/meta/p281211_index/html.

[⑤] 张晓军主编：《美国军事情报理论著作评介》，时事出版社，2010 年版，第 181 页。

情报工作变得越来越容易。在信息技术的支持下，开源情报工作可以对全球的信息和资源施行 24 小时的持续搜集，经过对这些信息进行处理和分析而得到的情报产品，具有全面性、时效性、以及持续性的特点，开源情报的这些特性在应对非传统安全问题时，能发挥较好的作用，能在面对非传统威胁时获得非对称性的优势，弥补秘密情报在应对非传统安全问题方面的不足。

开源情报不单在非传统安全领域扮演着重要角色，在传统安全领域也发挥着一定的重要作用。在《新情报技艺——面临非传统威胁时获取非对称优势》一书中就提到：如果我们不能组织起对全球多语种公开来源情报的搜集和开发，那么采用秘密情报也会因缺少公开来源情报中的暗示及背景信息而不能发挥完全的效用。① 美国中央情报局官员阿瑟·胡尔尼克认为"公开来源是秘密情报的基石"。的确，开源情报能较快地在宏观上填补情报地图，找出情报空白，为秘密情报的工作指明方向，使秘密情报工作更加具有针对性，在应对传统安全问题上发挥出最大的效能。其次，开源情报能在一定程度上对秘密情报进行验证，通过秘密手段获得的情报数量往往是较少的，因此提供的信息也是相对独立的，其真伪需要得到一定的验证。开源情报对秘密情报的验证有着一定的辅助作用。

开源情报在最初，是服务于秘密情报的，为秘密情报提供参考。随着时代的变迁、信息时代的到来、两极格局的瓦解，和平与发展成为当今时代的主题，开源情报的优越性逐渐展现出来，其在国家安全情报工作中的地位不断上升，成为国家安全情报的重要组成部分。

---

① 张晓军主编：《美国军事情报理论著作评介》，时事出版社，2010 年版，第 181 页。

（二）开源情报促进情报整合

开源情报的工作原则要求实现信息的全球覆盖，这就导致开源情报的涉及各个安全领域，开源情报产品也必然不局限于单一领域，政治情报中可能含有经济情报、军事情报中可能夹杂科技情报等，各个领域情报产品相互交织一定程度上能推动我国情报的融合。目前，我国的情报工作多局限于各自不同的领域，各领域的情报产品不共享，情报部门之间的工作存在交叉和重复，资源浪费严重。在《新情报技艺——面临非传统威胁时获取非对称优势》一书中，作者对美国1949年至1992年间的情报工作缺陷做了总结，其中提到："情报终端用户的各个单位都没有建立公开来源信息通道，还不具备全源情报处理环境。各种各样的情报和反情报信息都是支离破碎的，甚至在统一情报机构中，所有已知的信息在任何一个体系内都没有被有效的组织在一起，其实通过有效的组织可以发现很多规律及异常现象。"[1] 可见情报的整合能够将各个分散的情报产品聚集，从而得到单独的情报产品无法得到的规律和现象，充分发挥情报的效能。目前，许多情报大国和强国已经实现了情报融合，在美国的情报界，国家情报总监负责统筹整个情报界的情报信息内容综合与分析工作，领导中央情报局、国家反恐中心、国家防扩散中心，以及国家情报委员会、反情报办公室和国家情报总监参谋部，打破部门壁垒，统筹整个情报界的情报信息内容收集与分析工作。[2] 在俄罗斯，总统下设的联邦安全会议发挥整体统筹与协调运作作用，是国家安全体系乃至国家战略决策体系的中枢与参谋系统。[3] 法国安全委员会下设专

---

[1] 张晓军主编：《美国军事情报理论著作评介》，时事出版社，2010年版，第199页。
[2] 赵冰峰：《情报学》，金城出版社，2018年版，第344页。
[3] 同上书，第362页。

门的国家情报委员会，负责统筹和协调情报实体部门。[①] 情报大国或者强国的情报工作都有相应的部门统筹，情报工作打破部门壁垒，实现情报共享和融合，使得情报工作高效运行，减少不必要的资源浪费，而我国的情报工作尚缺乏这种统筹，各个领域相互独立，导致情报工作的效率较为低下，资源浪费严重。随着开源情报地位的不断上升，其在促进我国情报融合，以及情报的统筹上将发挥作用。开源情报的特性，导致情报工作不能仅仅局限于单一领域，情报工作也不能单由安全、公安和军事等相关部门开展，而需要全社会各个领域共同展开合作，实现情报共享。总体国家安全观中涉及的12个安全领域，各领域都有自己的情报工作，只有统筹各领域的情报工作，才能使我国的国家安全情报具有总体性，发挥其最大的效能。

随着开源情报的不断发展，开源情报在推进我国情报融合、情报工作统筹的进程中发挥着不可或缺的作用。

（三）开源情报推动我国情报体制机制建设

一个国家的情报体制机制对情报工作有着重要的影响。完善合理的情报体制机制首先可以从总体上对情报工作进行战略部署，出台情报战略，给之后一定时间内的情报工作指明方向。其次，完善合理的情报体制机制能够在横向上，促进各个情报领域之间的沟通，实现情报整合，使情报具有总体性，发挥情报的最大效能。在纵向上，使情报消费者与情报生产者之间的联系和接触增加，由此可以生产出对情报用户来说"刚好够用""刚好及时"的量体裁衣情报。[②] 目前，我国的情报体制机制还未完善，尽管近些年来，有关情

---

① 赵冰峰：《情报学》，金城出版社，2018年版，第371页。
② 张晓军主编：《美国军事情报理论著作评介》，时事出版社，2010年版，第183页。

报的相关法律如《中华人民共和国国家情报法》《中华人民共和国反间谍法》《中华人民共和国反间谍法实施细则》相继出台,从法律上,对情报工作有了一定的保障,有利于情报的发展。但是,这些是远远不够的。要使得我国的情报工作能够进一步的发展,完善的情报体制机制必不可少。在美国"9·11"事件之后,关于美国情报失误的原因的探究数不胜数。《秘密情报为什么会失误》一书中指出,美国情报机构在索马里、波斯尼亚、科索沃、印度核试验中产生情报失误的原因,即美国情报机构互相之间过于分散,各机构间互不信任,联合程度不高,所以没有情报共享。[①] 而造成这一现象的原因是缺乏一个集权化的情报协调体制。目前,我国的情报体制也较为分散,各个情报领域之间相互独立,信息不共享,如果长久下去,必然会产生严重的情报失误,然而开源情报在推动我国情报机构整合、完善我国情报体制机制中发挥了一些作用。

1. 推动我国情报体制的完善

目前,我国的情报体制较为分散,缺乏一个集权化的情报机构,对各个领域的情报机构进行统筹和协调。美国在"9·11"事件之后,认识到了情报统筹的重要性,设立情报总监,对各个情报领域进行整合,统筹情报工作。"9·11"事件使美国认识到了传统的秘密情报在面对非传统安全问题时,无法解决信息不对称的问题,而开源情报却能较好的解决这一问题。由于开源情报的特性的存在,单独的情报领域所发挥的作用比不上情报融合后的总体效能,这也进一步倒逼了美国情报总监的设立。当下,我国对开源情报的重视程度不断加深,对开源情报的研究渐渐展开。随着对开源情报的重要性的认识不断加深,开源情报的研究不断深入,开源情报将在国家安全情报中发挥重要的作用,开源情报在推动我国情报体制的完

---

① 张晓军主编:《美国军事情报理论著作评介》,时事出版社,2010年版,第378页。

善中所发挥的作用也将体现。

首先，开源情报将推动情报的整合，使各个情报领域的情报整合，而这种整合的工作必然不会自发形成，必须有相应的机构去统筹，这样会倒逼我国情报体制中出现类似于美国"情报总监"的机构出现，对我国的情报工作进行统筹。其次，由于开源情报在国家安全情报中所占的比重较高，而目前我国有关开源情报的机构少之又少，缺乏专门的机构对开源情报进行搜集和开源情报产品的生产，成立相关的开源情报机构，进行专职的开源情报工作迫在眉睫。美国在开源情报机构的设立方式的值得我们借鉴，21世纪以来，美国的开源情报已成完整体系，在体制上，成立国家开源情报中心，主要任务是在任何国家用任何语言获取开源情报。成立数字创新指挥部统管中情局的数字化发展。可以预见的是，随着开源情报在国家安全情报中的重要性不断上升，成立开源情报机构开展专门开源情报工作已成必然。由此可以见得，开源情报一方面能促进我国情报统筹机构的产生，统筹我国情报工作的发展。另一方面，开源情报的重要性迫使我国情报体制中补充开源情报的相关机构，展开专门的开源情报工作。所以，开源情报在一定程度上对我国的情报体制的完善起着一定的推动作用。

2. 推动我国情报机制的完善

目前我国的情报及其相关工作主要集中在安全部门和军事部门，主要由政府和军方主导，从事的情报工作也多以秘密情报工作为主，而在开源情报这一方面，我国的情报界及政府部门投入的资源较少，对开源情报的作用和功能有所忽视。

随着开源情报的重要性的凸显，开源情报的工作发展也势在必行，由于开源情报来源具有公开性的特点，开源情报工作将不仅局限于政府部门，而是由政府、情报部门、民间机构三者共同进行。一个有效的情报界需要把国内分散的情报要素集中起来。我们必须利用全国所有智能力量，一个由地方和州政府领导、公司官员、军队和政治官员，非政府官员、记者、学者，以及学生组成分布式网络，他们是21世纪的"情报记录人"（intelligence minutemen）[①] 这段话摘自《新情报技艺——面临非传统威胁时获取非对称优势》一书，这本书成于2002年，美国开源情报的被重视之初，可以明显看到的是，作者认识到一个有效的情报界不能仅仅局限于传统的情报部门，而是应该由多方参与。情报的提供者既有官方的人员，也有非官方的人员，体现了一种全员情报。而目前，在我国，由于情报的特性，情报对绝多数人来说都是神秘、不可触碰的，绝大多数人对情报的理解还停留在秘密情报层面，是由国家安全工作人员去完成的。而随着国家安全情报概念的转变，开源情报成为国家安全情报的重要组成部分，开源情报会使更多的人认识到情报不再仅仅是政府和军队的情报机构的工作，而是政府、情报部门、民营机构的共同工作。在《新情报技艺——面临非传统威胁时获取非对称优势》一书中提到："用一种将公共情报生产作为国家防御当中重要一环的方式建立新的情报技艺，既是可能的，也是势在必行的。"[②]这也体现了开源情报生产具有一定公共性，会吸纳更多的非政府机构及人员至开源情报的生产过程中。

另外，在总体国家安全观以及国家安全情报概念转变的背景下，情报的需求主体也发生了一定的改变，情报的使用已从过去的"政府客户"变为公共消费。[③] 总体国家安全中，涉及十一个安全要素，各个安全要素都有自身的情报需求，尽管这些情报需求依然以政府为主导，但是在经济安全、生态安全、科技安全、信息安全等领域，

[①] 张晓军主编：《美国军事情报理论著作评介》，时事出版社，2010年版，第203页。
[②] 同上书，第211页。
[③] 赵小康：《公开源情报——在情报学和情报工作中引入 Intelligence 的思考》，《情报理论与实践》，2009年第12期，第23—27页。

情报的使用已不仅仅是政府及安全部门，这些安全领域中的民营机构以及企业对情报也有一定的需求，情报可以使这些机构及企业获得非对称性优势，从而增强其实力。世界上任何一个角落都可能发生影响自身利益的事件，[①] 而情报所带来的非对称性优势能让任何主体掌握一定的主动权，从而维护自身的利益，这也会使得越来越多的非政府机构、人员参与到情报中。

最后，由于开源情报对信息技术的要求较高，在政府资源有限、情报部门技术需求无法满足的情况下，"业务外包""技术定制""市场采购"等行为也将增多，情报与非政府的民营机构的交流也会增多，进一步地促进民营机构进军情报界。

总的来说，开源情报使得更多的非政府主体参与到情报地界，这虽然能丰富我国情报机制中的主体，使我国的情报来源更加广泛和全面，全方位地为国家安全提供情报产品，但是由于情报存在保密的要求，如何保证在民营机构参与进情报界、以及"业务外包""技术定制""市场采购"行为发生时不发生泄密事件则需要完善的由政府支持、情报部门主导、民间机构参与的机制来保证。

（四）促进情报分析人员队伍素质提升

开源情报对情报分析人员的专业背景、受教育程度、研究能力的要求较高，因此，随着开源情报工作的发展，对情报分析人员的综合素质要求也会不断提升，从而促进情报分析人员队伍的整体能力快速提高。

信息技术虽然在开源情报工作中能发挥巨大作用，但在情报分

---

① 赵小康：《公开源情报——在情报学和情报工作中引入 Intelligence 的思考》，《情报理论与实践》，2009 年第 12 期，第 23—27 页。

析和处理上，发挥的作用仍然有限。依靠信息技术，虽能剔除垃圾信息和资料，并将信息和资料加以分类和初步分析，使其价值不仅仅停留于表面，然而信息技术目前还做不到进行更深层次的挖掘。更深入的研判还必须依靠情报分析人员来完成。

首先，开源情报的分析量巨大，要求情报分析人员有较强的挑选能力。2006年美国《国家开源情报计划》对开源情报工作的开展原则进行了确定，其中一个原则即对信息来源进行全球覆盖。[1] 截止2017年2月，GDLTE数据库中的Mentions表的数据规模约为83.1GB（约4.02亿条记录），GKG表的数据规模为2.76TB（约2.77亿条记录）。[2] 如何在海量的数据中，找出情报用户所需的信息和资料是情报分析人员所面临的难题，尽管可以使用信息挖掘技术，通过关键词和其他限定条件，对这些信息进行检索和筛选，但经过筛选后的信息和资料的数量也依然是较为庞大的，这就需要情报分析人员具有较强的筛选和鉴别能力，把真正是情报用户所需的信息和资料挑选出来，进而进行分析，形成情报产品，满足情报用户的需求。

其次，开源情报来源中包含的信息和资料质量参差不齐，要求开源情报分析人员有较高的去伪存真的能力。由于公开来源情报回声效应的存在，[3] 所以情报分析人员必须对情报的来源进行去个性化处理，使得到的信息和资料最接近于"真相"所表达的含义，而非被曲解和存有偏见的含义。另外，情报分析人员需要对获取的资料和信息进行甄别，哪些是他国为施行战略欺骗所释放出的虚假信息和资料，哪些是无效化信息，只有将这些信息进行排除和辨别，保

---

[1] 马增军、王净：《美军开源情报发展历程及任务管理体系综述》，载《现代情报》，2015年第7期，第172—176页。
[2] 刘坤佳、陈科第、乔凤才、王晖：《基于全球整合新闻数据库的开源情报关联与可视化分析》，载《情报学报》，2017年第2期，第152—158页。
[3] 高金虎：《军事情报学》，金城出版社，2017年版，第271页。

留正确的、准确的信息和资料，才能使生产出的情报产品真实可靠，反之则会出现情报失误，造成不可挽回的后果。

  开源情报在当下的重要作用和地位已被各个国家所认知，发挥开源情报在我国国家安全情报中的作用是我国国家安全情报工作的一个重要工作方向，开源情报工作应以总体国家安全观为指导，为总体国家安全观服务。同时，开源情报工作既要广泛应用技术手段又不能依赖技术手段，只有技术与人力相结合，才能保证开源情报为中国国家安全工作提供重要支撑，发挥重要作用。

  开源情报作为国家安全情报的重要组成部分，具有秘密情报不具备的特点，弥补了秘密情报在应对非传统安全问题中的不足，与秘密情报相互作用，保障中国的国家安全；同时，开源情报工作的不断发展也推动着中国情报体制机制的完善；促进着情报分析人员队伍的整体素质快速提升。随着总体国家安全观的提出，开源情报在中国国家安全情报中的重要地位和有效维护中国国家安全的作用日益明显。

（本文曾发表于《情报杂志》，2019年第10期，现文略有修改）

国家安全法治三题：涵义、必要性与重点难点

肖君拥[*]

[内容提要] 国家安全是法治的前提，法治是国家安全的最佳保障方式，国家安全法治即人人普遍服从遵守良善的国家安全法律，国家依法维护和实现国家安全。在当前落实"四个全面"以及实现"国家治理体系和国家治理能力现代化"目标的新形势下，为全面推进依法治国，各有关部门既要承担依法维护国家安全的使命，同时要努力建构完备的国家安全法律规范体系、高效的国家安全法治实施体系、严密的国家安全法治监督体系、有力的国家安全法治保障体系、完善的国家安全党内法规体系。

[关键词] 国家安全　法治　法律实施　必要性

一、国家安全法治的涵义

（一）法治简说

法治是什么？简言之就是"根据法律治理国家"。"法治"与

---

[*] 肖君拥，国际关系学院法律系教授，研究领域为宪法与国家安全法。

"人治"相对。古希腊时期，亚里士多德在《政治学》中明确主张"法治优于一人之治"，他认为"法治应该包含两重含义：已成立的法律获得普遍的服从，而大家所服从的法律又应该是本身制定得良好的法律"①。在当代语境中，法治（the rule of law）的字面意义是指"法律的统治而非人的统治"。这个定义被人们广为接受，主要源自英国近代著名法学家戴雪所著的《英宪精义》②。该著中提出的"法律主治"③观点，奠定了现代法治理念的基础。1959年国际法学家大会通过的《德里宣言》确立三项法治原则：（1）立法机关发挥创设和维护得以使每个人保持"人类尊严"的各种条件；（2）制止行政权滥用，又要使政府能有效维护法律秩序，能保证人们具有充分的社会和经济生活条件；（3）实行司法独立和律师自由。这份《宣言》大致揭示了法治的结构性内涵。

中国古文中较早出现法治一词，譬如《管子·明法》："以法治国，则举措而已"；《晏子春秋·谏上九》："昔者先君桓公之地狭于今，修法治，广政教，以霸诸侯"；《商君书·任法》："任法而治国"；等等。需要注意，古文中的法治不同于今天我们所言说的"法治"。中国古代主张法治的人群，主要是春秋战国时期的法家，代表人物有商鞅、申不害、慎到、荀子、韩非等。其中韩非是法家法治思想的集大成者，"治民无常，唯以法治"④。韩非将商鞅的"法"、申不害的"术"和慎到的"势"融于一体，提出了以赏罚二柄为抓手、以富国强兵为目的、以"王子犯法庶民同罪"为要求，服从服

---

① [古希腊]亚里士多德：《政治学》，吴寿彭译，商务印书馆，2010年版，第199页。
② [英]汤姆·宾汉姆：《法治》，毛权国译，中国政法大学出版社，2012年版，第3页。
③ 戴雪的"法律主治"思想包括："除非明确违反国家一般法院以惯常方式所确立的法律，任何人不受惩罚，其人身或财产不受侵害"；"任何人不得凌驾于法律之上，且所有人，不论地位条件如何，都要服从国家一般法律，服从一般法院的审判管辖权"；"个人的权利以一般法院提起的特定案件决定之"。参见[英]戴雪：《英宪精义》，雷宾南译，中国法制出版社，2001年版。
④ 《韩非子·心度》。

务于君主专制统治的法家法治思想。法家法治思想既不同于古代希腊的法治思想，也不同于近现代的西方法治思想，本质上属于"人治"思想的范畴。

由于20世纪前半叶特定的动荡社会环境，法治思想未得广泛传播，法治实践也未得认真开展。即便到了1949年中华人民共和国成立，法治研究不仅未能够走向兴盛，相反受左倾错误的影响，法治被看作是资产阶级的专利，成为研究的禁区。改革开放之后，法治研究才受到重视。1980年理论界展开了一场"人治"与"法治"的大讨论，形成了"法治派""法治与人治并重派"和"取消派"（实际上是人治派）。这场讨论启动并持续推动我国对法治问题的研究持续推向深入，才有后来党的十五大（1997）将依法治国上升到执政党的治国方略，并明确载入《宪法》。现在，法治也是我国社会主义核心价值观之一。

习近平总书记指出，法治是人类文明的重要成果之一，法治的精髓和要旨对于各国国家治理和社会治理具有普遍意义[1]。2014年10月中共十八届四中全会《关于全面推进依法治国若干重大问题的决定》（以下简称"《决定》"）再次重申：依法治国是实现国家治理体系和治理能力现代化的必然要求，事关我们党执政兴国、事关人民幸福安康、事关党和国家长治久安。法治，既是经济发展、社会进步的客观要求，也是巩固党的执政地位、确保国家长治久安的根本保障。党的十八大以来，我国在科学立法、依法行政、行政体制改革、监察体制改革、司法体制改革等方面有了较大进展，甚至发生了历史性变革。比如民法总则立法、监察立法、法治政府考核体系构建、行政审批制度改革、司法人员分类管理及其法官员额制、以审判为中心的诉讼制度改革、司法责任制等，法治建设取得了许

---

[1] 习近平：《加快建设社会主义法治国家》，《求是》，2015年第1期。

多重大进展。

习近平总书记在党的十九大报告中强调,"全面依法治国是中国特色社会主义的本质要求和重要保障""全面依法治国是国家治理的一场深刻革命,必须坚持厉行法治";并且进一步要求"成立中央全面依法治国领导小组,加强对法治中国建设的统一领导"。这是新时代法治中国建设的总动员。"社会矛盾和问题交织叠加,全面依法治国任务依然繁重,国家治理体系和治理能力有待加强"。客观来看,我国在立法、执法和司法等领域的法治建设还存在许多"短板":有些重大法治改革措施还存在许多体制机制的障碍有待突破,法治建设与改革的系统性、整体性、协同性存在不足,[①] 从而导致我国整体法治化水平还不是很高,法治化水平与社会经济发展水平还不相适应等。我们对此绝不能掉以轻心。

(二)国家安全法治的概念

国家安全是法治的前提,法治是实现国家安全状态、保障国家安全能力的最佳方式。国家安全法治是一国整体法治的重要组成部分,更是一国法治的重要基础。加强国家安全法治建设,是全面依法治国的题中应有之义。如何定义国家安全法治?笔者认为,国家安全法治就是人人普遍服从遵守良善的国家安全法律,国家依法维护和实现国家安全。

在法治思想发展史上,有"形式法治"和"实质法治"的不同侧重主张。法律实证主义思想认为,法治就是要追求法的安定和"法律统治",最大限度地信奉法律的权威和作用,而不是树立君王

---

① 本书编写组:《党的十九大报告学习辅导百问》,学习出版社、党建读物出版社,2017年版,第49页。

权威、道德教化或神圣旨意，认为法治要有立法的程序规则、执法的程序性规则、法律的透明性和稳定性、普适性、预期性和清晰性等要素。而在自然法思想中，主张政府要遵从执行一套明确的普遍性的法律规则，以确保政府服从于"社会契约"，以保障公民个人的生命、自由和财产。公权力不仅要廉洁高效，更要努力以看得见的方式达到"实质正义"。我国自1978年开始重启社会主义民主法制以来，在有关法治的思想认识深度和社会变革广度方面进展显著。从高度浓缩概括的十六字指导方针的变迁就可以看出党和国家在法治建设理念的"升级换代"：以"科学立法、严格执法、公正司法、全民守法"取代了过去的"有法可依、有法必依、执法必严、违法必究"。新的法治建设指针紧扣法治运行的环节特点，精辟扼要，公平理性，突出法治的过程和结果导向，既重视法律制度的完备和科学，也强调法律的有效实施。

从形式上看，国家安全法治就是要依法维护国家安全。维护国家安全要有可依之法。这并不是说，一国制定了有一部或者几部名为国家安全法的法律，就解决了维护国家安全的所有问题。国家安全治理是复杂的系统工程，涉及到方方面面，相关的法律规范体系必定相当庞杂。国家安全法律体系必须适应一国的具体国情，纵向和横向的法律法规要体系完备、科学设置、有效衔接、指引明确。

从价值上看，国家安全法治要求有国家安全"良法"和"善治"。"良"与"善"是人们的一种主观评判，的确有可能存在评价标准与尺度不一的情况。但总体来说，要达到这一评价，国家安全的立法要突出对公民的权利保障，要有效遏制政府的相应权力（当然也不能走到相反的一端以至于乏力应对有关国家危险），要讲求程序正当，要在保密和公开、迅捷应急与公众参与等矛盾关系中实现平衡，法律制度的整体框架与微观规范要有利于国家安全治理的效能提升。

在中国，改革开放、依法治国与加强维护国家安全的历史进程是大体同步的。在改革开放进程中，人们日益感受到维护国家安全事业的重要，认识到国家安全法治的必要。由于党和国家对国家安全法治事业的高度重视和大力推动，在"总体国家安全观"的指引下，随着国家治理体系和治理能力的现代化变革，全国上下在有关国家安全法治的理论研究、实践探索和制度完善等方面取得了丰硕成果，国家安全法治建设而呈现出健康的发展态势。我国现行《宪法》体现了对国家安全的重视。我国国家安全法律从无到有，从粗糙转向系统细致；国家安全的管理也逐步实现了统一领导、分工负责；国家安全司法也随着国家整体司法体制机制改革实现了"公正""效率"目标；社会各界维护国家安全的自觉性大大增强。当然，正如前面分析我国法治建设总体状况存在各种负面因素一样，国家安全法治领域也同样存在这样或那样的不足，需要不断革新落实，既能应对眼前的各种风险危险，又能谋求长期的安全稳定。

（三）国家安全法治概念的特征

1. 国家安全法治不存在一个绝对、恒久、完美的标准

评估某国其国家安全法治状况，需要结合该国的具体国情，包括历史和现实因素，从制度体系、法律实施效果、法治监督与保障体系、公众的认同参与等方面加以全面评价。依据法律来进行国家安全治理，意味着社会调控方式是选择了"法治"，否定了"人治""德治（礼治）"。国家立法机关要依宪法颁行国家安全法律，在进行合宪性审查时需考虑文件或行为是否合乎宪法的"国家安全"原则；政府严格依法管理处理涉及国家安全的事项；司法机关依法对有关危害国家安全案件行使审判权、检察权；公民和社会组织的安全权利和自由受到法律的切实保护；国家机关维护国家安全权力受

到法律的严格制约。实现了这种状态，我们大致可以认定为国家安全法治。

2. 国家安全法治的首要任务是依法办事

1978年中国共产党十一届三中全会《公报》确立了"有法可依、有法必依、执法必严、违法必究"的法制建设指针，其实质就是依法办事。"有法可依"是依法办事的前提，"执法必严"是依法办事的中心环节，"违法必究"是依法办事的保障。国家安全法治意味着要有科学完备的国家安全法律，国家安全法律的执行必须严格，违反国家安全法律的行为必须得到追究。

3. 国家安全法治内涵崇尚法律的理念和精神

法治理念和法治精神是法律制度的灵魂，法治思维和法治方式是对法治原则的思想内化和行为外化。法治理念支配国家经济、社会、文化、安全、发展的法律性制度安排。法治精神指引制约法律资源与其他资源的社会性配置。因此，真正的"法治"必须以崇尚法律的理念和法治观念作为内在的精神文化支撑。当代中国的法治建设不仅是制度创新与完善，更是尚法精神的公民观念普遍养成。法律面前人人平等，法律要具有最高的权威和普遍的拘束力。"法律工具论""人治之下的法治"等观点，与当代法治中国建设所要求的理念和精神是完全对立的，必须坚决予以摒弃。国家安全法治的理念与精神，不仅仅是从事与维护国家安全有关的国家公职人员需要熟习强化，更是包括了全体社会成员法治思维和法治方式的自觉，全民国家安全法治观念大大增强。

4. 中国国家安全法治建设相较于外国，既有共性也有特性

中国国家安全法治建设统筹于中国共产党领导的中国特色社会主义法治建设任务之中。总目标定位于"建设中国特色社会主义法治体系，建设社会主义法治国家"。根据党和国家"全面依法治国"的战略总部署，法治中国建设的基本途径是：坚持"依法治国、依

法执政、依法行政"共同推进;坚持"法治国家、法治政府、法治社会"一体建设;实现"科学立法、严格执法、公正司法、全民守法"。这也是我国国家安全法治建设的"路线图"。中国国家安全法治建设要秉持五项基本原则:坚持中国共产党的领导;坚持人民主体地位;法律面前人人平等;坚持依法治国和以德治国相结合;坚持从中国实际出发。这五条原则也可归纳为国家安全法治建设的"方法论"。评估国家安全法治建设水平的实效,至少包括几项关键性指标:法律规范体系是否完备?法治实施体系是否高效?法治监督体系是否严密?法治保障体系是否健全?

总之,国家安全法治概念不仅在内容上逻辑地包含了国家安全治理必须有法,而且着重表达了国家安全治理必须依法的理念,突出了法律在保障、促进、实现国家安全工作中至高无上的地位。

二、国家安全法治的必要性

(一)全面推进依法治国的需要

根据1997年党的十五大报告给出定义:依法治国,就是广大人民群众在党的领导下,依照宪法和法律规定,通过各种途径和形式管理国家事务,管理经济文化事业,管理社会事务,保证国家各项工作都依法进行,逐步实现社会主义民主的制度化、法律化,使这种制度和法律不因领导人的改变而改变,不因领导人看法和注意力的改变而改变。

2012年党的十八大报告提出,要按照全面建成小康社会的战略目标和要求,到2020年全面落实依法治国基本方略。习近平总书记提出,"全面推进依法治国也是解决我们在发展中面临的一系列重大问题，解放和增强社会活力、促进社会公平正义、维护社会和谐稳定、确保国家长治久安的根本要求。"① 2014年10月，十八届四中全会通过《中共中央关于全面推进依法治国若干重大问题的决定》。至此，"依法治国"从最初的单一概念，扩展成为"全面依法治国"这一有目标、有举措的系统工程蓝图。完备的法律规范体系、高效的法治实施体系、严密的法治监督体系、有力的法治保障体系、完善的党内法规体系的"五大法治体系"，依法治国、依法执政、依法行政的"三个共同推进"，以及法治国家、法治政府、法治社会的"三个一体建设"，这些要求极大地丰富了"依法治国"的内涵。"全面依法治国"需要坚持党的领导、人民当家作主、依法治国有机统一；依法治国和以德治国相结合；覆盖"科学立法、严格执法、公正司法、全民守法"全过程。

2017年10月，党的十九大报告中再次部署，深化依法治国实践。全面依法治国是国家治理的一场深刻革命，必须坚持厉行法治。成立中央全面依法治国领导小组，加强对法治中国建设的统一领导。各级党组织和全体党员要带头尊法学法守法用法，任何组织和个人都不得有超越宪法法律的特权，绝不允许以言代法、以权压法、逐利违法、徇私枉法。

---

① 《习近平谈依法治国》，载《人民日报（海外版）》2016年8月17日，http://theory.people.com.cn/n1/2016/0817/c49150-28642089.html。习近平总书记在不同场合强调，依法治国是坚持和发展中国特色社会主义的本质要求和重要保障；坚持中国特色社会主义法治道路，最根本的是坚持中国共产党的领导，建设中国特色社会主义法治体系、建设社会主义法治国家，坚持依法治国、依法执政、依法行政共同推进，坚持法治国家、法治政府、法治社会一体建设；要推进科学立法，完善以宪法为统帅的中国特色社会主义法律体系；要严格依法行政，加快建设法治政府；要坚持公正司法，努力让人民群众在每一个司法案件中都能感受到公平正义；要增强全民法治观念，使尊法守法成为全体人民共同追求和自觉行动；要建设一支德才兼备的高素质法治队伍；全面依法治国，必须抓住领导干部这个"关键少数"。学习这些重要论述，对于深刻理解全面依法治国的重大意义，系统把握全面依法治国的指导思想、总目标、基本原则和总体要求，深入贯彻落实党的十八届四中全会精神，按照协调推进"四个全面"战略布局的要求不断开创依法治国新局面，具有十分重要的意义。参见《习近平关于全面依法治国论述摘编》，中央文献出版社，2015年版。

维护国家安全，是中国特色社会主义建设事业顺利进行、实现国家长治久安和中华民族伟大复兴的重要保障。国家安全是全面依法治国的前提，没有国家安全，全面依法治国就丧失了起码的基础条件。国家安全法治是全面依法治国的应有之义，更是全面推进依法治国的重点工作和难点领域。国家安全法治的实效，直接关系到全面依法治国的绩效。毋庸讳言，国家安全法治对于很多人来说，还是个新概念、新事物，对国家安全法治的必要性、可行性，社会各界的认识还存在分歧。相关立法出台时间不长，相应的法律实施机制、公众接受等法治化水平并不理想。套用木桶由最短的板决定其容量的"桶板理论"，国家安全法治就是全面依法治国之"桶"的那块"短板"。国家安全法治这条腿，只有与别的腿一般齐，全面依法治国才能走得平稳。

（二）依法维护国家安全的需要

从根本上说，维护国家安全的方式，有"人治"和"法治"两大类型的区分。现代国家的治理理论，已经从正反两个方面证明"法治"是最可靠的路径选择。结合我国的历史与现实，党的十八大报告提出，要提高领导干部运用法治思维和法治方式深化改革、推动发展、化解矛盾、维护稳定能力。

要达到维护国家安全的目标，不能凭一时热切的主观愿望，而是要持之以恒以正确的思想理论作为指导，遵循相关的宪法法律制度和战略部署，科学地评估形势有效应对各种危险，夯实各项工作基础提升相关能力，广泛动员各方面乃至全体社会成员的力量。

依法维护国家安全，不仅是强调有"依法"的自觉，更强调要有维护国家安全的"良法善治"。首先，要有维护国家安全的可依之法，维护国家安全的法律体系、法律指引是健全和明确的。其次，维护国家安全的法律制度要真正关心关怀国民，不滥用国家安全权力，不过分影响限制公民的基本权利和自由。国家安全法要获得民众的普遍理解、支持乃至信仰。

在当前落实"四个全面"以及实现"国家治理体系和国家治理能力现代化"目标的新形势下，依法维护国家安全的使命，也同样要努力建构这五个方面：完备的国家安全法律规范体系、高效的国家安全法治实施体系、严密的国家安全法治监督体系、有力的国家安全法治保障体系、完善的国家安全党内法规体系。这五大体系既是衡量国家安全法治实效的"标尺准绳"，也是实现国家安全法治的"方法论"。我们在国家安全法治的整体部署以及具体每项工作任务的落实方面，应该从一开始以及进程中就时时观照、主动对齐，确保行进在正确的轨道，不致跑偏走邪。

三、国家安全法治的重点与难点

（一）构建完备的国家安全法律规范体系

国家安全立法工作要遵照"科学立法、民主立法和依法立法"的要求，根据《立法法》的有关规定，紧紧围绕提高立法质量这个关键，更好地发挥国家安全立法在表达、平衡、调整社会利益方面的重要作用，努力使每一项国家安全立法都符合宪法精神，反映人民意志并得到人民拥护。

我国的国家安全立法在2014年之后提速，之前也有一些相关的法律法规。我国宪法对国家安全法治非常重视。《国家安全法》作为核心法律，大致可以统率整个国家安全法律部门。我国有大量相关国家安全领域的立法，还有一些关涉国家安全领域的立法。据不完全统计，与国家安全直接相关的法律有 45 部，直接相关的国家安全行政法规有 60 部，与国家安全治理有关的法律法规 200 部。地方性法规和地方政府规章这一规范层级，也有不少涉及到国家安全管理事项。我国还是一些有关国家安全、国际安全公约、条约的缔约方，需依照国际法承担相应的维护安全的责任义务。

从总体上讲，我国目前的国家安全立法基本能够满足维护国家安全的需要，但还有不少立法空白。在一些重要国家安全领域，如生物、电磁、太空、极低、深海、海外利益保护与海外军事行动等方面，亟待立法。有些安全领域的规则位阶偏低，法律约束力不够。有些国家安全领域，还主要依靠政策、文件来管理应对。有的立法操作性不强，有的立法难以适应现实需要。这些立法供给不足的情形需要，需要国家立法机关和国家安全治理机关通盘加以考虑，及时"立改废"。相关法律的起草、审议通过与实施，必须经得起"合宪性审查"。

（二）形成高效的国家安全法治实施体系

包括加强宪法实施，推进合宪性审查工作，维护宪法权威，推进依法行政，严格规范公正文明执法，加大普法力度，建设社会主义法治文化，树立宪法法律至上、法律面前人人平等的法律理念。社会主义法治理念"依法治国、执法为民、公平正义、服务大局、党的领导"的 20 字要求，现在更新为"宪法法律至上"和"法律面前人人平等"两方面的要求。

高效的国家安全法治实施体系要求以有效的实施维护国家安全法律的生命力与权威，而核心就在于建设法治政府，推动国家安全机关依法行政。国家安全行政机关要依法全面履行政府职能和法定职责，充分保障人民群众合法权益，树立良好社会形象；除了依法行政建设法治政府的要求之外，高度重视"深化司法体制改革"工作。司法体制改革一直就是法治中国建设的重点，甚至被认为是依法治国的突破口，是建设高效的法治实施体系的重要依托。司法体制改革最终的效果要取决于各项改革之间的"综合配套"，整体建设。

鉴于国家安全的极端重要性以及新时期我国国家安全形势的极端复杂性，国家安全法治实施体系不仅仅局限于国家安全机关和负有国家安全直接职责的部门，而是全体民众。在我国，各级党委及政府要认真贯彻落实"总体国家安全观"以及党中央有关国家安全治理的决策部署，落实领导责任，依法行使国家安全法律法规赋予的职权，切实加强维护国家安全保障，加强国家安全宣传教育。广大党员干部必须把维护国家安全作为头等大事，增强忧患意识和责任意识，在政治上忠诚可靠，积极主动，恪尽职守，不断提高维护国家安全的能力水平，切实维护国家安全各项工作。维护国家安全人人有责。根据宪法和法律，公民要认真履行维护国家安全的义务，公民要自觉维护国家安全利益。

（三）编织严密的国家安全法治监督体系

法治监督事关依法治国能否真正落实。坚持依法治国首先要坚持依宪治国，坚持依法执政首先要坚持依宪执政，这就要求重视宪法实施的监督。全国人大及其常委会不同于其他保障宪法实施的义务主体，被宪法授予了监督宪法实施及解释宪法的权力。因此，完善其宪法监督制度，健全宪法解释程序机制，激活其"护宪"职权，意义重大。

法治监督体系的重心是加强对公权力的监督。行政权力具有管理事务领域宽、自由裁量权大等特点，法治监督的重点之一就是规范和约束行政权力。公权力必须受到有效监督，维护国家安全的有关国家机关的公权力也同样如此①。

我国的国家安全法律制度监督体系也已大体形成。全国人大及其常务委员会依法行使法律监督权②。

司法机关对于国家安全法律的监督主要体现在司法领域，人民法院和人民检察院对于涉及危害国家安全案件审判中出现问题的纠错机制，即审判监督程序。国家安全领域的刑事案件量刑可以很重，在审判过程中一旦发生事实确认错误或者法律适用错误，将给当事人造成难以弥补的损失，因此司法机关更要在监督机制和程序上更为慎重。除了对于审判的监督外，人民检察机关对于国家安全领域犯罪的侦查过程中侦查机关能否做到符合法定程序，也要予以法律监督。

承担维护国家安全职责的行政机关也有加强法律监督的法律义务。上级机关对于下级机关作出的行政行为，上级领导对于部属的职务行为，负有监督义务。国家安全领域的行政机关在行政行为特别是行政执法上，具有较强的专业性和特殊性。作为外部机关很难做好全方位、全角度的监督。这就更需要行政机关内部建立一套行

---

① 党的十八届四中全会《决定》提出，"加强党内监督、人大监督、民主监督、行政监督、司法监督、审计监督、社会监督、舆论监督制度建设，努力形成科学有效的权力运行制约和监督体系，增强监督合力和实效"。十九大报告进一步明确了监督的实质内涵，提出了有效的权力监督网络，即"强化自上而下的组织监督，改进自下而上的民主监督，发挥同级相互监督作用，加强对党员领导干部的日常管理监督。深化政治巡视，坚持发现问题、形成震慑不动摇，建立巡视巡察上下联动的监督网。"这样，进一步疏通了监督的制度渠道，强化了监督的实效。为了确保国家监察全覆盖落到实处，十九大报告要求深化监察体制改革，成立监察委员会，制定国家监察法，实现对所有行使公权力的公职人员监察全覆盖。

② 譬如，2017年6月1日，《中华人民共和国网络安全法》开始施行。2017年8月至10月，包括王胜俊在内的6名全国人大常委会副委员长，分赴内蒙古、黑龙江、重庆等6省区市，检查网络安全法、关于加强网络信息保护的决定实施情况。"一部新制定的法律实施不满3个月即启动执法检查，这在全国人大常委会监督工作中尚属首次"。2017年12月24日，全国人大常委会副委员长王胜俊代表执法检查组做执法检查报告。执法检查仅仅是国家立法机关行使法律监督权的方式之一。

之有效的监督机制,来保障国家安全领域行政和执法行为能够依照法律,在法律的框架内运行。

根据我国新修订的宪法和刚刚通过的《国家监察法》,我国设立国家监察机关,行使监察权,标志着我国朝着建立集中统一、权威高效的中国特色国家监察体制迈出重要一步,将真正实现监察全覆盖,监督无死角。可以预见,监察机关将在国家安全领域对于预防和查办腐败、渎职行为,发挥重要的作用。

在国家安全领域,中国共产党同样是领导者,同时也是监督者。习近平总书记强调:"党领导立法、保证执法、带头守法"。党在国家安全领域的监督,是可以跨越立法、司法、执法、守法的界限,因而是全方位、多角度的监督,既可以有效地监督国家安全法律体系的整体构建和运行,又可以深入到法律每个环节的细枝末节进行监督。因此,党的监督是国家安全法律监督体系的有效组成部分,也是国家安全法律监督体系的灵魂。

我国的法治监督体系,还包括社会舆论和人民群众。在国家安全法律的监督领域,社会舆论监督是国家安全法律监督体系的重要组成部分。长期以来由于新闻媒体的宣传报道和对社会问题的披露,有效地促进了法治社会的建设进程。在构建国家安全法律监督体系的进程中,更要注意充分发挥新闻媒体和社会舆论的监督作用,及时回应舆论关注的热点问题。人民群众是国家安全的终极价值目的和实现手段。因此,在构建国家安全法治监督体系中,人民群众将发挥根本性的作用。

(四)筑铸有力的国家安全法治保障体系

党中央在十九大之后决定组建全面依法治国委员会(领导小组),以此来加强党对法治建设的统一领导。这是党中央深化依法治国实践最根本的举措。中央全面依法治国委员会是对未来全面依法治国最大的组织保障。新时代在法治建设的各个方面、各个环节，都要以中央全面依法治国领导小组的顶层设计为依据。没有政治保障、组织保障、力量保障，依法治国难以全面有效推行。同时，依法治国对法治工作队伍的正规化、专业化、职业化要求，促使我们建立健全法治人才队伍的培养、准入、交流、职业保障制度。

中国共产党是我国的执政党，在各项社会主义建设事业中发挥着领导者的作用。国家安全法治保障体系必须自觉服从党中央的统一部署。各机构各部门严格依法承担法定维护国家安全职责，不仅牢固树立政治意识，更要自觉加强维护国家安全的能力建设，积极主动应对风险实现安全。

国家安全法治工作队伍建设也是一项长期的任务。从事国家安全法治工作的国家工作人员不仅要政治过硬，更要业务精湛。对专门人才，既要严格要求也要关怀爱护，要综合锻炼培养，充分信任使用，在实践中提高综合素养能力。

（五）完善国家安全相关党内法规体系

党的十八届四中全会《决定》将"形成完善的党内法规体系"作为全面推进依法治国总目标的重要内容，指出"党内法规既是管党治党的重要依据，也是建设社会主义法治国家的有力保障"。党的十九大报告要求："增强依法执政本领，加快形成覆盖党的领导和党的建设各方面的党内法规制度体系，加强和改善对国家政权机关的领导。"十九大修订了《中国共产党章程》：加上十八大以来对一系列党内重要法规诸如《关于新形势下党内政治生活的若干准则》《中国共产党党内监督条例》《中国共产党问责条例》《中国共产党廉洁自律准则》《中国共产党纪律处分条例》等的制定完善，使党的政治建设、思想建设、组织建设、作风建设、纪律建设和反腐败斗争在制度层面得以进一步落实，依规治党、用法治的思维推进全面从严治党取得了伟大成就。

中国共产党是中国特色社会主义事业的领导核心。中国共产党领导是中国特色社会主义最本质的特征。国家安全工作攸关党的执政地位和国家存亡，必须毫不动摇坚持中国共产党对国家安全工作的绝对领导。把党的领导贯彻到依法维护国家安全工作的全过程和各方面。实现依法维护国家安全的总目标，必须坚持党的绝对领导。《国家安全法》第四条、第五条分别规定："坚持中国共产党对国家安全工作的领导，建立集中统一、高效权威的国家安全领导体制"；"中央国家安全领导机构负责国家安全工作的决策和议事协调，研究制定、指导实施国家安全战略和有关重大方针政策，统筹协调国家安全重大事项和重要工作，推动国家安全法治建设"。

我们已经进入中国特色社会主义建设新时代。这要求有关国家安全的党内法规的制定、备案、解释、执行等方面工作必须得到高度重视和切实加强。要从理论和实践层面理顺国家安全党内法规和国家安全法律法规的关系。同时，对国家安全党内法规在从严治党、管党方面的效果进行评估，为修改完善国家安全党内法规提供依据。完善党内法规是我国国家安全治理体系、安全治理能力现代化的必然要求。中国共产党作为中国各项事务的领导，其内部法规对国家影响甚大。全面推进依法治国，必须努力形成国家安全法律法规和国家安全党内法规制度相辅相成、相互促进、相互保障的格局，共同致力于国家安全事业健康发展。

互联网金融与金融安全

羌建新[*]

[内容提要] 在信息革命引领和推动下，互联网金融的蓬勃发展使金融业具有了许多新的时代特征，同时也使维护和保障金融安全面临许多新的时代课题。互联网金融的发展对金融安全的影响具有双重性。既可能给金融安全带来潜在的收益，也可能给金融安全带来潜在的风险。互联网金融的发展对于金融安全而言是一把"双刃剑"。面对互联网金融条件下错综复杂的金融安全形势，建立有效的金融安全治理机制就成为互联网金融条件下维护和保障金融安全，促进经济和金融良性循环、健康发展的必然要求。

[关键词] 互联网金融　金融安全　金融监管

20世纪90年代以来，信息技术飞速进步，互联网迅速崛起、普及，进入21世纪以来，移动互联网异军突起，互联网覆盖范围不断扩大，受益群体不断增加。截至2019年3月，互联网使用人数达到43.8亿，渗透率达到56.8%。[②] 继农业革命、工业革命之后，人类社会正在经历着另一场改变人类历史进程的巨大变革——信息革命。

---

[*] 羌建新，国际关系学院国际经济系主任、教授，研究领域为国际金融、公共财政。
[②] "WORLD INTERNET USAGE AND POPULATION STATISTICS", Internet World Stats, May 20, 2019, https://www.internetworldstats.com/stats.htm.

与之相对应，继农业时代、工业时代之后，人类社会正在全方位地迈进崭新的历史时代——信息时代。随着信息革命进程持续快速演进，人类社会对互联网的依赖程度日益加深，互联网深深嵌入人类社会之中，日益成为人类社会几乎无所不在的存在方式，人类社会日益体现为一种"网络化"存在，由此形成了人类社会据以存在的一个崭新空间——网络空间。

随着人类社会加速融入"网络化"存在，互联网正以前所未有的力量，驱动着人类经济社会发展变革。在互联网上，信息可以几乎无成本地流动、扩散和传播，而信息流又引领着物流、资金流、技术流和人才流。随着信息技术和人类生产生活交汇融合，互联网正以强大的"创造性毁灭"力量，引领和推动世界经济从工业经济进入信息经济的崭新时代。从行业特性来看，金融业是典型的"信息敏感性"和"信息密集性"产业，因而信息技术进步对于金融业的发展尤其具有重要的意义。在信息革命引领和推动下，互联网与金融业交叉融合，互联网金融[①]呈现出爆发式增长态势，由此引发了全球金融业翻天覆地的革命性变革。互联网金融的兴起源于欧美发达国家，而许多发展中国家的互联网金融发展则是弯道超车、后来居上。我国互联网金融的发展更在全球处于引领地位。[②] 对于我国这样的发展中国家而言，互联网金融正成为推动金融改革、实现金融发展和金融深化的重要力量。与此同时，"金融安全是国家安全的重

[①] 从金融功能和业务本质上去理解，"互联网金融"（Internet Finance）这个具有中国特色和时代特征的本土化概念与"金融科技"（Fintech）、"数字金融"（Digital Finance）等国际上使用较多的概念并没有实质性差别，所涉及的业态、模式和技术也大同小异。参见李东荣：《理解金融科技发展的三个视角》，载陈元、黄益平主编：《中国金融四十人看四十年》，北京：中信出版社，2018年10月第1版，第382页。

[②] 黄国平、李根、王平、伍旭川、胡志浩、蔡真、方龙：《中国互联网金融行业专项整治和规范发展（2017）》，载黄国平、伍旭川主编：《中国互联网金融行业分析与评估（2018）——互联网金融专项整治与P2P（互金）平台风险评级》，北京：社会科学文献出版社，2018年5月第1版，第29页。

要组成部分,是经济平稳健康发展的重要基础。维护金融安全,是关系我国经济社会发展全局的一件带有战略性、根本性的大事。金融活,经济活;金融稳,经济稳。必须充分认识到金融在经济发展和社会生活中的重要地位和作用,切实把维护金融安全作为治国理政的一件大事,扎扎实实把金融工作做好。"[①] 而互联网金融的蓬勃发展使金融业具有了许多新的时代特征,同时也使维护和保障金融安全面临许多新的时代课题。

一、互联网金融的发展、演变

互联网金融是传统金融机构与互联网企业利用互联网技术和信息通信技术实现资金融通、支付、投资和信息中介服务的新型金融业务模式。[②] 近年来,随着信息技术迅猛发展、广泛应用,互联网不断完善和延伸,有力地支撑、引领和推动了全球范围内金融创新的兴起和蓬勃发展。在技术进步与金融发展的双重驱动下,互联网金融呈现快速发展态势,互联网金融在全球金融业中正扮演着越来越重要的角色。

[①] 新华社:《习近平在中共中央政治局第四十次集体学习时强调 金融活经济活 金融稳经济稳 做好金融工作 维护金融安全》,新华网,2017年4月26日,http://www.xinhuanet.com//politics/2017-04/26/c_1120879349.htm。

[②] 中国人民银行、工业和信息化部、公安部、财政部、国家工商总局、国务院法制办、中国银行业监督管理委员会、中国证券监督管理委员会、中国保险监督管理委员会、国家互联网信息办公室:《关于促进互联网金融健康发展的指导意见》(银发〔2015〕221号),中国人民银行网站,2015年7月18日,http://www.pbc.gov.cn/goutongjiaoliu/113456/113469/2813898/index.html。

（一）互联网金融的基本业态

在互联网条件下，互联网与金融业交叉融合，衍生出了为数众多、令人眼花缭乱的互联网金融业务模式。按照从事互联网金融业务的主体来划分，互联网金融主要包括两种基本的业态。[①]

1. 传统金融机构开展的互联网金融——基于互联网的存量金融变革

在互联网条件下，银行、证券、保险、基金、信托和消费金融等金融机构依托互联网技术，在传统物理空间的业务平台渠道之外，积极利用互联网这一全新的业务平台渠道来开展各种金融业务，开发基于互联网技术的新产品和新服务，实现传统金融业务与服务转型升级。这类基于互联网的存量金融变革主要表现为网络银行、网络证券、网络保险、网络基金销售和网络消费金融等业务，它们主要是由银行、证券、保险、基金、信托和消费金融等金融机构在金融业务中引入互联网平台渠道来实现。

从本质上说，这类互联网金融业务不是金融业务从传统的物理空间向网络空间的简单迁移，而是同时对传统金融业务进行彻底的流程再造、操作创新，使之发生脱胎换骨的变化，以更好地适应新的网络空间环境。其实质是传统金融业务的在线化、网络化，同时也是传统金融业务的网上重建、重构，从而形成传统金融业务的网络"升级版"、"拓展版"，这构成了广义"互联网金融"的重要组成部分。

2. 互联网企业开展的互联网金融——基于互联网的增量金融创新

在传统金融机构积极开展互联网金融业务、基于互联网进行存

[①] 羌建新：《网络空间、互联网金融与金融稳定——基于金融发展和金融深化的视角》，载《经济研究参考》，2015 年第 32 期，第 79—84 页。

量金融变革之外，近年来，互联网企业包括电子商务企业也纷纷设立互联网业务平台渠道，开展金融业务，基于互联网进行各种形式的金融创新。这种基于互联网的增量金融创新，主要是指那些在互联网条件下，创新出的许多在传统的技术条件下难以开展、而只有依托于互联网业务平台渠道才能开展的全新金融业务。其中最具代表性的业务模式主要有：互联网支付，是指通过计算机、手机等设备，依托互联网发起支付指令、转移货币资金的服务；网络借贷，包括个体网络借贷（即 P2P 网络借贷）和网络小额贷款。个体网络借贷（P2P 网络借贷）是指个体和个体之间通过互联网平台实现的直接借贷。网络小额贷款是指互联网企业通过其控制的小额贷款公司，利用互联网向客户提供的小额贷款；股权众筹融资，是指通过互联网形式进行公开小额股权融资的活动；等等。[①] 近年来，以互联网支付为基础的新型支付体系在移动终端智能化的支持下迅猛发展，网络借贷、股权众筹融资更是方兴未艾，发展成为风靡全球的新兴金融业务。

这些新兴的互联网金融业务，在传统的技术条件下受制于信息可得性、交易成本的苛刻约束，往往很难开展，而正是由于互联网的发展、普及，才使得这些新兴互联网金融业务的开展成为可能。这类基于互联网的增量金融创新主要是由互联网企业包括电子商务企业依托其培育的互联网商务网络，向金融业跨界扩张而产生。更重要的是，这些只能基于互联网业务平台渠道开展的新兴金融业务具有明显的"互联网基因"，这是狭义的"互联网金融"，同时也是名副其实的"新金融"。

---

① 中国人民银行、工业和信息化部、公安部、财政部、国家工商总局、国务院法制办、中国银行业监督管理委员会、中国证券监督管理委员会、中国保险监督管理委员会、国家互联网信息办公室：《关于促进互联网金融健康发展的指导意见》（银发〔2015〕221 号），中国人民银行网站，2015 年 7 月 18 日，http://www.pbc.gov.cn/goutongjiaoliu/113456/113469/2813898/index.html。

（二）互联网金融的发展、演变路径

从互联网金融的发展、演变路径来看，在欧美发达国家，互联网与金融的融合、互联网金融的兴起更多地表现为一场传统金融机构静悄悄的自我革命，新兴的互联网金融业务对欧美发达国家的传统金融体系和金融服务方式并未形成明显的冲击。而与之形成鲜明对照的是，在发展中国家，尤其是在中国，新兴互联网金融业务的发展不仅自身轰轰烈烈、风生水起，而且对传统的金融体系形成了强烈冲击，正在成为倒逼发展中国家金融体系转型、变革的重要推动力量。互联网金融对包括中国在内的发展中国家金融体系的影响比对发达国家金融体系的影响远为深远。[1]

具体而言，伴随着互联网技术的发展，互联网金融的发展、演变主要有三种路径：一是传统金融在线化、网络化；二是狭义"互联网金融"、新金融异军突起；三是传统金融在线化、网络化与狭义"互联网金融"、新金融融合发展。在互联网条件下，经过互联网业务平台渠道升级、拓展、再造的"传统"金融与"新"金融相互交织、相互渗透、相互促进，共同构成了广义的"互联网金融"。从本质上来说，互联网金融——无论是广义的"互联网金融"还是狭义的"互联网金融"——不是互联网与金融二者之间的简单拼接粘合，而是二者的物理耦合、化学整合和有机融合，甚至是二者的基因重组。

总之，互联网为金融业发展开启了一个全新的发展空间。在互联网条件下，互联网金融蓬勃发展，金融业从外延到内涵、从技术到观念、从形式到内容、从渠道到运行等都发生了前所未有的深刻

---

[1] 羌建新：《互联网金融：冲破金融压抑!》，载《世界知识》，2016年第1期，第13页。

变化。传统金融机构与互联网企业跨界融合、相互合作、优势互补，共同促进了良好的互联网金融生态环境和产业链的逐渐形成和不断完善，在世人面前日益展现出一幅五彩斑斓、鲜活亮丽的现代金融新画卷。

（三）互联网金融的发展趋势

作为第一生产力，科技进步始终是人类经济社会发展进步的不竭动力。人类的金融发展史，实际上也是一部伴随着科技进步的历史。[①] 而互联网是人类文明迄今为止所见证的发展最快、竞争最激烈、创新最活跃、参与最普遍、渗透最广泛、影响最深远的技术产业领域。[②] 互联网金融正是"互联网+"引领和推动互联网与金融业紧密结合的结果。

当前，全球科技创新正进入空前密集活跃的时期，新一轮科技革命和产业变革正在重构全球创新版图、重塑全球经济结构。近年来，随着云计算、大数据、人工智能、区块链等为代表的新一代信息技术的高歌猛进与裂变式发展，人类社会正在从信息社会的互联网1.0时代全面迈向信息社会的崭新阶段——大数据时代、人工智能时代或互联网2.0时代。随着大数据时代、人工智能时代或互联网2.0时代的到来，互联网对人类社会的渗透、人类社会对互联网的依赖将会更加深入，"互联网+"必将引领和推动互联网与金融业发生更加剧烈的基因重组。互联网与金融更加广泛的交叉、更加深度的融合，将对金融产品、业务、组织和服务等方面产生更加深刻

[①] 李东荣：《理解金融科技发展的三个视角》，载陈元、黄益平主编：《中国金融四十人看四十年》，北京：中信出版社，2018年10月第1版，第377页。

[②] 中国信息通信研究院：《互联网发展趋势报告（2017—2018年）》，网信网，2017年12月，http://www.cac.gov.cn/wxb_pdf/baipishu/fazhanqushi02017121344344958139.pdf。

的影响，推动金融业发生更加广泛、更加深刻、更加复杂、更加颠覆性的变革与演化。这种变革与演化是"熊彼特式"的立体、交叉、全方位的金融创新变革。在这种"熊彼特式"的金融创新变革中，金融服务、金融交易正在从已经发生的计算机化、数字化、网络化即互联网金融1.0向着云端化、大数据化、智能化即互联网金融2.0大步迈进。

在大数据时代、人工智能时代或互联网2.0时代，"互联网+"将引领和促进工业经济向信息经济全面转型，也将引领和促进互联网金融更加迅猛的发展，推动金融业从"工业时代的金融"向着"信息时代的金融"或者"互联网时代的金融"发生革命性的嬗变和跨越式的发展。云计算、大数据、人工智能、区块链等将不仅从器物层面、技术层面，而且将从制度层面、精神层面等全方位地嵌入金融活动的每一部位、每一环节，植入大数据、人工智能等基因的金融体系在信息处理、风险管理等金融核心要素方面将具有完全不同于工业时代的特征，从而使整个金融业真正成为携带着互联网基因、渗透着互联网精神的"信息时代的金融"或者"互联网时代的金融"。①

二、互联网金融对金融安全的影响

随着互联网金融的快速发展、影响日益扩大，包括互联网金融在内的金融安全形势更加错综复杂。具体而言，互联网金融的发展

---

① 从这个意义上说，随着人类社会全方位、深度进入信息时代或互联网时代，"互联网金融"这个概念也将会成为历史，因为全方位、深度的信息时代或互联网时代的金融将天然地具有互联网的基因，因而正如工业时代的金融不需要贴上"工业"的标签一样，互联网时代的金融也无需再贴上"互联网"的标签。

对金融安全的影响主要包括两个方面。

(一) 互联网金融对金融安全的有利影响

互联网为金融发展和金融深化提供了重要的技术基础，互联网金融的发展大大降低了金融资产交易成本并带来资本流动性的提高。而资本流动本质上是市场主体根据风险、收益在不同时期、不同地域之间配置资产组合，在互联网金融条件下，市场机制引导的资本流动性提高会对金融部门提出更高的要求，从而对发展中国家的金融安全产生积极的促进作用。

1. 促进市场竞争，激发市场活力

各种广义和狭义互联网金融业态的蓬勃发展，使得金融供给者、金融消费者、金融产品、金融交易的市场准入门槛大大降低，各种新兴的互联网金融从业机构大量涌入，金融业的市场竞争因此变得更加激烈。这种由互联网金融的发展而引发的市场竞争效应，会进一步强化金融机构的市场约束，从而促使和激励各类金融机构克服惰性，不断改进服务质量，提升风险、成本管理水平，积极进行金融创新，并不断改善金融机构自身治理水平，提升金融机构的市场竞争能力，从而有利于激发金融体系的内在活力，推动金融业高质量发展，进而有利于提升金融体系的稳健性。

2. 优化资源配置，改进金融效率

一方面，互联网金融的发展，使金融资源的配置能够克服地理空间的限制和市场的地域分割，获得更大的地域弹性，在更大的地理空间范围内进行跨期、跨地域配置，从而有利于提高金融资源的跨期、跨地域配置效率，减少和消除金融资源错配；另一方面，互联网金融的发展，大大提高了金融交易信息获取的便捷性并大大降低了金融交易的成本，使得那些不被传统金融覆盖的、具有"长尾"

特征的人群能够进入到金融市场之中，从而大大降低了金融排斥性水平，大大提高了金融包容性、普惠性水平。也正因为如此，互联网金融的发展有利于在更大范围、更高层次上推动金融资源配置优化和金融体系整体效率提升，从而为维护和保持金融安全打下扎实的基础。

3. 改进风险分担，实现异质风险对冲

互联网金融的发展，使得多样化金融服务、金融资产的有效供给和有效需求显著增加，金融交易的可能性边界大大拓展，[1] 居民因此能够在更广泛的范围内分散资产组合，使风险分担获得更大的弹性，从而有利于降低风险集中度。互联网金融的发展，还有利于降低信息不对称程度，提高风险定价和风险管理能力，从而降低金融体系中的逆向选择和道德风险。此外，由于互联网金融所具有的"长尾"风险特征，也使得金融市场的参与者、金融服务、金融交易更具异质性，因而互联网金融带来的更为丰富、多样的金融生态，有利于金融体系中各种异质风险实现对冲，进而有利于维护金融安全。

（二）互联网金融对金融安全的不利影响

互联网金融的发展在为维护和保障金融安全提供重要机遇的同时，也对维护和保障金融安全带来了许多新的考验。互联网金融的发展在客观上大大推进了许多发展中国家在传统技术条件下难以实现的放松金融管制、金融自由化改革进程。但与此同时，大量的实证研究也表明，放松金融管制、实行金融自由化会加大金融脆弱性、

---

[1] 谢平、邹传伟：《互联网金融模式研究》，载《金融研究》，2012年第12期，第11—22页。

对金融安全产生负面影响。① 各种广义和狭义互联网金融业态的发展，使金融体系变得空前复杂，并且使金融体系固有的风险特质与互联网金融条件下金融体系运行的许多新特点结合在一起，从而对金融安全构成了严峻挑战。

1. 加剧竞争，加大金融脆弱性

互联网金融发展带来的金融自由化而导致的竞争加剧，会降低银行特许权价值，进而加大金融体系的脆弱性。在金融压抑和金融约束下，利率上限和进入限制创造了一种租金，使银行执照具有很高的价值。而在各种狭义和广义互联网金融业务的开展，一方面会加剧"金融脱媒"，导致银行与互联网企业在金融领域的竞争，另一方面也会加剧银行之间的竞争，导致银行收益减少和特许权价值受损，从而可能会扭曲银行的风险管理激励，刺激银行从事高风险的投资，从而加大金融机构的脆弱性，导致金融体系的内在不稳定，从而威胁金融安全。②

2. 催生影子银行活动，刺激监管套利

互联网金融的发展不仅使金融交易业务的形式、技术、流程发生了翻天覆地的变化，而且也成为了影子银行的重要表现形式。在广义层面上，影子银行是指传统银行体系之外的信用中介体系（包括信用中介机构和业务）。从本质上说，银子银行是一种类银行机构和业务，它平行于传统的银行体系，具有类似商业银行的业务模式和风险特征，但较少或没有受到政府监管，甚至游离于监管体系之

---

① John Williamson and Molly Maher. "A Survey of Financial Liberalization", *Essays in International Finance*, No. 211, 1998; Asli Demirgüç-Kunt and Enrica Detragiache. "Financial Liberalization and Financial Fragility," *IMF Working Papers* wp/98/83, 1998.

② John Williamson and Molly Maher. "A Survey of Financial Liberalization", *Essays in International Finance*, No. 211, 1998; T. Hellmann, K. Murdock and J. E. Stiglitz. "Addressing Moral Hazard in Banking: Deposit Rate Controls vs. Capital Requirements", Unpublished Manuscript, 1994.

外。① 而在互联网条件下，作为影子银行活动的重要表现形式之一，与传统金融业务相比，许多互联网金融业务往往缺乏必要的监管规则和措施，存在监管盲区或监管空白，从而导致传统金融业务与某些互联网金融业务之间以及不同类型的互联网金融业务之间严重的监管套利，往往容易造成风险向金融体系的部分节点或某个局部即互联网金融领域集聚、堆积，进而可能导致整个金融体系的系统性风险。

3. 便利金融风险传播，放大金融风险

互联网金融风险呈现复杂性、多样性的特点。② 而且互联网金融的不断发展，使得金融体系内各个组成部分、各个交易主体之间的关联程度不断提高，从而导致金融体系内所有主体之间的风险和收益更加紧密地联系在一起，这种联系通过资产负债表、信心等途径而使得各个市场交易主体的收益具有联动性，形成了金融体系内的风险"捆绑效应"，往往容易造成金融风险、金融危机的跨部门、跨市场、跨地区乃至跨境传染。不仅如此，在互联网金融条件下，金融风险往往具有正反馈的特征，在金融风险的传递过程中，往往会形成不同机构、不同市场、不同子系统之间的风险共振，从而放大金融风险，导致系统性风险的积聚，危及金融安全。此外，互联网金融服务的众多长尾客户往往风险识别和承受能力较弱，更容易产生"羊群效应"，放大金融顺周期性，③ 而且互联网金融服务长尾客户涉及的交易金额可能并不大，但由于涉及的人数众多，因而互联网金融一旦出现风险，对社会造成的负外部性就可能非常巨大。④ 此

---

① 阎庆民、李建华：《中国影子银行监管研究》，北京：中国人民大学出版社，2014年4月第1版，第10—19页。
② 张健：《中国互联网金融风险与监管体系改革的路径选择》，载《亚太经济》，2018年第6期，第78—82页。
③ 李东荣：《理解金融科技发展的三个视角》，载陈元、黄益平主编：《中国金融四十人看四十年》，北京：中信出版社，2018年10月第1版，第381页。
④ 谢平、邹传伟、刘海二：《互联网金融监管的必要性与核心原则》，载《国际金融研究》，2014年第8期，第3—9页。

外，互联网金融推动了金融服务和基础设施的在线化、网络化，也会导致技术依赖风险和网络安全风险的积聚。互联网金融活动更容易产生业务、技术、网络、数据等多重风险的叠加效应，以及风险扩散的"多米诺骨牌效应"，从而增大风险防控和安全保障的难度。此外，互联网金融活动还可能带来第三方依赖、算法黑箱、责任主体模糊等传统金融风险之外的一些新型风险隐患，提升互联网金融活动风险构成的复杂度。[1]

总之，互联网金融的发展对金融安全的影响具有双重性。既可能给金融安全带来潜在的收益，也可能给金融安全带来潜在的风险。互联网金融的发展对于金融安全而言是一把"双刃剑"。

三、加强和完善互联网金融条件下金融安全治理的对策建议

互联网金融的发展不仅对金融安全形势产生了深远的影响，也使维护和保障金融安全的任务变得更加复杂、艰巨。面对互联网金融条件下错综复杂的金融安全形势，加强金融安全治理，建立有效的金融安全治理机制就成为在互联网金融条件下维护和保障金融安全，促进经济和金融良性循环、健康发展的必然要求。

（一）创新监管理念，强化互联网思维，建立和完善适应互联网金融条件下现代金融特点和发展要求的监管体系

互联网金融本质仍属于金融，没有改变金融风险隐蔽性、传染

---

[1] 李东荣：《建立完善多层次治理体系 促进金融科技健康发展》，载《金融电子化》，2018年第9期，第8—9页。

性、广泛性和突发性的特点。① 因此，加强互联网金融监管，是促进互联网金融健康发展的内在要求，也是维护和保障金融安全的内在要求。另一方面，新一代信息技术创新空前活跃，互联网与金融进一步深度融合、互联网金融进一步深入发展已经成为不可阻挡的时代潮流。面对互联网金融蓬勃发展的时代趋势，金融监管部门需要紧跟时代发展的步伐，坚持开放、包容的理念，主动顺应新一轮信息革命的浪潮，牢牢把握新一轮信息革命条件下金融发展的大势，深刻把握互联网金融的演变态势、发展规律，创新监管理念，坚持总体国家安全观，善于运用互联网思维，来谋划和推进各项监管工作。坚持安全发展，处理好安全和发展的关系，以安全保发展、以发展促安全，推动金融监管创新，使监管理念能够真正适应信息时代金融发展的要求，建立和完善适应互联网金融条件下现代金融特点和发展要求的多层次金融监管体系，使金融监管保持足够的弹性，以适应互联网金融条件下金融体系不断创新、变革、发展、深化的需要，促进互联网金融条件下的金融创新与金融监管协同发展，从而更好地维护和保持金融安全。

（二）创新监管方式，按照实质重于形式的原则，实现包括互联网金融业务在内的金融业务监管全覆盖

互联网金融具有跨界混业经营、贯穿多层次市场体系的特征。而且在互联网金融条件下，各种线上金融业务竞争发展的同时，线下金融业务仍然占据着举足轻重的地位，这使得传统的分业分段监管方式的有效性、针对性不断下降。为此，针对互联网金融快速迭

---

① 中国人民银行、工业和信息化部、公安部、财政部、国家工商总局、国务院法制办、中国银行业监督管理委员会、中国证券监督管理委员会、中国保险监督管理委员会、国家互联网信息办公室：《关于促进互联网金融健康发展的指导意见》（银发〔2015〕221 号），中国人民银行网站，2015 年 7 月 18 日，http://www.pbc.gov.cn/goutongjiaoliu/113456/113469/2813898/index.html。

代、形态多变的特征，需要按照实质重于形式的原则，创新监管方式，将包括互联网金融在内的所有金融业务都要纳入监管，实现包括互联网金融业务在内的金融业务监管全覆盖：一是要强化功能监管和行为监管。根据互联网金融业务实质与功能属性确定监管要求与监管主体，实现对各金融业态、线上线下金融行为监管的全覆盖。二是要坚持一致性监管，互联网企业、电商企业从事金融活动适用与传统金融机构从事类似业务基本一致的市场准入政策和监管规则，线上金融业务适用与线下类似金融业务基本一致的监管规则。三是要实施穿透式监管。把互联网金融的资金来源、中间环节与最终投向穿透联接起来，综合全环节信息判断业务性质，执行相应的监管规定。通过监管方式创新，加强协同监管，形成监管合力，形成统一、完整的覆盖线上、线下全部金融业务的金融监管体系，使包括互联网金融活动在内的所有金融活动都置于金融监管机构的监督视野之内，避免"监管真空"和"监管套利"，进而防止局部金融风险发展演变为系统性金融风险，从而保持金融体系的整体安全。[①]

（三）创新监管手段，强化监管科技应用实践，推动包括互联网金融监管在内的金融监管能力升级

在互联网金融条件下，无论是线上的金融业务还是线下的金融业务，实际上都离不开互联网的支撑，金融服务、金融交易都已经网络化、在线化。因此，针对互联网金融条件下金融交易的这一特点，积极推动金融监管手段创新，发展基于互联网的金融监管手段，充分利用现代信息技术改进金融监管流程，推动金融监管能力升级，实现金融监管的在线化、云端化、动态化、实时化、大数据化、智

[①] 潘功胜：《规范发展互联网金融 维护金融市场稳定》，载《人民日报》，2016年10月14日。

能化，就显得尤为重要。为此，需要加快开发各种新的监管科技（Regtech）手段，强化监管科技应用实践，加强金融监管技术平台的建设，积极利用大数据、人工智能、云计算等技术丰富金融监管手段，并积极探索监管沙盒①等新手段、新模式，努力实现在线监管、实时监测、精准治理，提升包括互联网金融风险在内的所有金融风险的监测、甄别、防范和化解能力，从而有效地维护和保障金融安全。

（四）加强金融基础设施建设和网络空间基础秩序建设，为维护和保障金融安全提供良好支撑

互联网金融业务的正常开展、金融体系的正常运行、金融安全的维护和保障，离不开完善、健全的金融市场基础设施和正常、有序的网络空间基础秩序的支撑。为此，应进一步加强金融基础设施建设，加强为互联网金融活动提供交易、支付清算、托管结算等服务的金融基础设施管理，建立和完善金融业综合统计，健全及时反映风险波动的信息系统，完善信息发布管理规则，健全信用惩戒机制，确保金融体系良性运转。与此同时，应进一步加强网络空间基础秩序建设，完善互联网信息内容管理、关键信息基础设施保护等

---

① "监管沙盒"（regulatory sandbox，又译作"监管沙箱"）是监管部门为有效应对金融科技领域的创新而构建的一种能够快速反应、且具有前瞻性的监管方式。该机制旨在以实验的方式创造一个"安全空间"，为创新企业发展提供"监管实验区"。"监管沙盒"一词首见于英国政府科学办公室（Government Office for Science）2015 年 3 月的一份报告。英国金融行为监管局（FCA）于 2015 年 11 月发布了"监管沙盒"可行性研究报告，对"监管沙盒"的基本构想和制度设计做了具体的阐述。2016 年 5 月，英国金融行为监管局正式启动"监管沙盒"。在保障消费者权益的前提下，允许符合条件的金融科技企业进入"监管沙盒"，进行为期 3—6 个月的试运营，对其新产品、服务、商业模式或者交付机制进行测试。同时，针对测试中出现的情况对现有的监管空白或漏洞进行完善，在防范金融风险的同时，促进金融科技发展。受此启发，澳大利亚、新加坡等国家与中国香港地区相继推出了自己的监管沙盒制度。参见唐莉、程普、傅雅琴：《金融科技创新的"监管沙盘"》，载《中国金融》，2016 年第 20 期，第 76—77 页；赵永强、马一菲：《"监管沙盒"对我国金融科技监管的启示》，载《金融电子化》，2017 年第 6 期，第 80—81 页。

法律法规，进一步健全网络与信息安全保障体系，提高网络与信息安全保障能力和风险防控能力，依法治理网络空间，保障网络空间清朗，形成规范、透明、有序的网络空间信任环境和市场竞争环境。从而为维护和保障金融安全提供良好的金融基础设施和网络空间基础秩序支撑。

（本文曾以"网略空间、互联网金融与金融稳定——基于金融发展和金融深化的视角"为题发表于《经济研究参考》，2015年第32期。现文做了一定改动）

第二编
国际安全形势

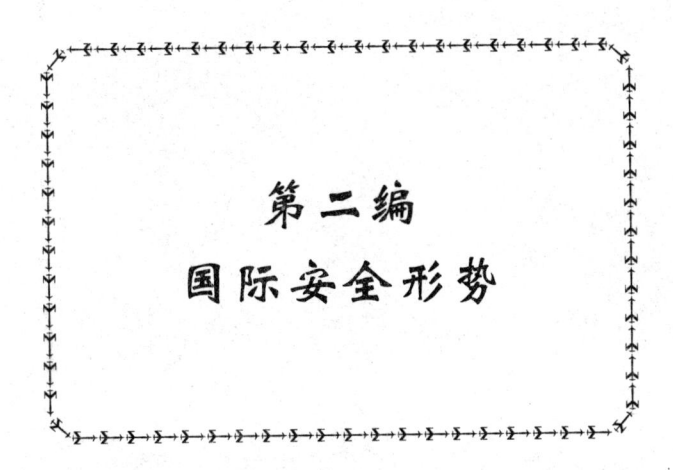

震荡与重塑中的国际安全秩序
——2018年国际安全形势述评

孟祥青[*]　王　啸[**]

[内容提要] 2018年，在各种因素联动作用下，国际安全形势反复震荡。贸易战愈演愈烈，大国竞争、对抗加剧，传统安全加速回归，热点问题此起彼伏，国际安全不稳定、不确定因素明显增多。全球安全治理面临机制受冲击、理念被动摇、目标难达成等严重挑战。国际社会中改革现有安全秩序的呼声愈加强烈，为新安全秩序的建立提供了机遇。2018年的我国周边安全环境趋稳向好，多个热点降温。国际安全呈现出的新特点、新挑战、新机遇是近年来世界形势量变不断加速发展的最新结果，也是和平发展时代主题内涵外延发生变化的反映，是当今世界百年未有之大变局的应有之义。在全球安全治理上不断凝聚共识、锐意改革，是重塑国际安全秩序的关键。

[关键词] 安全形势　全球治理　安全秩序

2018年的国际安全形势延续了近年来复杂多变的基本特征，单边主义和贸易保护主义盛行，民族主义和民粹主义合流且同步上升，

---

[*] 孟祥青，国防大学国家安全学院教授，少将。
[**] 王啸，空军指挥学院战略战役系军事战略教研室讲师。

强人政治和威权主义回潮，地缘政治和新型领域的竞争加剧，局部动荡和冲突此起彼伏，国际安全秩序和规则受到严重冲击和挑战。究其原因，这是冷战后世界经济全球化发展严重失衡的滞后反应与国际政治的极化以及国际军事一超独霸相对固定等几大因素综合作用、相互叠加的结果。当前，国际安全秩序的重塑远未到位，不稳定、不确定因素增多，如何准确把握其中的深层规律，积极稳妥应对可能出现的危机和挑战，是中国面临的重大考验。

一、国际安全形势的新特点

与往年相比，2018年中国所面临的国际安全环境的最大亮点在周边，最大的难点是中美关系，最大的热点在中东，最大的爆点是经贸摩擦。国际安全形势呈现出一些不同于以往的新特征。

一是大国竞争博弈明显加剧，但管控危机避免直接冲突仍具广泛共识。近年来，大国之间围绕地缘政治和新型领域的竞争一直是国际形势演变的重要标志之一，但与以往不同的是，2018年这种竞争和博弈呈现了新的趋势。其一，竞争的范围由过去主要集中在一两个领域向综合性、全方位竞争发展。例如，俄罗斯与西方大国围绕乌克兰问题的矛盾未解且有升级之势，在叙利亚和中东的争夺也日趋激烈，同时围绕太空、网络、间谍、军控等问题的斗争全面展开，经济领域的相互制裁也随之升温。其二，博弈的性质由过去以合作协调为主向竞争性、对抗性进一步加强转变。危机失控甚至爆发冲突的风险上升。例如，2018年中美在南海的博弈不断升温。随着美国在南海的"航行自由行动"更具挑衅性，中美爆发危机的危险增大。其三，主要矛盾出现新的变化。过去大国竞争主要以美俄矛盾为主，当前正在向美俄矛盾与美中矛盾并重的方向演变。当然，以上这些新变化并未突破大国关系的底线，不冲突、不对抗仍具广泛共识。世界总体和平稳定的局面可以保持。

二是传统安全加速回归，但爆发全面军事对抗的可能性不大。近年来，传统安全在国际安全竞争中的分量有所加重，地位和作用不断提高。2018年，传统安全的回归呈明显加快趋势。其一，主要国家的军费开支继续增加。根据瑞典斯德哥尔摩国际和平研究所的报告，2017年全球军费开支高达17390亿美元，比2016年增加了1.1%，达到冷战后的最高值。[1] 从2018年的情况看，这个数字很可能会继续攀升。其二，军事强国加速发展信息化、智能化武器装备。美俄等军事强国在人工智能和网络技术军事应用方面取得新的重大进展。比如，美国军方与谷歌公司合作，在打击"伊斯兰国"的军事行动中，利用人工智能技术分析无人机采集的视频。[2] 其三，各主要国家军事战略调整向纵深推进。美、俄、日等大国相继出台的一系列重要战略报告，都对其军事战略做出新的规划和安排，加快向应对大国竞争和新型领域的方向转变。其四，美国单方面宣布将退出《中导条约》的举动使国际裁军与军控进程严重倒退。美国此举的目的首先是要进一步拉大美俄之间的军事差距，继续扩大美国优势，下一步则可能瞄准中国的中短程弹道导弹能力，制衡、削弱中国在该领域的局部优势。一旦美国正式退约，将对全球战略平衡造成沉重打击，不排除欧洲为加强自身防卫，增强反导能力甚至扩大部署核武器，围绕中短程导弹的军备竞赛或将在所难免。[3]

---

[1] 斯德哥尔摩国际和平研究所：《SPRI年鉴2017》，瑞典斯德哥尔摩和平研究所网站，http://www.sipriyearbook.org/view/9780198821557/sipri-978021557-charpter-4.xml?rskey=wP5G4&result=10&q=yearbook%202018。

[2] 郑昊宁：《与美军方合作引担忧 谷歌承诺人工智能不用于武器》，新华网，http://m.xinhuanet.com/mil/2018-06/09/c_129891040.htm。

[3] Press conference by NATO Secretary General Jen Stoltenberg following the meeting of the North Atlantic Council in Foreign Ministers' session, 04 Dec. 2018, http://www.nato.int/cps/en/natohq/opinions_161110.htm?sel.

新形势下，以质量建军为基础，以信息化、智能化武器装备更新换代为主要内容，以发展新的战略威慑手段为支撑，以打赢信息化战争为目标的新型军备竞赛已经展开。但是，这场军备竞赛与冷战时期相比仍有区别，导致全面军事对抗的可能性不大，其消极影响仍在可控范围内。

三是全球热点有升有降，在一些地区呈蔓延趋势。其一，大国对地缘关键节点的争夺，拉动一些地区热点升温，进而牵动地区格局演变。在中东，近年来美国的投入持续减少，总体进行战略收缩，但仍不放松与俄罗斯在叙利亚问题上的博弈。2018年4月14日，美、英、法等国以叙利亚使用化学武器为由，在未获得联合国授权的情况下对叙发动军事打击。俄罗斯随即联合伊朗、土耳其加强外交斡旋，同时加大在叙军事行动力度。俄罗斯强力军事介入后，叙利亚的战场形势发生重大转折。"伊斯兰国"基本被剿灭，巴沙尔政权得以保全。12月19日，美国宣布将从叙利亚全面撤军，进一步实现其在中东的战略收缩。当前，美俄在叙利亚问题上的军事角力暂告一段落，但双方围绕中东地缘格局的斗争不会停止。美国撤军后，仍可能会以反恐名义介入叙利亚安全安排，干预叙利亚宪法起草与朝野和解进程，以威逼利诱的手段迫使叙利亚要求伊朗及其扶持的什叶派武装撤离，安抚其盟友以色列和沙特，敦促俄罗斯压缩兵力和装备，恢复美俄在中东的军事平衡。此外，在巴以问题上，美国将驻以色列使馆迁往耶路撒冷的举动，不仅显示了美国袒护以色列的一贯立场，更被外界解读为鼓励以色列在地区格局重塑中发挥更大作用。美国在中东问题上的政策立场不仅引发巴以新一轮冲突，更导致中东地区动荡加剧。其二，近年来已经凸显但并未解决的一些矛盾如欧洲难民问题等，在积累发酵后，不断释放出具有破坏性的能量，对欧洲的政治、经济、社会发展产生一系列冲击，直接导致欧洲各国民族主义与民粹主义的抬头与合流，社会仇恨导致犯罪数量激增，甚至引发欧洲一些国家陷入动荡。其三，朝鲜半岛局势迅速缓和，南海争端相关国家之间的关系有所改善，但南亚局势更加复杂，反恐斗争任重道远。"基地"组织和"伊斯兰国"遭受重创后，化整为零，继续制造恐怖事件。恐怖活动在一些地区呈现出分散化、独狼化、本土化、蔓延化新趋势。据统计，2018年1月至6月，全球42个国家共发生了639起恐怖袭击案件，比2017年同期略为增长，增幅为0.6%，恐怖袭击共造成3305人死亡，死亡人数比2017年同期下降19.6%。同时，中亚、北非的安全隐忧严重存在。①

四是中美关系已发生部分质变，但两国爆发"新冷战"的可能性不大。2018年国际安全形势中最引人关注的热点之一就是中美关系。美国对华政策正在进行根本性调整，对华利益认知、威胁判断及其态度都发生了重大变化。新形势下，美国将中国定位为"首要竞争对手""修正主义者""新帝国主义者""新扩张主义者""奉行国家资本主义者""不公平贸易者"等，并将中国崛起看作是"对美国全球领导地位的结构性挑战"。② 与之相适应，美国各层次的战略都开始着眼应对所谓"来自中国和俄罗斯的威胁"。这是冷战结束后，美国历届政府对华政策从未有过的新现象。目前，美国对华战略调整并未完全到位。鉴于全球化的国际背景与冷战时期大不相同，中国也不会主动陷入冷战泥潭，中美冷战尚打不起来。但如何重塑以及塑造怎样的中美关系是摆在两国面前的紧迫课题。

五是中国周边安全形势明显好转，但某些热点仍可能反复。2018年，中国外部环境最大的亮点在周边。由于中国积极作为、主

---

① 宋汀、曹伟：《2018年上半年国际恐怖主义态势报告》，载《中国信息安全》，2018年第9期，第88页。

② 李伟：《美国乱贴"经济侵略"标签实属荒唐之举》，载《人民日报》，2018年7月7日，第11版。

动调整，朝鲜半岛、中印、中日、中国与东盟的关系同时改善，使中国周边多个方向的热点普遍降温，带动中国周边安全形势明显趋好。但由于某些大国深度介入，历史遗留问题与现实利益矛盾相互交织，短期内难以解决，中国周边的一些热点、难点问题仍可能出现反复。如半岛无核化仍将经历曲折过程；中日围绕历史、钓鱼岛、东海大陆架划界等问题的矛盾和冲突仍可能再现；域外大国干涉南海事务，挑动中国周边国家进行对抗不会停止，南海问题随时可能再度升温；中印两国因领土争端引发危机的风险始终存在。

六是新科技革命加速发展，对人类产生的正反两方面影响日益凸显。今天，"技术变现"的时间越来越短，云计算、大数据、人工智能、生物技术等新技术成果不断产生并被快速转化应用，深刻影响着人类生产、生活乃至思维方式，从而改变世界。但同时，新技术不可知、不确定等因素日益增多，包括运用不当可能造成的人类个体的精神、伦理、道德危机，甚至在整个人类社会引发政治、经济危机乃至战争等，这些负面和消极影响难以把握，由此引起国际社会普遍担忧。

二、全球安全治理面临的新挑战

面对错综复杂且充满不确定性的国际安全形势，国际社会亟需凝聚共识，加强全球安全治理。但现实却是，美国频繁"毁约""退群"，冲击治理的体制机制；国家主义理念强势回归，动摇治理的价值基础；片面强调"本国利益至上"，威胁共同安全治理目标。2018年，全球安全治理面临诸多新挑战。

一是机制受冲击。全球安全治理机制由传统安全和非传统安全两种治理机制组成，二者互有交叉重叠。与国内治理相仿，全球安全治理机制的平稳有效运行同样需要有法可依、有法必依。所谓"有法可依"就是国际社会要制定相关国际法,包括签订具有国际法效力的国际条约。而"有法必依"是指有关主权国家和国际组织要执行相关的国际法和国际条约。2018年,全球安全治理机制受到"有法不依"的强烈冲击。美国相继宣布单方面退出"伊核协议"和《中导条约》,冲击了现有全球安全秩序,给地区和世界和平带来长期不确定性,为核不扩散和军控体制蒙上了阴影。目前,这种冲击造成的负面效应已经显现,而长远影响还有待观察。伊朗宣布如果欧洲不能继续遵守协议,将重启核武器级铀浓缩,此举可能引发沙特等国寻求发展核武器的连锁反应。德法两国领导人已明确表示支持建立欧洲军,这一举措显然是基于对所谓俄罗斯威胁的担忧,也是对美国失望的一种回应,不排除未来欧洲为此加强军备和部署核武器,这将给地区乃至全球安全埋下隐患。

　　当前,要改善全球安全治理,首先要解决"有法不依"的问题。近年来,无论是在涉及军控与裁军的传统安全领域,还是在应对全球气候变化的非传统安全领域,"有法不依"都对现有安全治理机制构成了最大挑战。其次要尽早解决"无法可依"的问题。随着全球化和科技的快速发展,对人类安全构成威胁的非传统安全问题不断涌现,原有的基于传统安全并以管理国家间威胁为主要目标的国际规则,已严重滞后于全球安全形势的发展,导致全球安全治理面临有效性与合法性的双重挑战。[1] 尽快凝聚全球共识,制定相关国际规则,是有效应对和解决各种安全问题必须迈出的第一步。

　　二是理念被动摇。2018年传统安全强势回归,世界各国整军经武。在大国战略竞争和博弈加剧的大背景下,围堵遏制、联盟政治、零和游戏的冷战思维找到了新的土壤,开放、包容、合作、共赢的

---

[1] 蔡拓、杨雪冬、吴志成主编:《全球治理概论》,北京大学出版社,2016年版,第381页。

价值理念受到严重冲击。一方面，特朗普政府高调奉行"美国优先"政策，在安全治理领域追求美国利益的最大化、绝对化，从国家的自利性视角出发对全球安全治理进行功利性选择，试图打破现有秩序，建立美国主导下的排他性秩序。另一方面，美中、美俄之间不断扩大的矛盾和分歧，虽不至于导致军事战争，但大大降低了大国通过安全合作实现全球治理的意愿和可能性。在这两个因素的共同作用下，国家主义理念强势回归，动摇了以人类共同安全为基础的普遍价值观。

伴随着大国关系出现的新对抗，全球安全治理中的价值冲突和矛盾更趋激烈，这种冲突既存在于国与国之间（如美俄和美中），也存在于不同的国家集团之间（如西方的所谓"五眼联盟"与其他国家集团），还存在于国际组织与个别国家之间（如北约与俄罗斯）。安全治理理念矛盾背后的根本原因是全球治理各主体之间的利益诉求和价值判断不同。但全球治理的深入发展，离不开价值理念的建构，这是凝聚和稳定不同利益主体行为最持久的力量。[1] 如何调和矛盾，弥合分歧，确立和强化共同的安全价值理念，是当前加强全球安全治理无法回避的议题。

三是目标难达成。在当今无政府的国际社会中，全球安全治理的目标能否实现，在很大程度上取决于各国的国内治理成效，具体讲就是各国能否落实安全治理措施，践行本国的治理承诺。近年来，随着民粹主义和民族主义在多国呈现合流抬头之势，全球安全治理受到一些国家内政的影响，效果大打折扣。例如，在应对气候变化问题上，2018年11月，法国爆发了震惊世界的"黄马甲"运动，起因就是马克龙政府为兑现法国的减排承诺而提高国内油价。随着

---

[1] 蔡拓、杨雪冬、吴志成主编：《全球治理概论》，北京大学出版社，2016年版，第90—91页。

危机升级，12月，马克龙政府宣布暂停上调燃油税，可能导致这一承诺难以兑现。在解决难民问题上，12月16日，比利时爆发大规模游行示威，抗议政府签署联合国《移民问题全球契约》①。美国明确抨击该公约是"联合国以牺牲各国主权为代价，推动全球治理之举"。澳大利亚、捷克、匈牙利、波兰等国家也公开表示反对。② 这为在全球实现安全、有序、正常移民的难民治理目标蒙上了阴影。

为迎合或屈从于国内的民族主义和民粹主义，一些国家特别是某些大国的政府片面强调"本国利益至上"，在面对行使国家主权与实现安全治理目标之间的矛盾时，不愿在国际多边机制的框架下协商解决，拒绝承担主权国家在全球治理中应承担的责任和义务，导致一些重大而紧迫的全球安全治理目标难以实现。

三、全球安全秩序重塑的新机遇

2018年国际安全形势呈现出的新特点，给全球安全治理带来新的风险和挑战，同时也冲击着现有的国际安全秩序。当前，旧的安全秩序尚未打破，新的安全秩序还未形成。准确把握安全秩序发展演变的特点和规律，推动建立国际安全新秩序，中国既面临挑战，也面临机遇。

一是国际安全秩序尚未发生质变，但其发展演变呈现量变加速态势。现有国际安全秩序是在冷战后形成的，其基本特点是美国享

---

① 《移民问题全球契约》的全称是《安全、有序和正常移民全球契约》。2018年12月10日，全球164个成员国在摩洛哥马拉喀什通过了这一没有法律约束力的协议。12月19日，联合国大会正式通过该契约。联合国秘书长古特雷斯随后发表声明，将《契约》称为"防范痛苦和混乱的路线图"。

② 左甜：《数千比利时人示威 抗议移民问题全球契约》，环球网，http://m.huanqiu.com/r/MV8wXzEzODl1MjMzXzEzOF8xNTQ1MDA2ODQw。

有全球霸权，在处理全球和地区安全事务方面享有最大的发言权。但任何事物都不是一成不变的，随着冷战后经济全球化、政治多极化、社会信息化的深入发展，一批新兴市场国家群体性崛起，拥有越来越强的实力和意愿参与国际安全事务。美国"一超独霸"的国际安全秩序也在发生着某种程度的量变，其显著标志是以新兴市场国家为代表的广大发展中国家在全球和区域安全治理中发挥的作用越来越大。

进入21世纪，2001年"9·11"事件和2008年全球金融危机的爆发，特别是2015年以来国际社会出现的多起"黑天鹅""灰犀牛"事件，标志着国际安全秩序的量变已经积累到一定程度，虽然还未引发质变，但呈现出明显加速趋势。一个突出表现就是，特朗普上台后执行的内外政策，对现有国际安全秩序造成前所未有的冲击。一方面，美国越来越不满意自己一手创建并曾享有巨大好处的现有安全秩序，维护现有秩序的意愿在不断下降；另一方面，美国的影响力相对削弱而新的安全问题又层出不穷，即使美国愿意，其解决问题的能力也在下降。

当前，围绕新旧安全理念、规则和秩序的斗争日益激烈。美国从"本国优先"出发，企图通过单边手段，在破坏现有秩序的基础上，另起炉灶，建立新的由美国主导的安全秩序。与此同时，世界上大多数国家希望通过多边方式，建设性重塑现有安全秩序，使发展中国家能够和发达国家一样享有平等的发言权、参与权和决策权，并推动形成平等包容、合作共赢的新的安全秩序。展望未来，两种理念、两种规则、两种秩序的斗争将是长期的、复杂的，最终形成新的安全秩序应该是双方博弈后互相妥协的结果。

二是和平与发展时代主题的内涵和外延发生变化，为新的安全秩序的形成提供了重要外部条件。现有国际安全秩序脱胎于冷战时期的两极格局，形成于和平与发展时代潮流的大背景下。这一秩序以美国"一超独霸"为基本特征，以美国超强实力为基础，以传统安全问题为核心议题，以美国全球军事同盟体系为依托，带有深深的冷战烙印。当前，相互依赖已成为国际社会的基本特征，冷战时期两个超级大国激烈对抗、两大军事集团相互对峙、两个平行市场泾渭分明的状况早已不复存在。和平与发展仍然是时代主题，但和平与发展的内涵和外延已发生新的变化。和平问题更确切的替代词是安全。今天，世界大战的可能性不大，但安全挑战却层出不穷，特别是各类非传统安全问题更是多如牛毛。发展问题的外延大大扩展了，除了经济增长以外，社会公平程度、国民生活质量和幸福指数、技术创新等诸多内容受到日益广泛的关注。这些变化都在呼唤新的安全秩序，也为新的安全秩序的建立创造了条件。

三是改革全球安全治理机制已成共识，并为建立和完善新的安全秩序提供了内在动力。在现有安全秩序未发生质变的前提下，国际社会要创造良好的安全环境，实现新的安全与发展目标，亟需加强多边主义的全球安全治理。但近年来，现有的一些安全治理机制在运行中出现低效、甚至无效的状况，无力应对和解决国际社会面临的各种安全威胁。例如，联合国作为当今世界规模最大、最有权威的政府间国际组织，未能有效制止冷战后爆发的几场大的局部战争，凸显出原有机制对大国出于自利目的发动战争行为的无能为力。再如，在国际社会共同努力下，多国签署了应对全球气候变化的《巴黎协定》，该文件是目前世界上应对气候变化问题的最重要依据，但却无法阻止美国的"退群"行为，从而也就无法保证实现协定中设定的减排目标。这些都凸显出改革现有安全治理机制的必要性和紧迫性。当前，国际社会对改革问题都有一定共识，改革的意愿也越来越强烈，但对改革的路径和目标等仍存在较大分歧。

展望未来，全球安全治理改革应从完善规则制定、改革执行机构、加强国际协调几方面入手。对于国际安全治理中固有的"大国例外"问题,可以先易后难,从敏感度较低的非传统安全领域入手,加强与共同利益方的协调,形成内部制衡,增大违约成本。

(本文发表于《当代世界》,2019年第1期)

世界秩序的变局与中美关系的范式性转折

达 巍[*]

[内容提要] 中美关系从 2017 年底开始发生了重大转折。此次双边关系的变化与整个世界秩序的变迁互为因果。中美两国在国际格局中"同体、异质、等量"的处境,造成两国间的"脱钩"趋势。能否在快速深刻变迁的世界秩序当中找到并占据一个有利的位置,将决定中国未来外部环境的性质。

[关键词] 中美关系 世界秩序 战略机遇期

过去几年,中美关系一直处于相对比较困难的状态。中外学者均曾就中美关系可能滑向"新冷战"发出预警。[①] 2017 年 12 月,美国特朗普政府公布其任内第一份《国家安全战略》报告。此后,以经贸对抗为最显性的表现,特朗普政府推出了一系列对抗性的对华政策,导致中美关系快速恶化,且变化的速度之快、程度之深超出了绝大多数人的预期。在当前这样一个中美关系的关键时期,如何准确评估中美关系变化的性质与程度,如何理解中美双边关系变化与整个世界秩序变迁之间的关系,如何判断中美关系以及世界秩序

---

[*] 达巍,国际关系学院院长助理、国政系主任、教授,主要研究领域为中美关系。
① 参见达巍:《中美关系:走向"新冷战"还是战略稳定?》,《中国国际战略评论 2015》。世界知识出版社,2015 年版,第 30—42 页。

之变对中国发展前景带来的影响，显然是极为重大的战略性课题。

一、全球之变与中美之变

1979年1月1日中美两国正式建交以来，两国关系经历过不少风雨。尤其是1989年春夏之交中国发生政治风波后，美国曾带领一些西方国家对华实施制裁。其后几年，中美之间不仅交往水平很低，而且两国间的矛盾与斗争直接关系到中国的政治安全与政权安全，其时中美矛盾不可谓不激烈。除此之外，1995—1996年台海危机、1999年"炸馆事件"、2001年"撞机事件"等也都曾对中美关系造成短期的严重冲击。因此，如果单就激烈程度而言，当前中美矛盾似乎至少并不能与20世纪80年代末、90年代初那段时间相提并论。

尽管如此，2017年底以来中美矛盾的骤然上升，与过去40年中美关系的历次危机或者低潮又有着一个根本差别。中美关系在过去一年的恶化，不仅仅是中美两国具体的政策矛盾或者利益冲突造成的，其背后更有着整个世界秩序重大深刻变迁的背景。这一特征导致当前中美矛盾的深刻程度超越了建交40年来的任何时期。

过去70余年，以美国为首的西方国家主导的所谓"自由主义国际秩序"（liberal International Order）经历了一个初建、分裂、扩展、称霸再到松动的过程。二战结束之初，以联合国和布雷顿森林体系为代表，美国曾试图与其他战胜国一道建立一个全球性的国际政治经济秩序。然而随着冷战的快速爆发，这个尚未完成构建的全球性秩序很快裂解为东西方两套秩序。美苏两国形成了两种意识形态、两个军事集团、两个平行市场之间的竞争与对抗。所谓"自由主义国际秩序"基本成为西方阵营内部的制度。到冷战中后期，苏东集团的竞争力逐渐弱化。西方国家主导的这一套世界秩序从1980年代开始进入扩展期。1989年冷战结束、1991年苏联解体，意味着原先主要由西方国家主导的国际秩序扩展到全球范围，成为了一个真正全球性的秩序。以世界贸易组织为代表的国际制度扩展到全球。北约东扩、欧盟东扩也是这一轮扩张的表现。与之相伴，美国享受了秩序扩展的"红利"，成为世界上唯一的超级大国。西方秩序的这一扩展态势到2008年金融危机之后开始逐渐受到质疑。2016年英国的脱欧、2017年特朗普当选美国总统，则成为秩序松动的主要标志。

回望历史，40年前中美外交关系的正常化以及40年后中美关系面临的严峻挑战，恰恰分别与40年前西方秩序的扩展以及当下世界秩序的松动相伴随。考虑到中美两国在国际关系中的重要地位，这种世界秩序层次的变迁与双边关系层次的起伏相伴随的情况，恐怕就绝不仅仅是一种历史的巧合。

从世界秩序影响中美双边关系的角度看，1972年美国总统尼克松访华，中美关系破冰。从那时起到1979年中美建交前后，驱动中美两国走近的主要是对抗苏联的战略驱动力。换言之，"保守派"尼克松治下的美国与正处"文革"之中的中国"破冰"，主要原因在于中美两国都认为，本国与苏联的矛盾，超过了中美两国之间的矛盾。但是到1978年中美展开建交谈判之时，中美关系逐渐增加了一个新的动力，这就是中国要融入当时基本由西方国家主导的国际秩序，以实现经济和社会的现代化。[①] 1978年12月15日中美签署建交公报之后仅仅3天，中国共产党召开了十一届三中全会，改革开放的大幕正式拉开。中美建交与中国启动改革开放几乎在同一时间发生，恰恰是由于两件历史大事之间互为因果。中国的这一战略取向可以被称作"融入"战略。作为其结果，中美建交和改革开放之后，

---

① 参见傅高义对中美建交历史及其背后国内动力的记叙。傅高义：《邓小平时代》，生活·读书·新知三联书店，2013年版，第307—344页。

中国融入世界的程度持续不断加深。与此同时，中国改革开放的历史大潮，反过来则又"唤醒"并加强了美国商界与战略界对华实行接触战略的冲动。这一战略的要义，就是通过将中国拉入西方主导国际体系之中，在试图塑造中国的发展方向的同时，并获取战略与经济利益。在中美两国"接触—融入"战略框架之下，美国要持续把中国"拉"进国际体系；而中国则要坚持"融"入国际体系，两国形成了一种战略上的"契合"。[1] 这一"契合"使两国得以克服40年间的大大小小各种危机，维持中美关系大致稳定的状态。即便在1989年这样重大而激烈的危机之后，中美两国仍然能够保持一定程度的联系。美国时任总统老布什在危机后很快致信中国领导人，并与当年7月初派遣国家安全事务助理斯考克罗夫特秘密访华。其背后的原因，正在于中美两国领导人都认识到"接触—融入"的历史任务还没有完成。[2] 两国关系在经历数年低谷之后，在90年代中后期逐渐重回"接触—融入"主流。

从中美双边关系影响世界秩序的角度看，1979年，英国首相撒切尔夫人开始在英国执政；1981年，里根开始担任美国总统。在这两位西方世界领导人的带领下，新自由主义政治经济模式开始在西方世界上升。与此同步，中国的改革开放在1970年代末逐渐展开。尽管中国改革开放与西方世界新自由主义思潮在政治性质上有着根本的不同，但是在政策层面，两者都强调市场在经济中的作用，致力于解除、减少国家对市场的管制和控制，因而又有着相当强的异曲同工之处。可以说，中美关系的正常化以及中国与西方国家关系的普遍正常化，一定程度上助推了原先由西方国家引领的秩序逐渐

---

[1] 达巍：《建立面向未来的中美关系战略共识与长期稳定框架》，《现代国际关系》，2015年第6期，第1—16页。
[2] 可参见傅高义对中美两国在1989年春夏之交发生的政治风波后互动的记叙。傅高义：《邓小平时代》，第565—594页。

向全球扩展。

然而伴随全球化的深入发展以及世界范围内的权力转移,最近十余年,发达国家开始越来越多地质疑和挑战现行世界秩序。尽管中国并没有挑战国际秩序的主观愿望,而且不断通过言辞和行动维护现行的国际秩序,但是中国以带有鲜明中国特色的政治经济模式崛起,在西方国家特别是美国看来,越来越"不可接受"。中西方在这一问题上的认识差距在于,中国强调秩序是一种国家间秩序,各国遵守现行世界秩序之下的国际制度,但是不认为在这一秩序之下,各国国内政治经济体制必须遵循西方所谓"自由主义"价值理念。西方国家则强调这一秩序是世界秩序,强调秩序的"价值"内核,强调现行世界秩序之下的西方自由主义基础。在西方国家看来,国际制度是可以调整的,但是制度之下的自由主义价值观是连续的;而且自由主义价值观不仅应体现在国际制度上,也同样应体现在各国国内政治经济体制上。显然,在价值观层次,中俄等新兴国家并不被西方国家接纳。西方国家部分精英与民众认为,过去仅仅属于西方的那一套秩序在扩展(enlarge)[1]到全球的过程中,吸纳了太多在价值观上"不纯粹"、在开放水平上"低水平"的国家。美国等西方发达国家在与这些国家的"不对等"互动中吃了亏,美国试图塑造中国等国家发展方向的努力也没能实现。美国战略界焦虑情绪日渐上升。[2] 因此现行世界秩序对西方国家特别是美国是"不利"的,需要加以改革甚至抛弃。特朗普政府的《国家安全战略报告》也公开宣称,"几十年来,美国政策建基于一个信念,即支持中国崛起并融入战后国际秩序,将使中国自由化。(中国的发展方向)与我

---

[1] 克林顿政府1996年公布的美国《国家安全战略报告》的标题就叫做"接触与扩展",参见 The White House, *A National Security Strategy of Engagement and Enlargement*, Feb. 1, 1996, http://nssarchive.us/NSSR/1996.pdf.

[2] Kurt M. Campbell, Ely Ratner, "The China Reckoning, How Beijing Defied American Expectations", *Foreign Affairs*, March/April 2018.

们的期望正好相反。"①特朗普政府对美国对华战略的前提"釜底抽薪"，必然导致美国战略的重大变化。2017年底以来中美关系的恶化，正是在这一背景下发生的。一方面，中美关系的变化是世界秩序变迁的结果。世界秩序之变投射到中美两国的对外战略取向上，就影响到了中美关系。另一方面，作为世界政治中最重要的两个行为体，中美矛盾的升级当然也进一步加剧了世界秩序的变迁。

与中美建交后40年期间中美关系曾经经历的风雨相比，当前中美矛盾的激烈程度或许有限，但其与世界秩序变迁之间互为因果的关系，决定了当前中美矛盾的深刻程度是过去40年来从未有过的。1989年中美关系能够克服危机走回正轨，一个结构性原因正是当时世界秩序演进的基本方向未变，给中美关系提供了支撑和拉动。而当前中美关系丧失了世界秩序层面的拉动和支撑，意味着即便中美两国能够在"90天磋商"等战术层次上稳定住双边关系，中美关系都将无法再度回到从前。

二、"脱钩"与"排异"

经贸矛盾在2018年诸多中美矛盾当中最为突出。当前中美经贸矛盾涉及贸易平衡、产业政策、市场准入、知识产权、出口补贴、国有企业地位等诸多问题，极为复杂。由于美国总统特朗普多变的个人决策风格，以及特朗普政府决策模式的混乱，前述不同的问题在不同的时间、不同的场合、在美方不同官员表述中先后成为问题焦点。然而仔细辨别美方诸多官方文件的正式表述，在美方复杂多

---

① The White House, National Security Strategy of the United States, December 17, 2017, p. 25. https://www.whitehouse.gov/wp-content/uploads/2017/12/NSS-Final-12-18-2017-0905-2.pdf.

变的政策目标表述之下，中美经济模式差异是牵动美方对中国在经贸领域诸多抱怨的一根主线。例如，美国商务部2017年10月就中国的"市场经济地位"问题推出的备忘录中，开宗明义即宣称美国政府不承认中国的市场经济地位，是源于"中国政府在经济中的作用、中国政府与市场以及私营部门的关系导致了中国经济的根本扭曲。"[1]同样，2018年1月美国贸易代表办公室发布的《中国履行WTO承诺情况：2017年度报告》宣称，"美国决策者曾希望中国入世协定中的规定将会拆解当时的国家主导的经济政策和活动。WTO的规则所倡导的国际贸易体系是开放且以市场为导向的，是以非歧视性、市场开放、对等、公平、透明为基本原则，中国的政策与活动与此难以兼容。美国决策者的这些期待现在以失望告终。今天，中国很大程度上仍然保持国家主导的经济体制。"[2]美方似乎认为，中国的经济体制意味着政府在经济运行当中发挥较大、较直接的作用，这一模式将导致中国政府以"不公平手段"支持中国企业（特别是国有企业），从而使得美国企业在竞争中处于不利地位。无论美方在经贸问题上的这些"抱怨"是否合理，中美经济模式与经济体制存在较大差异确实是一个客观现实。在中国经济总量较小、中国企业在全球竞争力较弱的情况下，美国政府与企业相对比较容易"容忍"中美经济体制的这种差异。但是当中国的经济规模日益接近美国的背景下，美方就越来越无法接受中美基本经济制度的这种差异，并且认为正是这种差异导致中国企业和政府在竞争中不断获益。

这一判断使得"脱钩"（decoupling）成为美国政府和战略界不

---

[1] United States Department of Commerce, International Trade Administration, Memorandum on China's Status as a Non-market Economy, Oct. 26, 2017, p. 4, https://www.enforcement.trade.gov/download/prc-nme-status/prc-nme-review-final-103017.pdf.

[2] United States Trade Representative, 2017 Report to Congress On China's WTO Compliance, p. 2. https://www.ustr.gov/sites/default/files/files/Press/Reports/China%202017%20WTO%20Report.pdf.

少人士的选择。中美两国经济在过去 40 年当中已经形成深度相互依存，学术界曾经提出"中美国"的观点。[1] 在这种你中有我、我中有你的高度相互依存的状况下，美方很多人认为中美经济模式的差异导致美方"吃亏"。因此，对美方而言，要么试图说服中方减少经济模式的差异，要么就降低相互依存程度。2018 年特朗普政府筑高关税壁垒就是"脱钩"的表现。对于美国政府和战略界的一部分人来说，"脱钩"是手段，是用以迫使中方同意其要价、推动中国进行经济结构性改革、缩小中美经济模式差异的工具；对另外一些人而言，"脱钩"则是目的。这些人相信，降低经济相互依存程度，一方面可以让美方"止损"，不让中国继续"占便宜"；另一方面甚至可以直接阻止或者延缓中国的经济崛起。在 2018 年年中开始的中美"贸易战"以及经贸谈判中，特朗普政府试图使用关税"大棒"，推动中国实施经济结构性改革。然而一年半来，中美经贸谈判时停时走、时快时慢，显示要达成妥协绝非易事。2019 年 6 月，习近平主席与特朗普总统在日本大阪 G20 峰会上见面，为中美经贸谈判再次注入动力。但是考虑到美方过高的要价以及多变的决策风格，未来谈判仍有无果而终的可能。

值得注意的是，2017 年以来，美国不仅在贸易领域表现出与中国"脱钩"的趋势，而且在中美人文交流、两军交流等问题上也都有所动作。例如，在投资领域，美国国会通过《外国投资风险评估现代化法案》，行政部门也多次酝酿对特定行业的投资限制措施。在两军交流领域，美军撤回了对中国海军的"环太军演"邀请。在人文交流领域，美国白宫曾讨论全面限制中国学生的措施，[2] 在签证等

---

[1] Niall Ferguson, "Niall Ferguson Says U. S. —China Cooperation Is Critical to Global Economic Health", *Washington Post*, November 17, 2008. http：//www.washingtonpost.com/wp-dyn/content/article/2008/11/16/AR2008111601736.html? noredirect = on.

[2] Demetri Sevastopulo, Tom Mitchell, "US considered ban on student visas for Chinese nationals", *Financial Times*, https：//www.ft.com/content/fc413158-c5f1-11e8-82bf-ab93d0a9b321.

领域针对中国学者、学生的行动已经开始。美国政府的这些政策，背后反映的是美国战略界对中国投资可能损害美国利益的担忧，[①] 以及对中国通过接近美国大学、创新经济缩小两国科技差距，[②] 扩展中国影响力[③]等错误认知。这些认知背后的逻辑与经济"脱钩"是一致的，即中美两国在投资、人文等领域密切交流甚至融为一体的同时，体制、利益乃至文化层次的差异导致美方产生"吃亏"的感觉。

表1 体系、体量、体制与国家的战略选择

	体系关系	体量对比	体制性质	战略选择
模式一	异体	大致或趋于等量	异质	冷战（美苏）
模式二	同体	大致或趋于等量	同质	竞争（美欧）
模式三	同体	不等量	同质	霸权—追随（与多数中小国家）
模式四	同体	不等量	异质	孤立/消灭（"流氓国家"）
模式五	同体	大致等量	异质	"脱钩"（中美）

资料来源：作者自制。

如表1所示，一个国家与美国是否处于同一国际体系之内、两国政治经济体制是大致相同还是有重大差别、两国体量是同为大国还是强弱悬殊，对该国与美国的关系有着重大影响。冷战期间，美国与苏联是两个体制上差异极大、国力上大致相当的超级大国（模式一）。但是这两个大国并不处于同一国际体系之内，并没有同一个体系对国家行为产生的约束力，因此两国走向全面对抗。只不过由

---

① 参见 Council on Foreign Relations, *Chinese Investment in Critical U. S. Technology: Risks to U. S. Security Interests, Insights From a CFR Workshop*, https://www.cfr.org/report/chinese-investment-critical-us-technology-risks-us-security-interests。

② The White House, *National Security Strategy of the United States*, December 17, 2017, p. 21.

③ 参见 The Hoover Institution, *Chinese Influence and American Interest, Promoting Constructive Vigilance*, https://www.hoover.org/sites/default/files/research/docs/chineseinfluence_americaninterests_fullreport_web.pdf。

于热核武器的存在，两国才没有走向"热战"，而是投入了近40年的冷战。

冷战结束后，世界主要国家在体系层面基本已无其他选项，世界各国绝大多数均处于同一套国际体系之内。在当代条件下，要想取得经济的快速稳定发展，就不能离开这套体系，就必须与世界各国相联系而非相脱离。在这种情况下，体量对称与否、体制近似与否就成为决定冷战后特定国家与美国战略选择的最重要变量。纵观世界，美国与各国的大致处于四种模式之下。表1中模式二意味着一个行为体与美国在体量上大致相当或者趋于相当，政治经济体制与美国比较接近，这时两个行为体比较倾向于采取竞争的策略。美国与欧盟关系大致属于这一类型；日本也曾与美国处于竞争关系，只不过近年来随着美日国力差距的拉大，关系模式进入模式三。模式三是一个行为体与美国体制性质接近，但体量差别巨大。这种情况下，美国与这些国家比较容易走向"霸权—追随"的战略关系。可以说美国与当今世界绝大多数国家都处于这样一种关系模式之下。模式四是在当前体系内，一个国家与美国体制有重大差别，同时与美国的实力存在巨大悬殊。在这种情况下，这个异质小国始终将面临被孤立甚至消灭的风险。本世纪以来美国几届政府所定义的所谓"流氓国家""问题国家"始终面临这种风险。模式五则几乎"专属"今日的中美两国。中美两国综合国力虽然仍有较大差距，但是中国成为世界政治中一个主要大国已经成为现实，中美国力的差距稳步缩小。与此同时，中美两国又是体制差异较大的国家。中美两国体制的差异正在造成中美时间日益增多的摩擦与矛盾，但美国又难以迫使中国放弃自身体制，像其他中小国家那样"追随"美国，同时中美两国也无法放弃"体系红利"，不得不在同一体系内共存。正是在此背景下，中美关系才出现前述的"脱钩"现象。

三、范式之变与战略机遇期

2002年11月,中国共产党十六大提出了中国未来20年处于"重要战略机遇期"的重大判断;① 5年后的十七大工作报告沿用了这一提法;②2012年十八大同样坚持了"重要战略机遇期"的提法,但也指出"要准确判断重要战略机遇期内涵和条件的变化。"③ 2017年党的十九大指出,"国内外形势正在发生深刻复杂变化,我国发展仍处于重要战略机遇期,前景十分光明,挑战也十分严峻。"④ 到2018年12月13日,中共中央政治局会议再次指出,"要辩证看待国际环境和国内条件的变化,增强忧患意识,继续抓住并用好我国发展的重要战略机遇期。"⑤ 简言之,中国领导层在过去16年间始终坚持了中国处于"重要战略机遇期"这一总体判断。在这些论述中,战略机遇期既包括是中国面临的国际环境所提供的机遇,也包含中国的发展潜力和政策调整所提供的机遇。从国际环境因素看,前述有关战略机遇期的论述指出,中国面临的国际环境发生了重大变化。那么,中美关系的范式性转折,对中国战略机遇期究竟有何影响呢?

---

① 江泽民:《全面建设小康社会,开创中国特色社会主义事业新局面——在中国共产党第十六次全国代表大会上的报告》,中国共产党新闻网,2002年11月8日,http://cpc.people.com.cn/GB/64162/64168/64569/65444/4429125.html。

② 胡锦涛:《高举中国特色社会主义伟大旗帜 为夺取全面建设小康社会新胜利而奋斗——在中国共产党第十七次全国代表大会上的报告》,中国共产党新闻网,2007年10月15日,http://cpc.people.com.cn/GB/64162/64168/106155/106156/6430009.html。

③ 胡锦涛:《坚定不移沿着中国特色社会主义道路前进 为全面建成小康社会而奋斗——在中国共产党第十八次全国代表大会上的报告》,人民网,2012年11月8日,http://cpc.people.com.cn/n/2012/1118/c64094-19612151.html。

④ 习近平:《决胜全面建成小康社会 夺取新时代中国特色社会主义伟大胜利——在中国共产党第十九次全国代表大会上的报告》,新华网,2017年10月27日,http://www.xinhuanet.com/politics/19cpcnc/2017-10/27/c_1121867529.htm。

⑤ 《习近平主持中共中央政治局会议》,《人民日报(海外版)》2018年12月14日第1版。

要讨论这一问题，首先要厘清"战略机遇期"这一概念在外部环境意义上究竟指的是什么。一些论者认为，2001年"9·11"事件后，美国小布什政府改变了将中国视为主要战略竞争者的政策，美国战略重心转向反恐和中东，这是中国2002年提出战略机遇期概念的背景。如果从这一角度解释战略机遇期，那么我们或许可以说，当前中美关系的范式性转折意味着中国战略机遇期的正式终结，因为中国将在未来相当长时间内成为美国政府的头号国家安全关注对象。然而，另外一些学者则从更宽的视野审视战略机遇期，认为这一概念是指"中国能够继续集中精力搞建设、搞发展，而不必因为中国核心利益或者重大战略利益遭遇挑战而不得不中止建设和发展进程，转入应对重大威胁的战争准备或者进入军事冲突……的阶段。"[①] 如果从后一种视角审视战略机遇期，那么中国不仅是在本世纪头20年处于战略机遇期，实际上中国在20世纪70年代末实施改革开放后，就一直处于一个可以集中精力谋发展、搞建设的阶段之中。中国的战略机遇期依托的，不是美国的战略关注是否在中国身上，而是当今世界秩序所具有的开放性和包容性。中国在过去40年中，始终坚持融入现行国际秩序，经济、社会等各个方面在此过程中取得了长足发展。只要以开放、包容、以规则为基础的现行国际秩序总体保持稳定，且中国仍可利用这一秩序当中的有利成分，中国就将继续处于战略机遇期之中。

从这个意义上说，中国目前仍然处于战略机遇期之中。这是因为整个世界秩序虽然出现了一定的松动，但是目前并未看到有任何清晰的替代方案可以取代现行世界秩序。包括中国和美国在内的世界各国仍然处于这一秩序当中。这一秩序为中国提供的和平发展的

---

① 朱锋：《中国未来十年的战略机遇期：我们必须做出新的选择吗？》，《国际政治研究》，2014年第2期，第10页。

空间并没有消失。中美关系的走向对未来世界秩序变迁具有极其重大的影响。过去一年中美两国矛盾虽然上升，但是目前并没有真正"脱钩"，未来彻底"脱钩"的可能性也不大。从特朗普对华战略看，美国国内虽然对过去"接触"战略的终结基本形成了共识，但是对于以何种战略来代替"接触"并未形成共识。美国副总统彭斯2018年10月4日在哈德逊研究所的演讲是特朗普政府迄今发表的最系统的一次对华战略演讲。[①] 在那次演讲中，彭斯虽然罗列了一系列对华"抱怨"，但是并没有提出任何可以称之为"战略"的行动指南。2017年美国《国家安全战略报告》虽然提出了从"战略竞争"的视角看待中美关系，但是也没有对如何竞争做出具体部署。从2018年特朗普对华决策谈判团队的决策过程看，特朗普政府内部在具体政策层面存在不少分歧，导致美国在与中方博弈过程中，政策立场多次变化。在特朗普政府内部，既有以莱特希泽、纳瓦罗等人为代表的"经济民族主义者"，也有以财政部长姆努钦为代表的"全球主义者"。这也从侧面证明，美国政府内部在对华战略上还未形成统一认识。在美国政府之外，美国战略界在对华战略上也未形成一致。美国前财政部长保尔森2018年11月6日在新加坡发表的演讲，[②] 是战略界近期的一篇代表性讲话。在讲话中，保尔森也主要是警告中美关系继续恶化的后果，也即可能造成"经济铁幕"，但是也没有提出任何替代性的美国对华战略。2019年7月，美国100位"中国通"以及另外一个以军情界退役校级军官为主的群体分别发表对华政策的公开信，前者指出"将中国作为敌人只会适得其反"，强

---

① Vice President Mike Pence's Remarks on the Administration's Policy Towards China, Oct. 4, 2018, https://www.hudson.org/events/1610-vice-president-mike-pence-s-remarks-on-the-administration-s-policy-towards-china102018.

② Remarks by Henry M. Paulson, Jr., on the United States and China at a Crossroads, Nov. 6, 2018, http://www.paulsoninstitute.org/news/2018/11/06/statement-by-henry-m-paulson-jr-on-the-united-states-and-china-at-a-crossroads/.

烈批评了特朗普政府的政策;[①] 后者则要求特朗普政府继续执行现有政策,对中国大肆攻击。[②] 这些现象都表明,美国国内尚未达成朝野一致、两党一致的新的对华战略。

当然,美国新的对华战略尚未形成,内部尚未达成一致,并不意味着其未来就一定不会形成一个对华极其不利的战略。上升到世界秩序的层次看,如果现行世界秩序完全裂解,或者美国和西方国家构建起一套排斥中国参与的"迷你版高水平自由世界秩序",那么我国可能将无法继续利用现有世界秩序的开放性与包容性获得进一步发展的机遇。一旦出现这一前景,或许我们可以说,中国的战略机遇期就将丧失。为此,如何确保无论未来世界秩序如何变迁,中国都能处于一个比较有利的位置,是当前我们面临的战略任务。为此,一方面要积极稳定中美关系,通过中美关系协调来确保世界秩序的变迁对我有利;另一方面可以主动作为,积极投入世界秩序变迁的过程中,确保中国在秩序调整中有所参与、有所作为,以便尽可能为中华民族伟大复兴的关键阶段创造有利的外部环境。

(本文曾发表于北京大学《国际战略评论》,2018年第2期,现文略有修改)

[①] M. Taylor Fravel, J. Stapleton Roy, Michael D. Swaine, Susan A. Thornton and Ezra Vogel, "China is not an enemy", *The Washington Post*, July 3, 2019, https://www.washingtonpost.com/opinions/making-china-a-us-enemy-is-counterproductive/2019/07/02/647d49d0-9bfa-11e9-b27f-ed2942f73d70_story.html?utm_term=.92d7eb509c8f.

[②] "Stay the Course on China: An Open Letter to President Trump", *The Journal of Political Risk*, July 18, 2019, http://www.jpolrisk.com/stay-the-course-on-china-an-open-letter-to-president-trump/.

试析欧洲极右势力的崛起及其政治影响
——难民危机的视角[*]

罗英杰[**]　张昭曦[***]

[内容提要] 近年极右势力在欧洲的新一轮崛起引起了国际社会的极大关注。本轮极右势力的崛起具有某些新特征，如政治影响力空前提高，"温和极化"倾向显著，为取得规模效应强化横向联系，注重运用社交网络媒体等新技术手段发声以增强影响力等。在极右势力崛起的过程中，难民危机为其提供了历史性机遇。极右势力的坐大给欧洲政治造成了深刻影响，不仅加深了欧盟国家内部的政治分裂，而且动摇了欧洲传统政治价值理念和联合根基，此外还引领了新一轮的全球右倾浪潮。尽管目前欧洲极右势力的崛起难以真正改变欧洲的政治生态，但是难民危机和极右势力崛起所折射出的欧盟治理缺陷仍不可忽视。

[关键词] 欧洲　极右势力　政治影响　难民危机

近年欧洲极右势力的崛起受到国际社会的密切关注，其崛起受

---

[*] 本文中的欧洲极右势力指的是广泛存在于欧洲各国，以反体制与反移民为核心主张，在社会文化层面持极端右倾立场的民粹主义政治力量，集中表现为各国现有的极右翼政党。
[**] 罗英杰，国际关系学院国际政治系教授，主要研究领域为俄罗斯外交和欧洲一体化问题。
[***] 张昭曦，国际关系学院国际关系专业2015级研究生。

难民危机的影响极大。源于2011年"阿拉伯之春"运动的难民危机随着中东北非伊斯兰世界内部的剧烈动荡到2016年达到高峰，其势头不仅难以遏制，相反形势愈发严峻，这为欧洲极右势力的迅速坐大提供了历史契机。欧洲极右势力以难民危机为抓手，宣扬反移民与反一体化的政策主张，赢得了大量支持，对欧洲政治格局产生了重要影响。本轮欧洲极右势力的崛起具有哪些特点和政治影响？为什么说难民危机是其重要推手？本文拟就这些问题进行探讨。

一、欧洲极右势力的崛起

极右势力之于欧洲政坛已不是新鲜事物。自二战结束以来，欧洲极右势力至少经过了三个重要的发展阶段。从二战结束到20世纪50年代中期是第一阶段，该阶段极右势力主要由残存及部分复苏的战时纳粹分子、法西斯主义者构成。在50年代早期，极右势力还曾有过试图建立跨欧陆的极右翼政党联合尝试，但最终失败。总体而言，由于民众对纳粹荼毒记忆犹新，此时均对极右势力极端排斥厌恶，因而此阶段极右势力在政治上几无建树，影响力薄弱。第二阶段是20世纪50年代中期至80年代，比之第一阶段，极右势力此时的发展焕然一新：从构成上看，此时的极右翼政党不再源于战时纳粹残余，而产生于反对战后现代化进程的一系列社会运动；从成果上看，这一时期极右势力开始获取政治影响力，一批极右政党伴随激进社会运动崛起。但该时期极右政党的政治成果并不稳固，并未将选举进展转化为政治认同。20世纪80年代至21世纪是极右势力发展的第三阶段，也是最重要的一个阶段。此时极右势力有两个关键新特征出现：一是真正在选举上获得实质突破，如以法国"国民阵线"为代表的极右势力在总统选举中突破第一轮大选，甚至引起了国际关注。二是将反移民确立为自身的核心主张。广为人知的反移民标语"二百五十万失业者,二百五十万移民"即于此时提出。①

总的来说,战后40年的发展使得欧洲极右势力不再无关紧要,相反政治基础愈发巩固。在80年代以前,极右势力只在极少数情况下获得过两位数支持率,而到1999年,在法、意、奥等欧洲主要国家,极右势力都保证了两位数的选民支持。②另一方面,虽然进步显著,但是极右势力在政治上被孤立的基本态势并未显著改观,其他政党依旧不愿与之合作,极右势力参与执政仍不可想象。

近年来,极右势力在欧洲快速回暖,开始了新一轮崛起,引起了欧洲政坛乃至国际社会的极大关注。数年前已有学者指出上述有关极右势力发展的三段式划分已不再适应现实需要,极右势力的发展或已进入"第四阶段"。③ 相比以往几次崛起,此轮极右势力崛起存在如下突出特征:

首先,极右势力的政治影响力罕见地整体空前提高。不同于历史上的局部胜利,此次极右势力崛起是全方位的,横向上涵盖了整个欧陆,纵向上覆盖了从欧盟到地方各个政治层面。在欧盟层面,2014年欧洲议会选举中极右翼政党的异军突起震惊了整个欧洲。选举结果显示,法国"国民阵线"和英国独立党在本国的选举中均成为得票率最高的政党。其中"国民阵线"在本次选举中尤其突出,得票率超过24%,这也是该党首次在全国性选举中得票居首且超过20%。④ 还有如丹麦人民党、比利时新弗莱芒联盟等极右翼政党均获

---

① Idem: *Political Protest and Ethno-Nationalist Mobilization. The Case of the French Front National*. Stockholm 2002, 237 ff. The exact wording of the slogan has varied.

② For an academic treatment of eastern Europe see, e.g., Mudde 2007, as footnote 10; and Mudde, Cas (ed.): *Racist Extremism in Central and Eastern Europe*. Abingdon and New York 2005.

③ Widfeldt A. *A fourth phase of the extreme right? Nordic immigration-critical parties in a comparative context*. 2011.

④ "欧洲议会选举初步结果揭晓——格局未变 极右逆袭",新华网,http://news.xinhuanet.com/world/2014-05/26/c_1110859616.htm。

本国第一。① 在国家层面，极右翼势力风头正劲，日渐改观各国既有政治图景。以法国、奥地利、德国三国为例：在法国，"国民阵线"在 2015 年的大区选举中获得历史性突破，获得了 13 个选区中的 6 个；在奥地利，在 2016 年 5 月底举行的总统选举中，右翼民粹势力候选人诺贝特·霍费尔虽败于绿党领袖贝伦，但却获得了高达 49.7% 的得票率，引起极大反响；② 在德国，新兴的极右翼政治团体"德国的选择（AfD）"现已获得 10%—12% 的得票率，极有可能成为二战后首个进入国会的极右翼政党。对此，一位德国对外政策委员会的官员谈到："这个党（指 AfD）吸引了反建制、反自由化、反欧洲乃至反对一切并将此习以为常的选民们"。③ 在地区层面，极右翼势力从基层政治开始突破限制，夺取政治话语权乃至直接参政执政。以德国为例，在 2016 年 3 月初德国黑森州的选举中，"德国的选择"赢得了 13.2% 的得票率。时下，"德国的选择"已成功进入了 5 个州的州议会，并有望再进入 3 个州的州议会。德国极右翼政党领袖高呼："建制派政党正在崩溃"。④ 在意大利，民粹政党"五星运动"在地方选举中拿下罗马、都灵两大重镇，其候选人维尔吉尼娅·拉吉以 67.2% 的高票率当选罗马市长。⑤ 2017 年往后，虽难民危机烈度下降，但欧洲极右势力影响仍在增长：德国方面，2017

---

① 史志钦、刘立达："民族主义、政治危机与选民分野——2014 年欧洲议会选举中极右翼政党的崛起"，《当代世界与社会主义》，2015 年第 2 期，第 114 页。

② "How Far Is Europe Swinging to the Right", the New York Times, http://www.nytimes.com/interactive/2016/05/22/world/europe/europe-right-wing-austria-hungary.html?_r=0.

③ "German State Elections Point to Vulnerability for Angela Merkel", the New York Times, http://www.nytimes.com/2016/03/15/world/europe/german-state-elections-point-to-vulnerability-for-angela-merkel.html.

④ "Germany's Embrace of Migrants Spawns Rise of Far-Right Leader", the New York Times, http://www.nytimes.com/2016/03/10/world/europe/germanys-embrace-of-migrants-spawns-rise-of-far-right-leader.html?action=click&contentCollection=Europe&module=RelatedCoverage&region=EndOfArticle&pgtype=article.

⑤ "意大利民粹政党成为最大反对党 欧洲怎么了？"，新华网，http://news.xinhuanet.com/world/2016-06/21/c_129077282.htm。

年9月,"德国的选择"在联邦议会选举中排名第三,首度进入德联邦议会,成为国家层面重要政治力量。① 意大利方面,2018年3月,意大利举行大选,"五星运动"在大选中赢走31%的选票,成为选举中得票率最高的单一政党,并有媒体称其为意大利未来"更有前途的、可靠与合理的选择"。②

其次,极右势力"温和极化"倾向愈发显著。近年来,温和极化,或称"去极端化(de-radicalization)"对于希望获得政治成功的极右政党来说,已成为"不得不经历的过程"（a mandatory process)。③ 总结起来,极右政党"去极端化"有如下做法:一是一些极右政党会主动剔除党内持极端主张的强硬派。如挪威进步党就已开除了党内在反移民问题上立场强硬的反对派,现在甚至难称其为极右政党;二是比之同为极右势力的其他极右政党,某些极右政党更偏向于与主流政党合作。如在欧洲议会中,丹麦人民党和芬兰人党都倾向于和像英国保守党及波兰法律正义党这样的主流保守势力合作,反而不愿与同为极右势力的其他政党同流;三是还有些极右政党通过给出具体施政方案,试图改变极右势力重言轻行的传统负面印象。如玛丽莲·勒庞在执掌"国民阵线"后提出"去妖魔化"（de-monsterization）理念,拿出较具体的经济方案,力图改变极端政党的形象。④ 极右势力"去极端化"的根本原因在于其看到了民主体制作为自身存在土壤的必要性,进而放弃从根本上反体制,转而寻求通过合法程序彰显政治存在,通过规范路径扩大政治影

---

① "德国联邦议会选举为何重要?",BBC中文网,https://www.bbc.com/zhongwen/simp/world-41276970。

② "The Five Star Movement has earned the right to govern Italy",https://www.theguardian.com/commentisfree/2018/mar/07/five-star-movement-govern-italy-corruption-economy-berlusconi.

③ "How the European far right became mainstream",http://www.politico.eu/article/euroskeptics-far-right-became-mainstream/.

④ "欧洲极右翼'逆袭'能走多远",新华网,http://news.xinhuanet.com/world/2016-05/25/c_129013461.htm。

响。在选票导向的政治框架内,"温和极化"是极右势力争取选民、增强自身合法性的理性选择,有其出现的必然性。但同时需要注意的是,"温和极化"更多地是一种策略,决不代表极右势力已改造完毕,极右势力的极端属性短期内不会根本改变。有学者已指出"这些极右翼组织'经历了思想上的整容,只是装出了民主的样子'"。①

第三,极右势力寻求在更广范围内强化横向联系,试图通过不同国家间的呼应联合取得规模效应。一方面,这种强化是不自觉的,体现在主流政党将部分极右翼主张的内化上——"由右翼民粹主义提出并成功运作的移民问题、文化自治主义和公共安全问题,却在资产阶级主流政党那里得到发扬光大"。② 前些年,法国总统候选人萨科齐就曾为争取极右翼票源而公开发表过支持限制移民的观点。③ 另一方面,这种强化又是自觉的。由于实力所限,作为国内政治弱势参与者的极右势力在国内支持不足的情况下,还会把目光转向国外,主动寻求国际支持。极右势力寻求国际支持的策略有二:一是重视不同欧洲国家间极右势力的抱团;二是与俄罗斯保持密切联系。从第一点来看,在2014年欧洲议会选举抱团失利后,法、意、捷、比、奥五国的极右翼政党再次组成欧洲层面上的政党组织"欧洲民族与自由运动"(MENL),该组织的欧洲议会议员比例接近16%。④ 这种策略还投射到欧洲之外,在当时的美国右翼总统候选人特朗普

---

① 王义桅:"民粹主义增加欧洲政治的不确定性",《人民论坛》,2016年总第517期,第24—25页。

② Reinhard Heinisch, "Success in Opposition-failure in Government: Explaining the Performance of Right-wing Populist Parties in Public Office", in Western Politics, Vol. 126, No. 3, 2003, pp. 103 – 109.

③ "欧洲极右翼势力在膨胀",光明网,http://epaper.gmw.cn/gmrb/html/2012-05/14/nw.D110000gmrb_20120514_2-08.htm.

④ "National Front renews hunt for European funding", http://www.euractiv.com/section/eu-elections-2014/news/national-front-renews-hunt-for-european-funding/.

于国内选举中异军突起时,欧洲各国极右势力第一时间表达了赞赏与支持。① 玛丽莲·勒庞甚至已策划与特朗普举行面对面会晤。② 从第二点来看,俄罗斯与欧洲极右势力的联系由来已久。俄罗斯将极右势力看作借以插手欧洲事务的抓手,极右势力则由此获得俄罗斯的各种支持,二者各取所需。已有学者对欧洲极右势力与普京政府的联系有专门研究,认为极右势力对普京政府强硬形象的钦慕和普京政府对借极右势力拓展在欧地缘政治影响的想法是两者逐渐走近的重要因素。③ 不少极右翼政客不但公开表达过对普京的赞赏,而且寻求俄罗斯的经济支持,如勒庞就计划向俄银行寻求2500万欧元贷款为其2017年竞选服务。④

最后,极右翼人士越发注重运用社交网络媒体等新技术手段发声,以增强对普通民众的影响力。极右势力素来有民粹主义传统,将自身视为"大众"的代言人,极其注重获得普通底层民众的支持。网络作为联通大众的有力工具,更为极右势力所倚重。早在2013年,已有报道指出瑞典的极右势力在网络空间的影响力远超主流政党,前7位的极右势力网页访问总量是议会中主流政党的7倍有余。⑤ 法国国民阵线领导人玛丽莲·勒庞是欧洲极右翼领导人中运用网络社交平台增强政治影响力的代表人物。勒庞充分利用Twitter等社交平台,公开发表政治观点,特别其宣扬国民阵线代表"法兰西价值"、强调难民对欧洲的"安全威胁"等言论,获得了极大关注。

---

① "8 European Far-Right Parties Who Are Celebrating Donald Trump", 8 European Far-Right Parties Who Are Celebrating Donald Trump.

② "Marine Le Pen hopes to boost standing by meeting Trump", https://www.thelocal.fr/20160923/marine-le-pen-hoping-to-meet-donald-trump.

③ Antonis Klapsis: "An Unholy Alliance: The European Far Right and Putin's Russia", https://www.martenscentre.eu/publications/far-right-political-parties-in-europe-and-putins-russia.

④ "Le Pen Party Taps Russian Banks to Fund 2017 Election Campaign", http://www.bloomberg.com/news/articles/2016-02-19/le-pen-party-taps-russian-banks-to-fund-2017-election-campaign.

⑤ "Sweden's far right beats mainstream parties in cyberspace", https://sg.news.yahoo.com/swedens-far-beats-mainstream-parties-cyberspace-180218361.html.

截至 2016 年 10 月，勒庞的 Twitter 关注人数已超过 115 万人；到 2019 年 5 月，这一数字又攀升至 224 万人。① 还有如德国国家民主党主席弗兰茨（Franz）在本党的官方网站上及 Youtube 等网络媒体上发布宣传视频，极力塑造自身的"正义"形象，以博取公众眼球。②

二、难民危机：欧洲极右势力崛起的重要推手

对于近年欧洲极右势力崛起的原因，有学者认为，这是"欧洲近年特别是全球金融危机发生以来，社会快速变化，政党政治'失灵'、种族问题累积等多种因素相互作用的结果。"③ 笔者认为，鉴于本轮极右势力崛起的特殊性，分析其原因虽不能忽视极右势力崛起的已有基础，但是更要看到此次难民危机之于欧洲极右势力崛起的特殊意义。

从长时间周期跨度看，极右势力的崛起并非毫无先兆。在过去的十多年中，极右势力在欧洲有了长足发展，1999 年时极右势力在欧洲议会的占席比只有 11%，而到 2014 年就已实现翻番，达 22.9%。④ 究其根源，全球化与欧洲一体化的深入发展与欧洲社会现有制度体系不协调所造成的结构性撕裂为极右势力壮大提供了生长环境：就经济社会角度而言，全球化与一体化对欧洲普遍

---

① 截至 2019 年 5 月，勒庞的 Twitter 关注人数已达 224 万，发布推文超过 1 万条。每当出现如暴恐袭击、英国"脱欧"等重大社会政治事件时，勒庞都会在社交媒体上第一时间发表观点。具体参见其推特门户网页：https://twitter.com/mlp_officiel。

② "弗兰茨的视频获得了上万次的关注量"，参见其 Youtube 的个人主页：https://www.youtube.com/watch?v=eaT9o2oHvFk。

③ 张建："当前欧洲极右势力抬头述评"，《现代国际关系》，2011 年第 10 期，第 25 页。

④ "Support within Europe for far right extremism has echoes of a turbulent past", https://tellmamauk.org/support-within-europe-for-far-right-extremism-has-echoes-of-a-turbulent-past/.

的高福利社会模式震动极大,引发了就业矛盾突出、企业成本过高、政府连年财政赤字等严重问题,阻碍了经济社会可持续发展。就政治角度而言,主流政治力量遭到削弱。一方面,间接地,前述社会积弊日深导致传统的中左、中右两股政治力量在政策取向上趋同,但二者又未能有治理突破,民众对传统政治力量的不满被叠加放大;另一方面,一体化也直接分割了各成员国政府的管理权,使其陷入被动。就文化认同角度而言,全球化与一体化下人员自由流动带来的移民增长愈发凸显了移民群体与本地居民的对立隔阂,两方历史、文化等深层次差异短期难以弥合,社会冲突更加激化。[1]

可以说,这些问题就像是全球化与一体化冲击下欧洲被撕裂的伤口,在主流政治力量对其束手无策时,极右势力上扬占领这些问题区域是很自然的过程。而此次难民危机更像是强力催化剂,集中发酵了欧洲各类社会问题,使"小伤口"恶化为"大创伤"。相应地,极右势力也因难民危机所造就的危急形势而获得了历史性发展机遇,主要表现在:

第一,难民涌入所造成的社会问题与当前欧洲政治经济危机相结合的双重背景为极右势力的膨胀提供了现实土壤。难民对欧洲社会的冲击主要体现在两个方面:一是冲击欧洲现有社会秩序与制度。大量难民涌入欧洲造成的福利制度危机、分流本国就业以及社会治安问题正飞快提升维持现有秩序的成本,严重影响社会稳定;二是冲击欧洲的基本文化价值理念。由于难民的文化观念、价值取向与欧洲迥异,其所造成的观念冲突给欧洲一贯秉持的许多基本理念带来挑战。如,难民危机日益深重所造成欧洲内部难民政策的分裂本身就与其一贯秉持的自由平等等理念形成悖论;语言不同、文化习

---

[1] Checkel J T, Katzenstein P J. *European identity* [M]. Cambridge University Press, 2009.

俗差异也会激化原本被掩盖的族群矛盾。① 在此背景下，极右势力抓住了欧洲选民分野由以财产为依据的阶级分野（class cleavage）转向以族群、地区为特性的认同分野（identity cleavage）的转型时机，成功地将选民对社会问题的不满引导为对现行政策的不满，进而侧面转化为对自身政治主张的认可，以此赢得选民。②

第二，此次难民危机规模空前、波及整个欧洲，客观上刺激了极右势力崛起爆发规模效应。本次难民危机最突出的特点就在于覆盖面巨大，欧洲各国均遭受到相当的难民压力，几无幸免。在此情况下，难民群体的"他者"属性和欧洲一体化多年的政治惯性，使得欧洲自上而下对难民危机无论是在认知上还是应对上都偏重强调"作为一个整体的欧洲"，甚至到了某些与之相左、更关注民族与国别差异影响的观点论调会被认为是"政治不正确"的程度。这种强调欧洲整体性的偏好如果能被实践证明效果良好则已，一旦出现问题，其遭受的谴责压力也将"整体性"放大。现实恰恰事与愿违，欧洲一体化多年的制度积弊在难民危机的冲击下暴露无疑，所谓"整体性应对"非但未获得理想效果，反而加深了一体化裂痕。有学者坦言"虽然欧洲有关于难民问题的宏大议程，但各国的政治家却将自身的政治意愿凌驾于推行切实有效的举措之上，正把自己逼入无法作为的政治窘境"。③ 此时，难民危机却意外消弭了欧洲极右势力彼此的国界藩篱，各国的极右势力均借难民危机对本国建制力量

---

① "Social and economic impact of large refugee populations on host developing countriesSocial and economic impact of large refugee populations on host developing countries", UNHCR Standing Committee, 6 January 1997, http://www.unhcr.org/uk/excom/standcom/3ae68d0e10/social-economic-impact-large-refugee-populations-host-developing-countries.html.

② 史志钦、刘立达："民族主义、政治危机与选民分野——2014年欧洲议会选举中极右翼政党的崛起"，《当代世界与社会主义》，2015年第2期，第116页。

③ "Refugee crisis: European leaders blamed for record high deaths in the Mediterranean", http://www.independent.co.uk/news/uk/home-news/refugee-crisis-closing-borders-people-smugglers-human-trafficking-mediterranean-deaths-record-a7391736.html.

发难，从而形成规模效应。难民危机不自觉地充当了欧洲极右势力团结在反体制、反一体化核心主张下的一面旗帜。

第三，难民危机前景难测，民众忧虑加深，有利于极右势力积累力量优势、长期盘踞政坛。本次难民危机的解决前景并不乐观：一方面，从产生角度看，难民危机的根源在于中东地区的大国争斗，彻底平息的可能性不大，从政治源头上阻止难民流出难期；另一方面，从应对角度看，由于遭遇危机的严重程度不同和发展水平、民族构成以及人口比重等国情不同，各国在危机应对能力和应对意愿上差异甚大，且这种差异在短期内无法消弭，也迟滞了危机解决。难民危机的这种下行预期对主流政治力量的削弱作用将非常明显：一方面，难民问题拖延愈久，愈是凸显现有政治力量的治理乏力，民众不满也愈盛，这会极大损害建制力量的政治声誉；另一方面，围绕难民问题产生的大量意见纷争将引发建制力量的内耗，无暇专注应对极右势力带来的政治威胁。相反，极右势力则可借此机会扩大自身影响，使与建制力量间的力量对比态势朝有利于自身的方向转化。

第四，难民问题与恐怖主义的盘错交织反推极右势力迅猛发展。随着难民危机的蔓延，恐怖主义与极右势力两股看似水火不容的极端力量，却在难民问题上形成"相互极端化"（reciprocal radicalisation）的暴力循环。[1] 时下，虽然不能定论是难民造就了恐怖主义的人道灾难，但欧洲民众愈发相信难民涌入与威胁深重的恐怖主义之间有莫大关联。近期一项针对欧洲10国的民调显示，10国中有8国半数以上民众认为难民会增加本国恐怖主义的发生概率，其中匈牙利和波

---

[1] "The real terrorist risk in Europe is 'reciprocal radicalisation', where far right and Islamist extremists boost each other's popularity", http://www.independent.co.uk/voices/berlin-christmas-market-attack-terrorism-terrorist-refugees-far-right-neo-nazi-extremes-reciprocal-a7489946.html.

兰两国持此看法的民众比例甚至超过70%。[1] 当这种"难民即是恐怖分子"的偏见被广泛认同时，恐怖主义势力和极右势力都能利用它为自己服务：极右势力依此煽动民众对难民的排外仇恨，甚至鼓励对难民实施暴力；同时，这些徙欧难民也被恐怖组织视为"叛徒"，如果他们遭到欧洲民众的暴力打压，恐怖组织会以此教育组织成员这是叛离"哈里发"所应得的惩罚。这种"极端对极端"的偏激思维事实上造就了"极端促极端"的恶性后果，即"相互极端化"的暴力循环。更关键的是，ISIS也的确在利用难民危机与欧洲不完善的边检制度向欧洲渗透，这更强化了上述恶性循环。[2] 此时，极右势力利用民众对难民的偏见顺势提出一套"排外即反恐"的安全逻辑无疑精准贴合了民众对安全的紧要关切，进而也由此套取了大量民众支持，成功实现崛起。

综上，难民危机冲击下欧洲整体社会环境的变动为极右势力崛起提供了绝佳的外部环境，欧洲极右势力正是凭借此次难民危机才得以迅速崛起。可以说，此次难民危机是欧洲极右势力崛起的第一推动力。

三、难民危机作用下欧洲极右势力的政治影响

回顾战后欧洲极右势力的发展，几乎每次极右势力的抬头都伴随着欧洲政治经济社会等方面或局部、或整体的危机出现。此次难民潮的主体整体上是匆忙移入、背景迥异的"他者"，加之危机的爆

---

[1] "Europeans Fear Wave of Refugees Will Mean More Terrorism, Fewer Jobs", http://www.pewglobal.org/2016/07/11/europeans-fear-wave-of-refugees-will-mean-more-terrorism-fewer-jobs/.

[2] "Rise of EUROPEAN jihadis: EU admits ISIS is exploiting refugee crisis to infiltrate Europe", http://www.express.co.uk/news/world/658508/EU-migrant-crisis-Islamic-State-ISIS-refugees-Syria-Greece-Italy-terror-Paris-attacks.

发性特点与欧洲深陷政治经济困境的现实,使得此次难民危机带来的影响超过以往。相应地,极右势力以难民危机为契机而崛起所造成的政治影响也是深刻的。

从国家层面看,极右势力的崛起加深了欧洲国家的内部政治分裂。这种分裂体现在现实与认知两个层面。从现实层面看,极右势力坐大动摇了选民基础,造成欧洲国家既有政治版图分裂,政治极化加深。当下,难民问题具有社会问题与政治问题的双重属性,且其政治性愈发突出。极右势力的反移民立场迎合了难民危机背景下民众日益强烈的排外心理,这种民意倾向反过来又被极右势力利用为捞取实际利益的政治资本。在难民危机日益深重的背景下,主流政治力量的民意基础遭到严重削弱。有民调显示,只有不到一半的受访者对默克尔处理难民问题的表现表示满意,而有65%的人表示"几乎或完全不满",不满程度为2015年10月以来之最。[1] 2018年7月,一项名为"德国趋势"的民意调查显示,将近八成的受访者对执政联盟的表现不满,只有21%的受访者对其感到满意。[2] 与之相对,极右势力则迅速抢占由此造成的民意真空。在法国发生多起暴恐事件后,大量民众登记为国民阵线会员,该党的人数暴增。[3] 德国一项民调显示,极右翼政党"德国的选择(AfD)"的支持率创历史新高,达到15%,仅次于国内两大主流政党社民党(SPD)和基民盟(CDU),有报道指出,"德国的选择"此次赢得高支持率的关键

---

[1] "默克尔支持率在恐袭后猛跌 六成德国选民反对现行难民政策",新华网,http://news.xinhuanet.com/world/2016-08/05/c_129206258.html。

[2] "联邦政府内斗 德国民众不满",德国之声中文频道,https://www.dw.com/zh/%E8%81%94%E9%82%A6%E6%94%BF%E5%BA%9C%E5%86%85%E6%96%97-%E5%BE%B7%E5%9B%BD%E6%B0%91%E4%BC%97%E4%B8%8D%E6%BB%A1/a-44549824。

[3] "连续恐袭让法国极右势力迅速膨胀",新华网,http://news.xinhuanet.com/mil/2016-07/28/c_129185129.htm。

就在于其不久前签署了反伊斯兰宣言。① 2018 年 9 月，埃姆尼德市场和社会问题研究所的一项民调显示，受访人中有 17% 表示将支持"德国的选择"，而身为传统执政联盟成员的社民党却只获 16% 受访者支持。② 将当下，难民问题因表征突出而逐渐从一项功能性议题被异化为划分政治立场、决定选民分野的主要依据，成为一种政治怪相。支持率的快速上升说明极右势力不仅有夺取政治权力的野心，更在加速积累选票基础，分裂既有政治版图。这种分裂所引起的政治极化冲击了以往以中间派为主流的传统政治生态，影响了政治稳定。从认知层面看，主流政治价值理念遭到极右势力的严重挑战，民众对建制力量的政治认同下降。难民危机加深会在认知层面造成民众对主流政党执政能力的怀疑，进而外溢为对其政治理念的怀疑。一方面，极右势力会借机向大众渗透自身核心政治理念，如族裔民族主义等；另一方面，主流政治力量迫于民意压力又会在难民问题上与极右势力形成某种妥协合流，如法国在 2016 年的慕尼黑会议上就明确否定了进一步接受难民的主张，这种与欧洲传统包容开放精神不符的做法也助长了极右势力影响的上升。③

从欧洲层面看，极右势力崛起挑战欧盟政治，动摇其联合根基。近两年极右势力的发展越发令人忧虑，尤其是 2016 年 6 月英国公投脱欧后，极右势力的政治影响达到了一个新高度，欧洲一体化已遭遇来自极右势力的实在威胁。当前，难民危机给欧盟造成的次生危机成为极右势力动摇欧盟联合根基的主要依据，具体

---

① "Germany's far-Right AfD party 'has more public support than ever'", http://www.telegraph.co.uk/news/2016/05/05/germanys-far-right-afd-party-has-more-public-support-than-ever/.

② "德国极右翼党德国选择党民调支持率首超主流大党", 新华网, http://www.xinhuanet.com/world/2018-10/01/c_129964311.htm.

③ "法国对德难民分配政策说'不' 默克尔陷入孤立境地", [法国]《欧洲时报》网, http://www.oushinet.com/news/europe/other/20160215/221083.html.

有三重体现：

第一，管理危机。虽然欧盟 2015 年已出台了应对难民危机的一揽子计划，但这些举措并未显著减缓难民压力，民众对欧盟的危机处理强烈不满。据欧洲议会调查显示，2/3 的受访者认为欧盟的应对"不充分"，74% 的民众希望欧盟在难民问题上"做得更多"。当下，欧盟两项应对难民问题的重要安排——难民配额计划和欧土难民协定，均遭遇瓶颈。在难民配额问题上，中东欧国家一直强烈反对，在 10 月匈牙利举行的有关难民配额计划的公投中，投票民众中投反对票的比重超过 98%；欧土协定也未获看好，奥地利外长库尔茨表示，欧盟错误的难民政策这间"纸牌屋"即将倒塌，欧盟与土耳其达成的难民协议不会得到执行。[①] 有学者将欧盟的难民应对计划形容为"痛苦的"（miserable），欧盟决策程序繁复、强制约束力缺失等管理缺陷在此次难民危机中暴露无遗。[②]

第二，信任危机。民众对欧盟的信任及各国政府间的互信均下降明显。自难民危机爆发，民众对欧盟的看法呈"一高一低"态势——民众对欧盟的支持走低，对欧盟处理难民危机的不满增高。最新数据显示，希腊对欧盟的支持度已降至 27%，一向"挺欧"的德国其民众支持率也降至 12 年来的新低，只有 50%。与之相对，在有关欧洲十国民众对欧盟难民危机处理的满意度调查中，有八国的不满度超过 70%，甚者如希腊，其民众不满度达到了 94%。[③] 英国国会内政特别委员会主席瓦兹表示，欧盟在此次难民危机处理中

---

① "欧土难民协议难执行"，《光明日报》，2016 年 8 月 7 日。

② "The EU's 'miserable' handling of the refugee crisis", http://www.ekathimerini.com/207248/article/ekathimerini/comment/the-eus-miserable-handling-of-the-refugee-crisis.

③ "Euroskepticism Beyond Brexit: Significant opposition in key European countries to an ever closer EU", http://www.pewglobal.org/2016/06/07/euroskepticism-beyond-brexit/.

"表现一直相当糟"。① 各国在难民接收问题上态度差异甚大,缺乏必要共识,难以形成统一有效的合作,这严重冲击了欧盟赖以存在的信任基础。

第三,认同危机。难民危机解构欧盟认同的路径有两条:一方面,从民众角度看,欧盟应对危机不力凸显了其制度漏洞,民众将对难民问题的不满迁移到一体化本身。最近调查显示,只有51%的欧洲民众支持欧盟,42%的民众希望将更多权力交还本国政府。② 另一方面,从政府角度看,大量难民涌入消解了一体化的宝贵成果,各国政府对欧盟疑虑渐深。难民压力过重使成员国不得不执行更为严苛的边境审查制度,强化边境管理,这使得许多一体化成果,如"去边界化原则""第一责任国原则"等备受挑战,欧盟法律的权威效用被削弱。③ 难民危机刺激下各国自下而上扬起的民族主义浪潮使欧盟陷入空前的认同困境。

以上三重次生危机覆盖了欧盟整个政治架构,且三者层层递进、互相作用,形成恶性循环——应对危机乏力造成政治互信低下,政治互信缺乏又进一步瓦解欧盟认同,而认同退化则使得良好应对所必需争取的民众支持与成员国间合作愈发困难。极右势力中无论是从根本上反对欧洲一体化的强硬反欧派,还是只对难民问题等具体议题有所异见、不反对欧盟整体框架的温和疑欧派,都能从这些次生危机中为自身主张找到依据。强硬反欧者认为难民危机戳穿了欧盟宣扬的"超国家认同"的伪命题,更加凸显其"民主赤字"的弊病,进而根本否定自由开放的政治传统;温和疑欧派谴责欧盟官僚

---

① "英国国会指责欧盟:应对难民危机的表现极糟",环球网,http://world.huanqiu.com/exclusive/2016-08/9261190.html。

② "Euroskepticism Beyond Brexit: Significant opposition in key European countries to an ever closer EU",http://www.pewglobal.org/2016/06/07/euroskepticism-beyond-brexit/。

③ "EU to set out proposals for overhaul of European asylum rules",https://www.theguardian.com/world/2016/apr/06/eu-proposals-overhaul-european-asylum-rules-dublin。

作风盛行、行政效率低下，没能较好应对难民涌入对欧洲安全繁荣造成的威胁，批评欧盟"盲目"接纳寻求庇护者，损害了本地区人民的利益。极右势力通过难民危机对现行欧盟规制提出挑战，并试图从思想根源上动摇欧盟的联合基础，消解社会各阶层对欧盟的认同，从而阻滞一体化进程。

从国际层面看，欧洲极右势力崛起引领了新一轮全球右倾浪潮。看待此次欧洲极右势力崛起的另一个重要切入点就是将其放在全球视野下进行考察。实际上，自2008年全球金融危机后，右倾势力已在世界范围内显著回潮，[1] 定位此次欧洲极右势力崛起，既要看到其作为全球性右倾浪潮一部分的共性，又要结合欧洲的实际状况，看到其之于全球右倾浪潮的独特引领作用。

首先，欧洲极右势力崛起作为全球右倾浪潮的一部分，其共性主要表现在动因上。经济危机是促成此次全球右倾浪潮的首要动因，具体到欧洲则主要是旷日持久的金融债务危机。有研究显示，每次经济危机后，极右翼政党总能获得最大的政治收益。[2] 就世界范围看，金融危机所带来的在经济社会困局直接激起了民众的不满情绪，进而引爆了极右势力崛起。此轮欧洲极右势力的崛起根源也在于此。若将经济危机视作经济发展的一种极端不平衡状态，则更能清楚展现极右势力生发壮大的普遍逻辑，即由"经济极端"（发展极度不

---

[1] 许多研究者已注意到此趋势并有所分析，相关研究成果有：阎学通、王缉思、张世鹏、金熙德、史志钦："右翼、极右翼与未来的世界"，《世界知识》，2002年第11期；张健："当前欧洲极右势力抬头述评"，《现代国际关系》，2011年第10期；赵晨："欧洲极右政党的发展"，《当代世界》，2013年第2期；Angouri J, Wodak R. "They became big in the shadow of the crisis" The Greek success story and the rise of the far righ. Discourse & Society, 2014, 25 (4): 540-565.; Tilly C. The impact of the economic crisis on international migration: a revie. Work, Employment & Society, 2011, 25 (4): 675 – 692; Gourevitch P. Politics in hard times: comparative responses to international economic crises. Cornell University Press, 1986.

[2] "Far-right parties always gain support after financial crises, report finds", https://www.euractiv.com/section/elections/news/far-right-parties-always-gain-support-after-financial-crises-report-finds/.

平衡）带来"社会极端"（民众不满及与阶层对立），进而引发"政治极端"（极端政治思潮与实践）。

其次，就世界范围来看，欧洲极右势力崛起之于全球右倾浪潮有着特殊的引领作用。这种特殊引领作用体现为欧洲的极右势力与建制力量形成的政治对冲最为深刻，因而在全球右倾浪潮中更具代表性与前瞻性。从参与主体看，一方面欧洲建制力量更成熟坚定，相较于其他地区拥有素质更高的选民与政党，自由民主的政治理念更深入人心。但另一方面，极右势力在欧洲也发展迅速，尤其是在走上合法道路后，其斗争的方式手段更加老练，更具现实威胁；从制度背景看，欧洲是世界上区域一体化程度最高、也是民主制度发育较完善的地区。相较于其他地区，欧洲极右势力可在地方、国家和欧盟三个层面对建制力量发起冲击，斗争层次更为全面；从现实环境看，难民危机与金融债务危机叠加为欧洲极右势力崛起提供了难得机遇，同时对建制力量的政治压力也更大，斗争的复杂艰巨非其他地区所能比。

由上可知，欧洲极右势力的政治影响深刻而复杂。长期被边缘化的欧洲极右势力在内部经济社会危机与外部难民危机的共同作用下，自下而上地对欧洲政治格局产生影响，并将以其发展进程的复杂激烈引领此轮全球右倾浪潮。

四、结论

在难民危机的催动下，此轮欧洲极右势力的快速崛起激起了欧洲各国建制力量的担忧与警醒，许多民众也对极右势力力量上升过快深表忧虑。结合当前欧洲社会现状，从欧洲历史文化传统、右倾主义思想源流以及政治学一般规律出发，对本次难民危机作用下欧洲极右势力的崛起可作出以下几点结论：

第一，关于难民危机与极右势力崛起未来互动前景及关系本质的问题。就二者的互动前景而言，由于难民危机解决难期，未来极右势力依然将会把难民危机作为维持、扩张自身政治影响力的主要依据，极右势力上升的趋势还将持续；但受自身温和化趋势及与建制力量政治拉锯愈发深入的影响，其上升势头将渐趋放缓。就二者关系本质而言，应当说，难民危机只是表象，通过难民危机折射出的欧盟深层认同缺失和制度弊病才是极右势力得手的关键。难民危机反映出欧盟数十年来的超国家治理实践并不充分，尤其是关于欧盟的深层认同并未广泛建立，欧盟结构松散、执行不力的制度顽疾依然存在。这些缺陷都是长期性、系统性的，恰恰也是极右势力一贯攻击点，难民危机不过是将其突出放大了。

第二，关于极右势力能否最终掌权的问题。需要注意到，此轮极右势力崛起与难民危机互动深刻，难民危机的前景预期在很大程度上决定了极右势力的影响边界。在难民危机解决前景难以乐观的前提下，笔者认为，极右势力在欧洲还会进一步得势：2017年法国大选中，勒庞率领的"国民阵线"的二轮得票超过1000万张，得票率高达33.90%，创该党成立历来最佳战绩。[①] 2019年欧洲议会选举投票站出口民意调查显示，法国总统埃马纽埃尔·马克龙所属的共和国前进党不敌玛丽娜·勒庞率领的极右翼政党"国民联盟"，勒庞还要求解散法国议会，寻求巩固胜局。[②] 还有媒体称，为在2019年

[①] "Décision n° 2017-171 PDR du 10 mai 2017", https：//www.conseil-constitutionnel.fr/decision/2017/2017171PDR.htm.
[②] "欧洲议会选举民调：法国执政党失利 国民联盟领跑"，新华网，http：//www.xinhuanet.com/world/2019-05/28/c_1210145111.htm.

欧洲选举中渔利，俄罗斯正联合欧洲极右势力散布"虚假信息"。①当然，即便极右势力在某些国家上位，它要成为欧洲政坛主流也并非易事。原因有三：一是欧洲有对二战及极右翼的疯狂有深刻的历史记忆，自上而下对于极右势力保有底线清醒；二是政治学的一般规律表明，民主政治下民意的最终归属总在政治光谱的中间地带，极端政治势力在最后总难获成功；三是极右势力的自身定位长期是"现状反对者"，多以出格言论为噱头赚取民意，根本上缺乏上台执政所必须的能力素养，难与主流政治力量长期竞争。而这些因素也是导致勒庞的父亲在2002年大选遭遇"滑铁卢"的最主要原因。

第三，关于如何根本应对极右势力崛起的问题。从右倾主义兴起的共有动因看，经济和制度因素是关键，解决也应由此入手。对于欧洲来说，遏制极右势力影响的根本之道还在于改革欧盟的结构性弊病，提振欧洲经济，让民众重拾对一体化的信心。无论是考察历史上还是现实中的极右翼兴起，其根源均在于政治经济的青黄不接、缺乏动力。此次欧洲极右势力崛起也不外是抓住了欧洲经济长期不振、建制力量备受质疑的时机，难民危机起到的是催化而非唯一决定性作用。所以，通过改革欧盟增强欧洲的政治活力，通过发展高技术等手段找寻新增长点激发经济活力，让民众成为一体化的受益者、重建对一体化的信念憧憬，才是消解极右势力生长土壤的治本之策。

应当看到，此轮欧洲极右势力的崛起是难民危机牵引下源于欧洲长期衰退困境的一个突出政治现象，并非必然趋势。长远来看，难民危机不是永久的，即便难以彻底解决但仍会慢慢淡化。随着危

---

① "Russia Is Targeting Europe's Elections. So Are Far-Right Copycats.", https://www.nytimes.com/2019/05/12/world/europe/russian-propaganda-influence-campaign-european-elections-far-right.html.

机处理取得进展和欧元区的复苏，民众对极右势力的态度也将回归理性，而极右势力的政治影响也不会无限上升，不会彻底改变欧洲的政治生态。但是即便如此，此轮难民危机和极右势力崛起所折射出的欧盟治理缺陷仍不可忽视。

（本文曾发表于《现代国际关系》，2017年第2期，现文略有修改）

从亚太地区到印太体系：演进中的战略格局

宋 伟[*]

[内容提要] 亚太地区概念的兴起，是出于东亚地区重要性的上升，但最开始的战略动力是美国澳大利亚希望自己不被排斥出去。近来，在国外国际关系学界的研究中，"印度—太平洋"或者"印度—太平洋亚洲"的概念正在逐步取代原有的"亚洲—太平洋"概念。印太地区的出现是由于印度洋与太平洋两个区域之间联系的加强，而其核心则是中国和印度的快速发展。印太地区的形成为印太体系的建构提供了现实基础。但是，印太体系的建构面临着两种战略路径选择：基于印太地区公共问题的治理体系与基于遏制中国地区影响力的同盟体系。从目前来看，由于澳大利亚和印度的战略考量与美国和日本不完全一致，印太体系仍然具有可塑性。但是，朝着同盟体系的方向发展是印太地区战略格局演进的主导趋势。这主要是因为中美关系的定位发生了变化，以及澳大利亚对华政策的变化。

[关键词] 亚太地区 印太地区 治理体系 同盟体系 发展趋势

---

[*] 宋伟，中国人民大学国际关系学院教授，研究方向为国际关系理论，美国外交与中国外交，印太地区研究。

从国际关系的地区研究角度来说，亚太地区和印太地区的概念确实相当宏观。一般来说，国际关系研究中的地区概念比地理意义上的地区概念标准要高。例如，亚洲是一个地理概念，但是长期以来国际关系学界所研究的亚洲是分成几个不同地区的：东南亚研究、东北亚研究、南亚研究、中亚研究等。之所以这么区分，是考虑到这些地区内是否具有紧密的经济、政治和社会联系，地区国家之间的互动能否使得这一地区具有成为单独研究对象的整体性和特殊性。"亚太地区"这一概念的提出，固然有美国、澳大利亚等国家地缘经济、政治考虑——即希望获得一个亚太国家的身份、加强与快速发展的东亚地区的联系，以及美国所考虑的对抗欧洲的一体化进程等，[1]但也反映了当时世界政治经济的客观现实，即跨太平洋的经济联系正在不断加强。美国、澳大利亚、墨西哥、智利、秘鲁等国家都在加强与中国、日本、韩国等新兴市场国家之间的贸易和投资关系。因此，亚太地区的概念虽然是一个宏观的概念，但很快就得到了所在区域各成员国的广泛认可。从这个角度来说，印太地区的概念虽然相当宏观，但只要建立在现实的经济、政治和社会联系基础之上，那么它就符合了国际关系研究中的地区概念标准，也可以得到国际社会的广泛接受。

印太地区和印太体系是两个不同的概念，前一个主要着眼于地理和经济上的联系，而后者则意味着一种国家间的战略格局。印太地区的概念最早可以追溯到20世纪20年代德国一些地缘政治学家的论述，但它引发国际社会的关注无疑是在21世纪初，尤其2007年是一个重要的时间节点。这一年，日本首相安倍晋三在印度国会发表了题为《两洋交汇》的演讲，称"太平洋和印度洋正作为自由

---

[1] 宋伟：《试论澳大利亚的印太体系概念与战略路径选择》，《上海交通大学学报（哲学社会科学版）》，2016年第2期，第14—15页。

和繁荣之海发生充满活力的联结，一个打破地理疆界的'扩大的亚洲'开始形成。"[1]也在这一年，印度战略学者格普利特·库拉纳（Gurpreet S. Khurana）提出了"印度—太平洋"的概念，用以指代濒临印度洋和西太平洋的亚洲和东非国家这一地理政治区域。[2]到了2009年，罗伯特·卡普兰（Robert Kaplan）一篇题为《21世纪的中心舞台：印度洋上的对抗》使得印太的概念在国际关系学界和政策界成为了炙手可热的话题，随之而来的是美国、澳大利亚、日本、印度、印度尼西亚、新加坡等国家的政策文件与学术报告中大量涉及印太地区和印太体系的话语。

总的来说，尽管印太地区的概念仍然没有完全明确，但它的本质内核已经确定，为印太战略体系的构建提供了现实基础。而在印太地区概念的基础上，随着这一地区国家间战略关系的转变，印太体系的战略格局处于不断演进和明晰的过程之中。

一、从东亚地区到亚太地区：历史发展与范围界定

亚太地区概念的形成，主要得益于澳大利亚的倡议和积极推动，也得到了美国的响应和大力支持。关于亚太的概念，大多数学者都愿意从性质上肯定如下判断：亚太概念是"亚洲及太平洋"的简称；亚太概念不仅仅是一个复合地理概念，而是一个政治和经济概念，否则建立一个国际政治的亚太学就毫无意义；亚太概念是一个不断演化和被各国不断解释的概念，它的变化一定程度上反映了东亚经

---

[1] "Confluence of the Two Seas", Speech by H. E. Mr. Shinzo Abe, Prime Minister of Japan at the Parliament of the Republic of India, August 22, 2007, https://www.mofa.go.jp/region/asia-paci/pmv0708/speech-2.html.

[2] Gurpreet S. Khurana, "Security of Sea Lines: Prospects for India-Japan Cooperation", *Strategic Analysis*, Vol. 31, No. 1, 2007, p. 150.

济的崛起和美、澳等国家试图拉近和亚洲国家关系的战略。

澳大利亚前外长埃文斯（Gareth Evans）曾明确强调："澳大利亚是一个中等国家……虽然不是强国，甚至也不是主要大国……但也不是什么小国或无关紧要的国家，澳大利亚就是一个中等强国。"

为了寻求更大的国际影响力，澳大利亚通过主导建立一些地区机制来追求其中等强国的领导权，其中包括1947年成立的南太平洋委员会。但是，南太平洋地区的地缘政治意义十分有限。随着中国的改革开放、亚洲四小龙的经济发展，东亚开始成为地缘经济格局的重心之一。澳大利亚虽然是一个经济发达国家，但主要出口的是农业和矿业产品。东亚新兴工业国家的崛起显著地加强了澳大利亚与这些亚洲国家之间的经济联系。澳大利亚的周边不再是贫穷混乱的邻居，而是它需要平等相待的经济和安全伙伴。正是在这一大背景下，澳大利亚开始为自己寻求一个新的身份定位，即亚太国家。1989年1月，澳大利亚总理霍克倡议召开"亚洲及太平洋国家部长级会议"，这一倡议得到了美国和亚洲国家的积极回应。1989年11月，亚太经合组织（APEC）的第一次部长级会议在澳大利亚首都堪培拉举行，由澳大利亚外长担任会议主席。亚太经合组织这一跨地区机制的创设，从根本上解决了澳大利亚长期以来的身份焦虑，也使得澳大利亚能够更顺畅地参与到蓬勃发展的东亚经济进程之中。

亚太区域合作在很长时间里构成了澳大利亚地区政策的基本框架。这一框架实际上旨在构建了一个亚太体系，这一体系既具有地缘政治意义，也具有地缘经济意义。通过把美国、中国、日本等新旧大国都纳入进来，澳大利亚可以在一个地区性的政治框架中发出声音、获取更大的国家利益和国际影响力；同时，这一框架便利了澳大利亚与东亚国家之间的经济合作，虽然许多贸易自由化的目标没有能够得到实现。"APEC之父"霍克在担任总理之后的第一次记者招待会上，他说："决定未来澳大利亚经济发展的重要因素，就是澳大利亚与亚太区域的融合程度,尤其是中国。"霍克后来回忆说,"上世纪 80 年代,我明显感觉到世界的贸易中心正向太平洋转移,东亚国家尤其是中国的经济潜力,将使亚太地区成为世界经济增长的新催化剂,而亚洲经济的潜力只有区域合作才能充分发挥出来,因此我认为很有必要把亚太地区联合起来。""当时我的想法很明确,没有中美两国的参与,APEC 就没有意义。"阿里·阿拉塔斯在谈到澳大利亚的亚太体系战略时表示:"澳大利亚已成为有利于地区和平、稳定和繁荣的建设性力量……积极的地区融入政策,表明澳认为其未来的经济和政治希望系于亚洲国家……其命运在于亚太,而非其他地方。"通过亚太经济合作组织的建设,澳大利亚开始发挥作为中等强国的作用,很大程度上减轻了一直以来作为孤悬南太地区的"白人国家"的身份焦虑和战略焦虑。

对于美国来说,为了捍卫二战以后自己所建立的自由化国际经济机制,美国从 1989 年开始,采取了包括战略贸易政策、推动北美自由贸易区(NAFTA)和推动亚太区域合作等措施,以应对欧洲一体化的持续发展和欧洲的贸易保护主义。这样做的一个直接结果就是 1993 年到 1995 年亚太经合组织(APEC)地位的快速上升。1993 年秋,美国人曾警告说,如果欧洲国家不愿意在关贸总协定的框架下取得进步,那么它将同亚太地区的伙伴达成替代性的地区贸易安排。在美国的压力之下,乌拉圭回合最终于 1994 年结束,并在 1995 年建立了世界贸易组织这一更强有力的全球自由贸易机制。因此,对于美国来说,到了 1995 年,亚太区域合作的最重要的使命已经完成了。当然,如果能进一步在 APEC 内部推动更高层次的经济自由化,对于美国来说当然是有利的。因此它随后又提出了所谓的"部门自愿提前自由化"(EVSL)计划。虽然这一计划最终失败了,但是美国越来越强调自己的"太平洋国家""亚太国家"身份。正如罗伯特·阿特所认为的,"美国在东亚的利益就是要保持东亚经济的开放性和寻求在东亚构建那些能够培育沟通、透明和达成协议的地区制度性安全安排,只是美国必须小心,让这些安排补充而不是排挤它在该地区的关键的双边关系"。①

东亚地区的其他大国,例如日本,也非常欢迎亚太地区这一概念,因为这一概念不仅有利于突出东亚地区的战略重要性,吸引美国留在东亚,同时有助于冲淡中国在东亚地区的影响力,将东亚地区演变为一个更大范围的亚太地区也可以为日本的对外政策提供更大的平台。在东亚地区,虽然中国和日本是两个主导性的大国,实力远远强于地区内的其他大国,但是中日关系中协调与合作的成分并不多,一直呈现出"政冷经热"的现象。亚太地区、亚太区域合作等逐步成为被国际社会广泛认可的新概念。"亚太地区"之后成为一个"环太平洋地区"的概念,而不是以东亚为中心的"环太平洋亚洲"的概念。

二、从亚太地区到印太地区:现实基础与范围界定

在传统的地缘政治视角下,"太平洋和印度洋被视为相互独立的两个世界,但新的发展开始激发一种更为整体的视角",也就是说,太平洋与印度洋被看作一个战略上的整体,而不再是两个分离的区域。② 2007 年以来,许多主张印太概念的学者一直在努力为这一概念寻找现实基础。他们指出,太平洋和印度洋之间、东亚和南亚西亚之间存在日益密切的经济、政治和社会互动;贸易全球化将印度洋

---

① 朱锋、罗伯特·罗斯主编:《中国崛起:理论与政策的视角》,上海人民出版社,2008年版,第279—291页。
② C. Raja Mohan, "Indo-Pacific Naval Partnership Open to Delhi and Canberra," *The Australian*, November 2, 2011.

与太平洋紧密联系在一起，亚洲内部贯穿太平洋与印度洋的国际贸易网最终催生了印太战略弧的形成，其中印太航道安全是很多国家的核心战略利益。[1]印度洋提供了全球一半的集装箱运输，70%的石油产品运输。印度洋航线分布着诸如曼德海峡、霍尔木兹海峡和马六甲海峡等对全球贸易有重大影响的战略要点，其中40%的全球贸易运输经过马六甲海峡，40%的原油贸易要通过霍尔木兹海峡。[2]例如，罗伯特·卡普兰在2009年的《21世纪的中心舞台：印度洋上方对抗》一文中就非常生动地描述道：

  印度洋已经是世界上最重要的能源和贸易海上通道之一，而这一地位在未来将更加显著。从2006年到2030年，全球能源需求将增加45%，而这其中的一半需求是源于印度和中国。……中国进口的石油和石油产品，85%以上要经过印度洋和马六甲海峡。而印度，很快就将成为世界上的第四大能源消费国。……印度65%以上的能源需要进口，而这里面90%的石油进口是来自海湾地区。[3]

卡普兰在文中还提到，印度作为一个能源消费大国，已经在从其他印度洋国家诸如南非、印度尼西亚和澳大利亚进口煤炭，从莫桑比亚进口的煤炭将大量增加。印度也需要从卡塔尔、马来西亚、印度尼西亚和南非进口液化天然气。正如他所预言的，印度洋地区对于中国、印度、日本和韩国的重要性一直在上升。中国在2013年超越美国成为了世界第一大石油净进口国。[4]另一方面，印太地区由

---

[1] 肖洋：《"印—太战略弧"语境下澳大利亚安全空间的战略重构》，《江南社会学院学报》，2013年第4期，第17页。

[2] Robert Kaplan, "Center Stage for the 21st Century: Rivalry in the Indian Ocean," Free Republic, March 16, 2009, http://www.freerepublic.com/focus/f-news/2207681/posts.

[3] Robert Kaplan, "Center Stage for the 21st Century: Rivalry in the Indian Ocean", Free Republic, March 16, 2009, http://www.freerepublic.com/focus/f-news/2207681/posts.

[4] Nilanthi Samaranayake, "The Indian Ocean: A Great-Power Danger Zone?" The National Interest, May 30, 2014, http://nationalinterest.org/feature/the-indian-ocean-great-power-danger-zone-10568/page/0/1.

于包括了经济充满活力的东北亚、东南亚和印度,已成为世界经济的引擎之一、全球消费品的主要产地。印度洋正成为世界最繁忙和最具战略意义的贸易走廊。①美国前国务卿希拉里·克林顿2011年11月在《外交政策》上撰文指出:"日益明显的是,21世纪世界的战略和经济重心是在亚太地区,从印度次大陆延伸到美国的西海岸。"②希拉里在这里虽然使用的还是亚太地区的概念,但本质上已经是更大范围的亚太(Greater Asia Pacific)或者印太地区的意思,将印度和印度洋包括在内。

因此,从国际关系研究的角度来说,印太地区的概念具备了一定的客观现实基础,即地区内的紧密联系使之具备了相应的整体性(印太国家之间互动的增强、公共问题的出现)和特殊性(作为印太国家的地理、认同和战略的特殊性)。这么说,并不意味着印太地区的概念已经完全定型。事实上,对于究竟应该如何界定印太地区的范围,不同国家的学者和官员还是有不同的看法。归纳起来,大概有三种看法。第一种看法是"印太战略弧"的概念,即从西伯利亚东部边缘向南,经过日本、中国东南沿海和东南亚,一直延伸到印度和印度洋东部。这一概念的核心是把印度纳入到亚太体系中来,而不是强调印度洋的战略地位以及西亚、非洲东部与亚太地区之间日益密切的联系。第二种看法是在第一种看法的基础上,将非洲东部海岸、西亚地区等也包括进来,这一看法强调的是印太地区内部的经济贸易联系。第三种看法则是广义的亚太地区(即环太平洋国家)再加上整个印度洋地区。这一看法着眼于一个长期的、宏观的印太地区概念,例如美国、澳大利亚、拉美国家与南亚、非洲之间

---

① 吴敏文:"特朗普的'印太战略'前景如何",《中国青年报》,2017年11月16日,第11版。
② Hillary Clinton, "America's Pacific Century," Foreign Policy, November 10, 2011, https://2009-2017.state.gov/secretary/20092013clinton/rm/2011/11/176999.htm.

不断加强的联系趋势。①

三种看法各有优劣。第一种看法的问题是没有关注到美国已经是一个太平洋国家，在这一地区有着强大的经济和军事存在，与印太地区的客观经济基础也不完全一致；第二种看法基本符合了印太地区内的经济流动现实，但是也没有把美国包括在内；第三种看法则相对过于宏观，还是着眼于长期的发展趋势。考虑到美国是印太地区和正在演进中的印太体系的一个核心因素，第三种看法可以作为对印太地区的基本界定，即把印太地区界定为环太平洋和环印度洋的国家。这一界定突出了美国、海洋因素的重要性，也适当限定了印太地区的范围，同时避免将印太地区的概念只用来针对中国和印度的崛起。当然，印太地区的核心范围是第一种看法所认为的"战略弧"的部分，即美国霸权与中国和印度这两个快速发展的巨型经济体发生互动的区域。因此，虽然对于印太地区的具体边界还存在一定争议，但是印太地区的核心范围和主要玩家是基本确定的。

三、印太体系构建的战略基础与路径选择

印太地区内经济、政治和社会联系的不断增加，必然会引发越来越多的治理问题，从而导致这一地区需要建构起某种形式的政治

---

① See Michael Auslin, "Security in the Indo-Pacific Commons: Toward a Regional Strategy," American Enterprise Institute, December 2010, http://www.aei.org/wp-content/uploads/2011/10/AuslinReportWedDec152010.pdf; Lisa Curtis, Walter Lohman and Rory Medcalf. etc,, "Shared Goals, Converging Interests: A Plan for US-Australia-India Cooperation in the Indo-Pacific," The Heritage Foundation, November 3, 2011, https://www.heritage.org/asia/report/shared-goals-converging-interests-plan-us-australia-india-cooperation-the-indo-pacific; Rory Medcalf, "Australia's Place in the 'Asian Century'", The Diplomat, November 4, 2012, https://thediplomat.com/2012/11/australias-place-in-the-asian-century/.

架构和治理体系。因此，印太地区的概念为印太体系的概念奠定了一个现实基础。但是，印太体系并没有成型，仍然处于演进的过程中。究竟采取什么样的区域性政治架构，建立一种什么样的印太体系，取决于这一地区大国关系的演变。因此，印太体系的形成还需要基于各国国家利益选择而形成的战略基础。反过来，印太地区的各国基于自己的国家利益，将会有意识加强与其他区域内成员之间的互动和战略关系，从而主观上建构和加强印太地区的概念。事实上，有多少成员国接受印太地区的概念，本身就是印太地区边界定型的一个基本条件。从这个角度说，围绕着印太体系如何建构的国家间互动，也会修正和加强现有的印太地区概念。

从目前来看，印太地区内的大多数重要成员都对印太地区、印太体系的概念比较积极，所采取的许多行动正在加强印太地区的现实基础、塑造印太体系的雏形，当然它们在如何建构印太体系方面还存在一定的观点差异。因此，可以说，印太体系的概念不仅具备了印太地区的现实基础，也具备了相应的战略基础。这种战略基础总的来说，可以分为印太地区的公共问题以及遏制中国地区影响力这两大类。前者指向的是一个包容性的治理体系，后者指向的是一个对抗性的同盟体系。

（一）印太地区的公共问题与治理体系路径

"印度洋和太平洋这两个相对独立的地缘单元日益呈现出融合的特征，其存在逻辑一方面源于美国、中国和其他东亚国家在资源、能源和经贸等领域对印度洋的依赖度上升，另一方面源于印度与太平洋地区尤其是西太平洋国家联系的增强。一个'西向',一个'东向',两者缺一不可。"[1]随着贸易和投资联系的增强,印太地区国家之间的社会和政治联系也必然会不断增多。这些增多有可能促进不同国家、人民之间的了解,也有可能带来国际恐怖主义、毒品贸易、跨国犯罪的增多。例如,印度战略学者库拉纳注意到2004年美国提出的"防扩散安全倡议"(PSI),这一倡议旨在阻止从西亚(伊朗和叙利亚)向东北亚(朝鲜)的大规模杀伤性武器的扩散。[2]这就意味着,印太地区不仅成为了一个全球战略和经济重要性的地区,也逐步成为一个需要进行区域治理的地区。

事实上,中国海军和其他国家海军一道在亚丁湾执行打击海盗的任务,就表明印太地区国家正在联合起来实施海上安全的治理。随着"伊斯兰国"在中东的溃败,国际社会也越来越担心其残余分子向南亚、东南亚地区渗透的问题。据新加坡《联合早报》报道,目前在中东有来自印尼、马来西亚和新加坡等地的"伊斯兰国"组织人员及家属约1000人。菲律宾南部反政府组织"阿布沙耶夫"头目之一哈皮隆就被指定为"伊斯兰国"在该地区的首领。菲律宾政府军与武装分子在马拉维市持续激战了5个月,造成上千人死亡。[3]面对着这一严峻的安全形势,东南亚国家正在逐步寻求东盟内部和印太地区范围的反恐合作。在近年来的东盟峰会、东盟防长扩大会议和东亚峰会上,反恐都成为了一项重要的议程。而东盟防长会议、东亚峰会等都吸纳了美国、印度和澳大利亚等国家,因此属于印太治理体系的雏形。此外,在2017年3月的雅加达峰会上,环印度洋

---

[1] 吴兆礼:"'印太'的缘起与多国战略博弈",《太平洋学报》,2014年第1期,第39页。
[2] Mercy A. Kuo, "The Origin of 'Indo-Pacific' as Geopolitical Construct: Insights from Gurpreet Khurana," The Diplomat, January 25, 2018, https://thediplomat.com/2018/01/the-origin-of-indo-pacific-as-geopolitical-construct/.
[3] 林芮:"东南亚国家强化反恐合作",新华网,2018年1月30日,http://www.xinhuanet.com/world/2018-01/30/c_129801365.htm。

联盟首次举行领导人峰会,澳大利亚与斯里兰卡、南非、印尼、孟加拉国和坦桑尼亚六国领导人与会,发布有关共同打击恐怖主义和暴力激进主义宣言。

除了反恐议题外,印太地区的成员国还面对着诸如应对气候变化、打击跨国犯罪、维护地区金融稳定、推进区域内贸易自由化等任务艰巨的区域公共问题。要解决这些问题,必须依靠包括中国在内的所有国家的努力。例如,中国在印度洋地区拥有至关重要的利益,印太地区的概念可以使中国海军合理合法地进入到这一地区,而不被认为是所谓的"珍珠链战略"(String of Pearls);而印度同样可以在东南亚和南太平洋地区发挥影响力。公共问题意味着共同利益,因此这一视角更多强调的是印太地区内部的战略一致性而非冲突性。

从目前来看,围绕着印太地区治理体系的构建,存在两者具体的路径设想。一种是所谓的"大国协调"思路,即以"中美印"或者"中美日印"这几个大国之间的合作为核心,本质上是美国向中国和其他国家分享一部分权力;[①]另一种设想则是建立印太范围内的强有力的地区制度,例如涵盖了美国、俄罗斯、中国、日本、印度、澳大利亚、新西兰、韩国和东盟的东亚峰会机制。不管哪一种路径,治理体系必然是开放性的、非排他性的。正如库拉纳所言,"印太的概念不是一个排他性的概念。它也会帮助中国在印度洋扩大影响,这里是中国的关键利益所在。中国正通过实施'一带一路'倡议加强在这一地区的地缘政治战略。这或许解释了中国为什么没有对印太的概念表现出明面上的任何的不满。"[②] 诸如麦迪卡夫(Rory

---

[①] See Hugh White, *The China Choice: Why America Should Share Power*, Collingwood: Black Inc., 2013.

[②] Mercy A. Kuo, "The Origin of 'Indo-Pacific' as Geopolitical Construct: Insights from Gurpreet Khurana", The Diplomat, January 25, 2018, https://thediplomat.com/2018/01/the-origin-of-indo-pacific-as-geopolitical-construct/.

Medcalf）这样的学者承认，建构一个有效的印太战略体系必须在包容性和效率之间取得一个平衡，中美印"印太协调"（Indo-Pacific concert of powers）需要说服其他国家，而过于开放的体系则缺乏效率。[1]

麦迪卡夫和印度战略学者拉贾·莫汉（Raja Mohan）对大国协调和地区制度这两种方式都表示了悲观的态度，他们的主要理由是中国的不接受或者阻止。例如，他们认为，中国在东亚峰会机制形成之初试图排除美国、澳大利亚和印度，在这一努力失败后，就倾向于弱化这一机制，阻止其讨论南海争端这样的敏感问题。类似地，他们认为，东盟地区论坛、东盟防长扩大会议这样的机制也不太可能发挥实质性的作用。[2]因此，他们提出了一种多边治理的思路，即打造所谓的灵活的"中等国家联盟"。印太地区的中等国家包括澳大利亚、韩国、印尼、越南、马来西亚、新加坡，甚至日本和印度暂时也可以列入其中。只要这些国家联合起来，它们就有能力实质性地影响到印太地区的力量对比。这些中等国家根据地理、能力、利益或者共同的目标自由地选择联合的对象，形成所谓的"少边主义"（minilateral）安排。中国和美国可能都不被包括其中；这些国家通过各种相互重叠的少边化机制确保国家安全，尤其是应对中美战略竞争的风险。[3]

---

[1] Rory Medcalf, "Whose Indo-Pacific? China, India and the United States in the Regional Maritime Security Order", May 21, 2013, http://www.lowyinstitute.org/publications/whose-indo-pacific-china-india-and-united-states-regional-maritime-security-order.

[2] Rory Medcalf and C. Raja Mohan, *Responding to Indo-Pacific Rivalry: Australia, India and Middle Power Coalitions*, Lowy Institute for International Policy, August 2014, pp. 6, 10.

[3] Rory Medcalf and C. Raja Mohan, *Responding to Indo-Pacific Rivalry: Australia, India and Middle Power Coalitions*, Lowy Institute for International Policy, August 2014, pp. 7–12.

(二) 遏制中国地区影响力与同盟体系路径

印太体系的另一种路径选择是构建一个同盟体系。同盟往往意味着需要有一个共同的敌人，而在印太地区，中国经济和军事力量的快速发展、以及中国的社会主义意识形态，都使得遏制中国的地区影响力成为美国、日本、印度、澳大利亚等印太地区国家的共同利益，尤其是在 2010 年中国超过日本成为世界上第二大经济体以后。当然，尽管许多国家都有遏制中国崛起或者遏制中国地区影响力的想法，它们彼此于中国的经济和战略关系也不完全相同。因此，到目前为止，印太地区并没有形成一个针对中国的统一的同盟体系；我们看到的，是在美国和日本的推动下，这些国家正在形成一些双边、三边和多边的安全机制，其隐含的目标无疑都是指向中国。"之所以造出印太这个术语，起因就是中国不断增加的政治—军事上的强势，以及 2005 年一家美国智库所提出中国的'珍珠链'战略。这些发展导致了许多地区内国家的焦虑，包括印度和日本。从 2006 年开始，印度和日本就分享它们的战略评估报告。"[1]

之所以中国崛起和中国地区影响力的上升导致了印太同盟的设想，它潜在的前提是美国的相对衰落和印度的崛起。一些学者认为，印太战略体系的概念不仅暗含着将中国排挤在外的考虑，还透露出美国希望由澳大利亚和印度分担其维护印太两洋海上安全责任的战略安排。[2]事实上，组建一个针对中国的印太同盟体系，印度是否参与是关键。"印度既需从中国的经济增长中获益，又欲防范出现中国

---

[1] Mercy A. Kuo, "The Origin of 'Indo-Pacific' as Geopolitical Construct: Insights from Gurpreet Khurana," *The Diplomat*, January 25, 2018, https://thediplomat.com/2018/01/the-origin-of-indo-pacific-as-geopolitical-construct/.

[2] Dennis Rumley, Timothy Doyle, Sanjay Chaturvedi, "Securing the Indian Ocean? Competing Regional Security Constructions", *Journal of the Indian Ocean Region*, Vol. 8, No. 1, 2012, p. 6.

主导亚洲地区的前景。由于中国比印度的崛起速度更快,因此随着中印战略差距不断扩大,印度只能通过维系力量平衡来缩小差距"。① 2014年莫迪担任印度总理以后,"向东看"(Look East)的战略进一步演化为"向东进"(Act East)。印度海军2015年的一份报告把印度的海上利益范围扩大到了整个太平洋的西部和西南部。②罗伯特·卡普兰认为,随着美国的相对衰落,中国和印度的竞争是21世纪大国政治的焦点所在,"冷战结束的时候,美国海军拥有大约600艘引以为傲的战舰;现在已经下降到了279艘。……正如19世纪英国皇家海军开始缩减全球存在、依靠盟友美国和日本不断上升的海军力量那样,21世纪初,美国通过借助印度和日本不断增加的海军力量来平衡中国,从而开始了体面的衰落。"③在"印太"战略框架的设计中,澳印一方面强调自己对美国的战略价值,抬高身价,另一方面希望将美国拴在印太地区,获得安全保证。④

不过,要打造一个针对中国的同盟体系,也不是一件容易的事情。毕竟,随着中国的崛起和影响力的扩张,包括印度、澳大利亚在内的地区内许多成员对中国已经形成了一定的经济上的依赖关系,而印度长期奉行不结盟政策、澳大利亚则把自己视为协调地区事务的中等强国。例如,虽然印度公开抵制中国提出的"一带一路"国际合作倡议,但是印度却是亚洲基础设施投资银行的创始成员国,并是亚投行投资计划的一个主要获益者。2017年6月发生的洞朗对

---

① C. Raja Mohan, "The New Triangular Diplomacy: India, China and America at Sea", The Diplomat, November 5, 2012, https://thediplomat.com/2012/11/the-new-triangular-diplomacy-india-china-and-america-on-the-high-seas/.

② Mercy A. Kuo, "The Origin of 'Indo-Pacific' as Geopolitical Construct: Insights from Gurpreet Khurana", The Diplomat, January 25, 2018, https://thediplomat.com/2018/01/the-origin-of-indo-pacific-as-geopolitical-construct/.

③ Robert Kaplan, "Center Stage for the 21st Century: Rivalry in the Indian Ocean", Free Republic, March 16, 2009, http://www.freerepublic.com/focus/f-news/2207681/posts.

④ 赵青海:"'印太'概念及其对中国的含义",《现代国际关系》,2013年第7期,第19页。

峙事件虽然把两国带入了一场直接对抗的危机之中,但最后还是得以和平解决。印度国内对印太这个概念也有诸多不同理解。印度国内对这个概念的理解主要有三种不同观点:一是提倡建立排他性的区域秩序以此来牵制中国;二是希望建立包容性的区域秩序,建立多边合作;三是认为印太概念的提出是实现更长远经济目标的途径,但同时又要保持外交政策的战略自主。①

在印度国内,的确有许多的声音要求印度更积极地加入到日本所倡导的美、日、澳、印"四国同盟"安全框架之中,但是印度官方的态度还是希望印太体系成为一个多边的、开放的体系。这既是源于印度不希望损害与中国的经济联系,也源于印度一直以来的"不结盟"立场。此外,印度可能还担心,如果完全倒入美国一边,那么可能会损害印度与俄罗斯长期的军事合作关系。因此,尽管罗伯特·卡普兰预言到了中印竞争将会加剧,但事实上,中国在南亚地区影响力的扩张没有卡普兰说得那么剧烈,中印之间的竞争也没有表现得那么突出。例如,卡普兰所提到的瓜达尔港仍然只发挥着某种功能性的作用,没有中国海军的船只停靠。虽然2013年该港交给了中国公司运营,但没有取得明显的进展。卡普兰所提到的孟加拉吉大港、缅甸皎漂港,也都面临一些问题。②

澳大利亚的情况与印度类似,也希望仍然在中国和美国之间保持一定的平衡,而不是滑入某个统一的针对中国的同盟体系之中。澳大利亚在安全上和美国是军事同盟关系,但是在贸易上非常依赖中国。相比之下,印度对美国和中国的依赖都没有澳大利亚那么严重。因此,一方面,澳大利亚是印太地区和印太体系概念的积极鼓

---

① [澳]梅丽莎·康利·泰勒、阿卡提·班次瓦特:"澳大利亚与印度在'印太'认识上的分歧",《印度洋经济体研究》,2014年第1期,第140页。

② Nilanthi Samaranayake, "The Indian Ocean: A Great-Power Danger Zone?" The National Interest, May 30, 2014, http://nationalinterest.org/feature/the-indian-ocean-great-power-danger-zone-10568/page/0/1.

吹者，认为这一概念将提升澳大利亚的全球战略地位、加强与美国的同盟关系、应对中国地区影响力的拓展尤其是在南太平洋地区搞"一带一路"建设所带来的挑战。"一种印太的架构也能够更好地符合我们的预期，即本地区大的战略问题是在海上，例如海洋领土主张的冲突以及保护对贸易至关重要的海上航道开放。……通过把太平洋和印度洋连结起来，印太架构也承认了澳大利亚作为两洋大陆的独特地缘战略地位。"[①] "印太概念将澳大利亚置于地缘上的战略中心，而传统的亚太概念则并不具备这样的功能。……利用这一概念，澳大利亚可以名正言顺地进一步深化与印度和其他国家的双边关系，并证明其不断强化对印度洋地区接触的合法性。"[②] 2012年10月，澳大利亚在《亚洲世纪中的澳大利亚》报告中只有2次提及"印太"概念，但有55次提及"亚太"概念。然而，在《2017外交政策白皮书》中，澳大利亚提及前者的次数增加到68次之多，而后者仅有4次。

另一方面，澳大利亚与中国有着密切的经济联系——中国是澳大利亚第一大贸易伙伴，同时两国不存在领土上的争端，因此澳大利亚并不希望在中国和美国之间简单选边站，多次表示希望印太体系能够成为一个地区性的治理体系而不是同盟体系，或者至少是避免与中国发生直接的对抗。例如，尽管美国反复鼓励澳大利亚军舰与美国军舰在南海地区联合巡航，进入到中国宣称主权的岛礁的12海里领海范围内，但是澳大利亚拒绝这样挑衅中国的做法。澳外交部长毕晓普表示，澳大利亚将避免在中国南海人工岛礁的12海里内

---

① Peter N Varghese AO, "An Australian world view: A practitioner's perspective," Department of Foreign Affairs and Trade, Australian Government, 20 August 2015, http://dfat.gov.au/news/news/Pages/an-australian-world-view-a-practitioners-perspective.aspx.

② Nick Bisley and Andrew Phillips, "The Indo-Pacific: What does It Actually Mean?" East Asia Forum, October 6, 2012, http://www.eastasiaforum.org/2012/10/06/the-indo-pacific-what-does-it-actually-mean/.

进行航行自由演习。①在澳大利亚政界很有影响的前外长加雷斯·埃文斯（Gareth Evans）和鲍勃·卡尔（Bob Carr）都认为，澳大利亚应该在中日东海冲突中保持中立。②澳大利亚洛伊国际政策研究所网站2012年6月发布的一份政策报告中指出，"澳大利亚可以作为一个诚实的掮客促进地区稳定，因为它与日本、韩国、越南、菲律宾和印度不同，同时中国没有充满感情色彩的领土冲突。但是这需要澳大利亚被中国看作是一个具有独立外交政策的诚实掮客。"③

相比之下，美国和日本对于建立一个遏制中国地区影响力的统一安全框架的态度要明确得多，也热心得多。安倍晋三2007年访问印度期间就倡议日印两国建立"全球战略伙伴关系"，共同致力于建设欧亚大陆边缘地带的"自由与繁荣之弧"。④2013年1月，再次担任日本首相不久的安倍晋三就发表文章说，"我构想出一种战略，由澳大利亚、印度、日本和美国的夏威夷组成一个菱形，以保卫从印度洋地区到西太平洋地区的公海。我已经准备好向这个安全菱形最大限度地贡献日本的力量。"⑤在美国方面，2009年开始的"亚太再平衡"战略本质上就已经纳入了印度。就如美国国务院负责亚太事务的副助理国务卿尹汝尚（Joseph Yun）所言，"美国以连贯和整合

---

① "毕晓称海军将不驶近中方群礁"，澳洲新快网，2016年6月22日，http://www.xkb.com.au/html/news/aozhoushizheng/2016/0622/172521.html。

② Bob Carr, "ANZUS Call to Arms Would Fail the Pub Test", *Sydney Morning Herald*, November 4, 2014, p.14; Gareth Evans, "On Japan and China: Taking a Stand, Not Taking Sides", Project Syndicate, August 14, 2014. Quoted from Andrew Davies and Benjamin Schreer, "The Strategic Dimension of 'Option J'", AustralianStrategic Policy Institut,, 27 March 2015, https://www.aspi.org.au/publications/the-strategic-dimension-of-option-j-australias-submarine-choice-and-its-security-relations-with-japan/SI85_Submarines_option_J.pdf.

③ Linda Jakobson, "Australia-China Ties: In Search of Political Trust", lowy Institute, June 28, 2012, http://www.lowyinstitute.org/publications/australia-china-ties-search-political-trust.

④ Shinzo Abe, "'Confluence of the Two Seas' Speech by H. E. Mr. Shinzo Abe, Prime Minister of Japan at the Parliament of the Republic of India", Ministry of Foreign Affairs of Japan, August 22, 2007, http://www.mofa.go.jp/region/asia-paci/pmv0708/speech-2.html.

⑤ "安倍吁组'民主安全菱形'抗衡中国，"《参考消息》，2013年1月12日，http://world.cankaoxiaoxi.com/2013/0112/149655.shtml。

的方式看待变得越来越重要的印度洋地区和东亚，这种新视角将有助于美国应对地区内的关键性挑战和机遇。……从战略的角度看，美国实施战略再平衡，实际上就是对正在形成中的新'印太'世界事实的确认。"①美国前国务卿希拉里·克林顿曾说："我们将美澳联盟关系从太平洋扩展到印度洋—太平洋，那将是真正的全球伙伴关系。"②

因此，总的来说，印太体系的具体构建路径还存在一定的不确定性。这种不确定性包括两个方面：一方面是到底发展为一种治理体系、还是一种针对中国的同盟体系，这主要取决于澳大利亚和印度的选择；另一方面是如果发展为治理体系或同盟体系，内部具体的架构如何确定——治理体系可以选择大国协调，也可以选择多边制度，而同盟体系可以选择是美、日、澳、印四国同盟体系、四国加上其他国家组成的多边同盟体系以及各种双边、三边、多边安全关系混合而成的同盟体系。对于中国来说，肯定是希望印太体系被建构为一个开放性的治理体系，而不是针对中国的同盟体系。那么，从目前来看，印太体系可能朝着什么样的方向发展？

四、印太体系的发展趋势：朝向同盟体系

尽管美、日、澳、印等几个主要国家就印太体系如何构建还没有达成完全的共识，在印太体系的两种路径选择中，目前来看，朝向同盟体系发展的可能性相当明显。而包括越南、菲律宾、印尼、

---

① Joseph Yun, "The Rebalance to Asia: Why South Asia Matters (Part 1)", Testimony Statement Before the House Committee on Foreign Affairs Subcommittee on Asia and the Pacific, Washington, DC, February 20, 2013, http://www.state.gov/p/eap/rls/rm/2013/02/205208.htm.

② Hillary Clinton, "America's Pacific Century," *Foreign Policy*, November 10, 2011, https://2009-2017.state.gov/secretary/20092013clinton/rm/2011/11/176999.htm.

新加坡等在内的东盟国家，一直以来都倾向于所谓的"大国平衡战略"，即利用中、美、日等地区大国的相互制衡来最大化东盟的安全与利益。但它们有的与中国存在领土争端，有的与美国是事实上盟友关系，一旦印太地区形成了不利于中国的实力对比和同盟体系，可以想见这些国家将很可能倒向美国主导的印太同盟一边。因此，印太体系是否会走向同盟体系，主要还是取决于美、日、澳、印这四个国家的政策选择和互动关系。

印太同盟体系的一个基本框架是安倍晋三提出的美、日、澳、印四国集团设想。2007年5月，四国代表在马尼拉的东盟地区论坛上讨论安全合作问题。同年9月的悉尼APEC峰会期间，四国加上新加坡海军在孟加拉湾进行马拉巴尔军事演习。中国政府将这些行为解读为遏制本国的信号。澳大利亚的陆克文政府和印度的辛格政府担心会进一步激怒中国，都不愿意继续推进这一倡议。[①]在奥巴马执政后期，这一倡议开始死灰复燃。四国集团机制虽然没有继续，但是美日印、美日澳、日印、美印等已经形成了多个"2+2"（外交+安全）的部长级对话机制。事实上，2009年以来，美国政府的"亚太再平衡"战略让许多东盟国家十分欣喜，它们与美国之间的安全关系有了明显的加强。例如，美国在澳大利亚的常驻军队人数将达到2500人，在新加坡将部署更多的反潜侦察机和濒海战斗舰，以及美国与越南、菲律宾、印度等都签订了防务合作协议。

2011年11月，澳大利亚洛伊国际政策研究所、日本传统基金会与印度观察家研究基金会联合发表题为《共同的目标与趋同的利益：美澳印在印太地区的合作计划》的研究报告，建议美、澳、印进行三边对话，推动在印太地区建立有助于经济政治稳定、安全、自由

[①] See Ashok Sharma, "The Quadrilateral Initiative: An Evaluation", *South Asian Survey*, Vol. 17, No. 2, 2010, p. 240.

开放贸易及民主治理的秩序。①从 2011 年开始，澳大利亚就开始着手振兴环印度洋联盟这一印度洋地区的经济合作组织，印、澳都是该组织创始国。②印度洋的两个区域性组织（环印联盟和印度洋海军论坛）都把中国和巴基斯坦排除在外。虽然中国目前以对话伙伴国的资格参与了环印联盟，但是印度不希望中国成为环印联盟的正式成员。③2013 年 5 月，印度总理辛格在访问日本时援引了安倍晋三 2007 年访问印度时提出的"两洋融合"战略，并将其定义为印日两国的双边关系合作框架，并说日本是两国在印度洋与太平洋这片广阔区域探索稳定与和平道路上天然的、不可或缺的合作伙伴。④

过去的一年中，这些国家不断加强安全合作，把中国作为对手的国内声音日趋增多，印太地区、印太体系、印太安全合作等成为了学术界和政界的热门话题。2017 年 10 月，美国国务卿蒂勒森发表上任后首个对印政策的演讲，认为印太是 21 世纪最为重要的部分，并且"我们正在从美国、印度和日本之间的重要的三边关系中获益。而当我们展望未来，依然有空间邀请包括澳大利亚在内的其他国家加入，来建设我们共同的目标和倡议。"⑤在特朗普展开他的第一次亚洲之行的过程中，"印太"成为挂在他嘴边的一个高频词汇。特朗普

---

① Lisa Curtis, Walter Lohman and Rory Medcalf etc. , "Shared Goals, Converging Interests: A Plan for US-Australia-India Cooperation in the Indo-Pacific", The Heritage Foundation, November 3, 2011, https://www.heritage.org/asia/report/shared-goals-converging-interests-plan-us-australia-india-cooperation-the-indo-pacific.

② Australian Foreign Affairs, Defense and Trade References Committee, "The Importance of the Indian Ocean Rim for Australia's Foreign, Trade and Defense Policy", Parliament of Australia, June 14, 2013, https://www.aph.gov.au/Parliamentary_Business/Committees/Senate/Foreign_Affairs_Defence_and_Trade/Completed_inquiries/2010-13/indianocean/report/index.

③ [澳] 梅丽莎·康利·泰勒、阿卡提·班次瓦特: "澳大利亚与印度在'印太'认识上的分歧", 《印度洋经济体研究》, 2014 年第 1 期, 第 142 页。

④ 同上, 第 141 页。

⑤ Rex W. Tillerson, "Remarks on 'Defining Our Relationship with India for the Next Century'", US. Department of State, October 18, 2017, https://www.state.gov/secretary/remarks/2017/10/274913.htm.

在2017年11月访问日、韩、中、越、菲亚洲五国，并参加APEC峰会、美国—东盟峰会和东亚峰会。在这场"超过四分之一世纪以来美国总统访问亚洲时间最长"的行程中，美国具有三个核心目的：其一，联合全世界来反对朝鲜政权的核威胁；其二，加强在自由与开放的印太中美国的同盟关系和经济伙伴关系；其三，坚持公平和对等的贸易。①特朗普在日本演讲时表示，美国要与朋友和盟友们一起，力争建立自由和开放的印度洋—太平洋区域，建立美、印、日、澳四国战略伙伴关系。②安倍回应说，"'印太'覆盖了整个亚太地区，穿过印度洋，直达中东和非洲的广袤地域，是世界经济增长中心。我们认为，维护和加强自由开放的海洋秩序对该地区的和平与繁荣至关重要，我们同意加强合作，实现自由和开放的'印太'。"③

印太体系趋向同盟路径的一个标志迹象是，在马尼拉东盟峰会期间的2017年11月12日，四国高级官员在十年之后再度单独开会探讨印太地区的安全问题，相当于重启了"四国安全对话"（Quad）机制，因此引起国际社会的广泛关注。虽然表面上讨论的是反恐、海上安全等议题，但针对中国的战略意图不言而喻。2018年5月30日，美国国防部长马蒂斯在夏威夷宣布，美军太平洋司令部正式更名为美军印度洋—太平洋司令部（Indo-Pacific Command）。美国国防部长马蒂斯（Jim Mattis）在讲话中重复了他经常说的一句话，"印太地区有许多的'带'和'路'。"④ 新上任的印度洋—太平洋司令

---

① Donald Trump, "Remarks by President Trump on His Trip to Asia", the White House, November 15, 2017, https：//www.whitehouse.gov/the-press-office/2017/11/15/remarks-president-trump-his-trip-asia.

② 肖光恩、袁子馨："关注特朗普'亚洲之行'制造的'印太'舆论漩涡"，中国社会科学网，2017年11月21日，http：//ex.cssn.cn/jjx/jjx_gzf/201711/t20171121_3749481.shtml。

③ 吴敏文："特朗普的'印太战略'前景如何"，《中国青年报》，2017年11月16日，第11版。

④ James N. Mattis, Remarks at U.S. Indo-Pacific Command Change of Command Ceremony, U.S. Department of Defense, May 30, 2018, https：//www.defense.gov/News/Transcripts/Transcript-View/Article/1535689/remarks-at-us-indo-pacific-command-change-of-command-ceremony/.

部司令戴维森深感责任重大："美国2018年《国防战略》报告中列举的五项战略挑战中，四项与印度样—太平洋地区有关。这要求印度洋—太平洋司令部继续强化防御及打击能力。"①美、日、澳、印四国之间的双边、三边安全防务合作已经达到了相当密切的水平，例如印度已经是美国的"主要防务伙伴"，美国人已经将印度视为印度洋上的安全纯供应者（net security provider）；日本和澳大利亚正在讨论签订《访问部队协定》；日本愿成为"印度永远的朋友"。莫迪则表示"我相信日本和印度的关系将是世界上最具潜力的双边关系。"②印度总理莫迪和澳总理特恩布尔在2017年的联合声明中也重申对环印度洋联盟的承诺。

在四国紧锣密鼓的安全合作背后，推动印太体系朝着同盟方向建构的主要动因是美国和澳大利亚对华政策的变化。从2009年开始，美国的对华政策开始发生实质变化。奥巴马时期，美国一方面推行"亚太再平衡"战略，在南海地区搞"自由巡航"、反对"一带一路"倡议，开始把中国作为潜在的主要对手来看待；另一方面，奥巴马仍然认为有可能把中国纳入到美国主导的国际秩序之中，多次表示"欢迎一个和平、繁荣、稳定的中国崛起"。③2009年到2017年，是中美关系的一个过渡时期。但是，到了2017年底，美国国内已经完成了对中美关系的新定位，中美关系从原来的战略伙伴关系转变为战略竞争关系，而且中国被视为美国最主要的战略对手。这一新定位体现在2017年12月发布的美国

---

① "美军为何将太平洋司令部改为印度洋—太平洋司令部"，新华网，2018年6月7日，http://www.xinhuanet.com/mil/2018-06/07/c_129888882.htm。

② 吴敏文："特朗普的'印太战略'前景如何"，载《中国青年报》，2017年11月16日，第11版。

③ 奥巴马："美国欢迎一个繁荣、和平、稳定的中国崛起"，中国新闻网，2014年11月10日，http://www.chinanews.com/gn/2014/11-10/6765784.shtml。

《国家安全战略报告》中。[1]在美国没有把中国明确定位为战略对手之前，印太地区的概念虽然带有平衡中国的强烈含义，但并不会因此形成针对中国的统一的同盟体系。从目前来看，真正从实力上能够对中国形成实质优势的国家只有美国，因此如果美国不挑头来建立这一同盟体系，那么印太地区和印太体系就只会是一些松散的、治理和制衡并重的机制安排。在这些机制安排中，中国还是有继续扩大影响力、打破各种制衡束缚的机会的。但如果美国挑头来建立一个针对中国的印太同盟体系，那么这个体系成型的几率就大大上升了。

另外一个值得关注的是澳大利亚的对华政策。一直以来，澳大利亚是对华比较友好的国家。澳大利亚和中国没有领土争端，经济贸易上联系密切，对中国的看法比较积极。在过去的十多年中，"澳大利亚不希望它成为遏制中国为目的的组织或框架协议的一部分，更倾向于构建包容性的框架协议，然而印度的想法恰恰与其相反，印度的主流看法是反对将中国纳入印太概念，并且对于中国在印—太平洋地区不断上升的地位忧心忡忡。"[2]但是，从2016年以来，澳大利亚国内的反华情绪日趋强烈，从针对中国的"反间谍法案"，到指责中国在南太平洋岛国搞"一带一路"建设，以至于澳大利亚前总理称"澳大利亚已经是美国盟友中最反华的了。"[3]尽管这种反华情绪暂时还没有对中澳关系构成明显的损害，但它必然对澳大利亚的长期战略选择有着潜移默化的影响。澳大利亚一直有声音要加强与日本、美国的经济联系，减少对中国的经济依

---

[1] US government, "National Security Strategy Report 2017", National Security Strategy Archive, December 18, 2017, http://nssarchive.us/national-security-strategy-2017/.

[2] [澳]梅丽莎·康利·泰勒、阿卡提·班次瓦特："澳大利亚与印度在'印太'认识上的分歧",《印度洋经济体研究》, 2014年第1期, 第138页。

[3] "Australia the 'Most Anti-Chinese' of US Allies", Sky News, https://www.skynews.com.au/details/_5772962347001.

赖。在2017年的澳大利亚外交政策白皮书中,澳大利亚政府强调"美国实施对亚洲的全面经济战略与它的广泛的安全参与是同等重要的,"①这本质上是呼唤美国重返跨太平洋伙伴关系(TPP)。澳大利亚也强烈希望参与2018年美、日、印联合举办的马拉巴尔海上军演,但由于印度的反对没有成功。而印度之所以不同意,其理由是澳大利亚和美国在于中国对抗时都可能不坚定,因此印度不能冲在反华第一线。②

总的来看,印太体系朝着遏制中国地区影响力的同盟体系方向发展的态势比较明显,但澳大利亚和印度显然还没有下定决心要和美国、日本站在一起与中国对抗,因此只能说基本趋势是朝着这一方向发展。在短期内,美国、日本、澳大利亚和印度仍然不太会形成一个紧密的同盟,但是它们之间的安全合作关系将会不断加强,以美国为核心的双边和三边同盟体系将会是印太同盟体系的一种主要形式。在美国和澳大利亚都逐步明确中国是主要威胁之后,印度最终是否决定参加反对中国的同盟,还是继续维持一种软制衡的策略,决定四国安全合作是否最终会演变为一个针对中国的统一的同盟体系。

结　论

印太地区究竟会演变为什么样的印太体系,这仍然有待观察。但无论如何,印度洋和太平洋的融合会成为一个国际关系中

---

① Australian government, "2017 Foreign Policy White Paper", Foreign Policy White Paper, p. 39, https://www.fpwhitepaper.gov.au/.
② "担心刺激中国,印度不愿澳大利亚加入这个军演",海外网,2018年5月30日, http://opinion.haiwainet.cn/n/2018/0530/c345415-31325839.html.

的区域概念，已经是不可否认的事实。这一事实既有现实基础，即原来相对独立的两个地区之间日益密切的经济和社会联系，也有战略基础，即地区内需要联合应对日益增多的公共问题，以及一些成员希望联合印度共同遏制中国的崛起和影响力扩展。但是，对于依照什么样的战略路径来构建印太地区，地区内各国仍然存在着不同的利益和立场。一种路径是为了应对印太地区复杂多样的公共问题，建立一种协调各方力量的印太治理体系；另一种路径则是把中国作为共同的对手，建立一种遏制中国的印太同盟体系。

随着中美关系的变化、澳大利亚反华情绪的持续增长、中印地区和全球竞争的长期势头，印太体系更有可能向着同盟体系的方向发展，"四国集团"而不是"东亚峰会"最终可能成为印太体系的基本战略架构。事实上，这四个国家国内已经有相当强的声音，认为必须尽快将四国安全对话机制制度化，否则就"来不及"遏制中国的崛起了。例如，一位印度学者就认为，目前印太地区的成员在制衡中国方面无所作为，四国安全对话机制的制度化可以加强它们的政策协调，以及扩大与越南、印尼、韩国等重要印太地区国家的合作。①

尽管如此，中国仍然有一定的战略机会和空间来突破美国、日本致力于组建的印太同盟体系。从目前来看，印度仍然不太可能与美国、结盟来对抗中国，印度更希望在美国与俄罗斯之间左右逢源；澳大利亚由于中国密切的经济联系，也不希望完全与中国对抗，因此它一直主张"东亚峰会"作为印太地区合作的机制载体。但是，考虑到印太地区战略和经济格局的变化，阻止印太地区出现一个对

---

① Brahma Chellaney, "A New Order for the Indo-Pacific," Asia Times, March 11, 2018, http://www.atimes.com/article/new-order-indo-pacific/.

抗中国的军事和经济同盟体系，已经不再是一项可以轻而易举完成的任务。

（本文曾发表于《太平洋学报》，2018年第11期）

超越冷战
——大国共治模式研究

曹 玮[*] 杨 原[**]

[内容提要] 当国际体系处于两极格局时,是否只有美苏冷战一种互动模式?研究显示:理论层面,两极结构中的大国并不必然相互制衡;经验层面,历史和现实的其他许多两极体系也并不都像美苏冷战那样出现两个泾渭分明的等级性阵营。当小国有超过一种重要需求,而两个大国又恰好分别只能满足其中的一种需求时,大国的对外功能就会出现分异,大国的权力竞争就会变成共治模式。由此得出的启示是:要想成功崛起与霸权国竞争国际影响力和领导权,崛起国必须有自己的"比较优势"。

[关键词] 两极 共治 崛起

根据国际关系学的现有知识,随着一个大国崛起势头的不断凸显,其在国际体系中的影响力也将日益增大,由此往往会引发霸权国的防范和打压。历史上,美国为遏制苏联,就曾导致美苏两国的激烈战略竞争并将世界拖入冷战。但问题是,除了像冷战时期美苏那种各自结盟相互对抗的模式外,大国之间是否还可存在其他更为

---

[*] 曹玮,国际关系学院国际政治系副教授。
[**] 杨原,中国社会科学院世界经济与政治研究所副研究员。

温和的权力竞争模式？如果存在，该种模式产生的内在机制是怎样的？本文将从理论上探讨这一问题。

一、两极与冷战的关系

提起两极体系，许多人几乎都会在第一时间将其和美苏冷战联系在一起。甚至有学者指出，"两极"这个术语从一开始就是与"冷战"这个用于描述二战后国际政治重要特征的概念密切联系的。[1] 而冷战时期国际政治最突出的特征，就是对抗与稳定的矛盾组合。一方面，冷战体系被划分为两个敌对的势力范围，经历了近代历史上除战争以外最为激烈和持久的对抗，对抗双方都将彼此视为自己生存的主要威胁，甚至不惜耗费巨大资源研制和生产足以毁灭整个地球的武器，并因对抗而在第三世界许多地方造成数百万人丧生。[2] 但同时，冷战的另一个引人注目的特点则是两个一级大国之间罕见的"长和平"。尽管双方对抗如此激烈，但美苏两国始终没有过直接的兵戎相见。[3] 事实上，美苏两国均有强烈的意愿防止危机升级为两国间的直接军事冲突。[4]

---

[1] R. Harrison Wagner, "What Was Bipolarity?" *International Organization*, Vol. 47, No. 1, 1993, p. 79.

[2] John Lewis Gaddis, "The Long Peace: Elements of Stability in the Postwar International System," *International Security*, Vol. 10, No. 4, 1986；沃尔特·拉费伯尔著，牛可、翟韬、张静译：《美国、俄国和冷战（1945—2006）》，北京：世界图书出版公司，2011年版，引言，第1页。

[3] John Lewis Gaddis, "The Long Peace: Elements of Stability in the Postwar International System," pp. 99 - 142; John Lewis Gaddis, "Looking Back: The Long Peace," *The Wilson Quarterly*, Vol. 13, No. 1, 1989, pp. 42 - 65; 徐天新、沈志华主编：《冷战前期的大国关系——美苏争霸与亚洲大国的外交取向（1945—1972）》，北京：世界知识出版社，2011年版，第1页。

[4] Ken Aldred and Martin A. Smith, *Superpowers in the Post-Cold War Era*, London: Macmillan Press Ltd., 1999, pp. 46 - 49.

总之，我们可以将冷战的特点概括为"对抗+无战争"。"对抗"指的是两个一级大国之间以及两个对峙的同盟阵营之间彼此的冲突和对抗。[1]"无战争"指的是两个一级大国之间不发生直接的战争。[2]"对抗"决定了冷战为什么是一场"战争"，而"无战争"则决定了冷战为什么是"冷的"。而"两极"这个概念之所以会在许多人心目中与冷战紧密相连，就是因为现有的两极理论看起来刚好能够同时解释冷战"既对抗又和平"的特点。[3]

第一，两极似乎能够解释为什么两个超级大国会彼此对抗并且形成两个对立的阵营。[4] 肯尼思·华尔兹（Kenneth N. Waltz）认为，两极结构下，国际政治中不存在边缘地带，任何遥远地区发生的事态都会引发两个超级大国的关注，两个超级大国中任何一方的任何举动和变化都不会逃出另一方从势力均衡角度计算权衡的范畴，而两个大国又都有在权力和安全竞争中占据先机的动机，因此两极结构的一个显著特点就是紧张压力的持续存在和危机的反复出现。[5] 这也正是冷战的一个重要属性。[6]

与此同时，许多学者认为，两极状态下出现两个对立的联盟阵营是一种自然甚至必然的现象，或者将其视为两极体系的一个重要

---

[1] 因此有学者认为如果中国结盟，就将重回冷战。参见朱锋：《大国不愿与中国结盟，新冷战属战略性愚蠢》，载《环球时报》，2012年1月15日。

[2] 这里的"一极大国"即能够作为一"极"（pole）的国家。在这个含义下，本文将不加区分地混用"一极大国""超极大国""极"三个术语。

[3] R. Harrison Wagner, "What Was Bipolarity?" p. 77.

[4] Louis René Beres, "Bipolarity, Multipolarity, and the Reliability of Alliance Commitments," *The Western Political Quarterly*, Vol. 25, No. 4, 1972, pp. 702 – 710; Frank Whelon Wayman, "Bipolarity and War: The Role of Capability Concentration and Alliance Patterns among Major Powers, 1816 – 1965," *Journal of Peace Research*, Vol. 21, No. 1, 1984, pp. 61 – 78.

[5] Kenneth N. Waltz, "The Stability of a Bipolar World," *Daedalus*, Vol. 93, No. 3, 1964, pp. 882 – 883.

[6] Michael Brecher and Wilkenfeld Jonathan, *Crises in the Twentieth Century*, Vol. 1, *Handbook of International Crises*, Oxford: Pergamon Press, 1987, quoted from Thomas J. Volgy and Lawrence E. Imwalle, "Hegemonic and Bipolar Perspectives on the New World Order," p. 826.

特征。① 在两极体系下，两大集团都会试图扩大其成员范围，但如果拉拢新成员的努力会迫使一个原本不结盟的国家倒向敌对集团，两个大国则都会宁愿让其继续保持两不结盟的状态。② 这种理论观点意味着，在两极结构下，大国对其追随者的争夺是排他性的，一个国家要么是某大国的盟国，要么是该大国对手的盟国，要么是不结盟国家，而不可能"骑墙"，既是该大国的盟国又是该大国对手的盟国。

第二，两极似乎也能解释为什么两个彼此尖锐对峙的超级大国会保持和平。两极稳定论的经典论述是：首先，与多极结构相比，两极结构下谁最有可能成为潜在霸权国、因而最有可能成为其他体系成员的威胁要明确得多，两个超级大国都无处隐藏自己，也很难将自己造成的威胁"嫁祸"给他国。其次，与多极结构相比，由谁来承担制衡潜在霸权国的责任这一点在两极结构下同样要明确得多，很难出现超级大国推诿责任的情况。最后，由于超级大国与其他国家在实力上的巨大差距，因此任何某个具体的盟国对两个超级大国的意义都是微不足道的，这使得两极结构下的大国不大可能像多极结构下的大国那样因为不能无视盟国而被拖入战争。③ 一些历史学家

---

① Bruce Bueno de Mesquita, "Measuring Systemic Polarity," *The Journal of Conflict Resolution*, Vol. 19, No. 2, 1975, pp. 87 – 216; Raymond Aron, *Peace and War: A Theory of International Relations*, New York: Doubleday, 1966, p. 128; Thomas J. Volgy and Lawrence E. Imwalle, "Hegemonic and Bipolar Perspectives on the New World Order," pp. 819 – 834.

② Morton A. Kaplan, "Balance of Power, Bipolarity and Other Models of International Systems," *The American Political Science Review*, Vol. 51, No. 3, 1957, p. 693.

③ Kenneth N. Waltz, *Theory of International Politics*, Reading: Addison-Wesley Publishing Company, 1979, chapter 8; Kenneth N. Waltz, "The Stability of a Bipolar World," pp. 881 – 909. 一些模型和实证研究也似乎支持这种理论。参见 Alvin M. Saperstein, "The 'Long Peace': Result of a Bipolar Competitive World?" *The Journal of Conflict Resolution*, Vol. 35, No. 1, 1991, pp. 68 – 79; Manus I. Midlarsky, "Polarity and International Stability," *The American Political Science Review*, Vol. 87, No. 1, 1993, pp. 174 –180。

也将两极视为冷战"长和平"的重要因素。[1]

现在的问题是,两极是否真的是与冷战紧紧绑定的?具体而言,两极结构是否一定导致大国无战争?是否一定导致体系分化对抗?现有的对"两极导致冷战"这一命题的质疑和争论,绝大部分都是围绕前一个问题,即两极结构是否一定导致两个大国之间无战争。[2] 许多研究都显示,一旦超越美苏冷战这个特定的案例而将"两极"这个概念扩展至历史上的其他相似体系,就不难发现历史上并非所有两极结构都能保持大国间的和平。例如,古希腊城邦时期的斯巴达和雅典的两极就直接引发了体系性的大战。[3] 1521—1559 年欧洲出现的哈布斯堡帝国和奥斯曼帝国两极,其战争和冲突的频率与此前的多极结构相比并无明显差异。[4] 17—18 世纪欧洲国家间出现的短暂的两极以及 20 世纪初英德之间的两极对峙,同样也没有导致和平和稳定。[5] 西汉时期西汉和匈奴两极之间同样发生过多次战争。[6] 这意味着,两极并不是"大国无战争"的充分条件。

与此同时,两极也并不是大国无战争的必要条件。苏联解体至

---

[1] John Lewis Gaddis, "The Long Peace: Elements of Stability in the Postwar International System," pp. 99 – 142.

[2] 相关争论和批判参见 Michael Haas, "International Subsystems: Stability and Polarity," *The American Political Science Review*, Vol. 64, No. 1, 1970, pp. 98 – 123; Charles W. Ostrom, Jr. and John H. Aldrich, "The Relationship Between Size and Stability in the Major Power International System," *American Journal of Political Science*, Vol. 22, No. 4, 1978, pp. 743 – 771; Patrick James and Michael Brecher, "Stability and Polarity: New Paths for Inquiry," *Journal of Peace Research*, Vol. 25, No. 1, 1988, pp. 31 – 42; Richard Ned Lebow, "The Long Peace, the End of the Cold War, and the Failure of Realism," *International Organization*, Vol. 48, No. 2, 1994, pp. 249 – 277; Randolph M. Siverson and Michael D. Ward, "The Long Peace: A Reconsideration," *International Organization*, Vol. 56, No. 3, 2002, pp. 679 – 691。

[3] Peter J. Fliess, *Thucydides and the Politics of Bipolarity*, Baton Rouge: Louisiana State University Press. 1966.

[4] Ted Hopf, "Polarity, the Offense-Defense Balance, and War," *The American Political Science Review*, Vol. 85, No. 2, 1991, pp. 475 – 493.

[5] William R. Thompson, "Polarity, the Long Cycle, and Global Power Warfare," pp. 587 – 615.

[6] 孙力舟:《西汉时期东亚国际体系的两极格局分析——基于汉朝与匈奴两大政治行为体的考察》,载《世界经济与政治》,2007 年第 8 期,第 17—25 页。

今20余年的时间，国际体系大致处于单极状态，但世界主要国家之间的和平仍在继续。这意味着，单极同样能够促进和平。[1] 而华尔兹自己后来也明确承认，只要存在核武器，大国间冲突就不会升级至战争。[2] 事实上，越来越多的学者开始注意到，由于核武器、相互依赖以及规范进化等因素，国际体系自1945年第二次世界大战结束起，就已经进入了一个事实上的大国无战争时代。大国之间不发生直接战争，是这个时代多种因素共同造成的结果，而与某种特定的国际实力结构无关。[3]

既然两极体系既不是大国无战争的充分条件，也不是其必要条件，因此"两极是否一定导致无战争"这个问题已不是我们关心的重点。在大国无战争时代，无论何种国际结构，大国间直接发生战争的可能性都极低。本文真正关心的是后一个问题：两极是否一定导致体系的分化对抗？如果真的出现中美新两极，它们固然不大可能发生直接的战争，但它们是否会像当年的美苏冷战那样，形成两个泾渭分明、壁垒森严的对峙阵营，从而再一次将世界割裂为敌对的两半？

乍一看，这似乎也是一个无需回答的问题，至少在纯粹的现实主义者眼中是如此：核武器等因素只能防止冲突升级为战争，却无

---

[1] William C. Wohlforth, "The Stability of a Unipolar World," *International Security*, Vol. 24, No. 1, 1999, pp. 5–41.

[2] 詹姆斯·费伦：《两极格局的形成与国际政治的不平等：对话肯尼斯·沃尔兹》，载《国外理论动态》，2013年第2期，第4页。

[3] 近年来论述大国无战争现象及其原因的代表性文献参见 Joshua Baron, *Great Power Peace and American Primacy: The Origins and Future of a New International Order*, New York: Palgrave Macmillan, 2014; Christopher J. Fettweis, *Dangerous Times? The International Politics of Great Power Peace*, Washington, D. C.: Georgetown University Press, 2010; Raimo Vayrynen, ed., *The Waning of Major War*, London and New York: Routledge, 2006. 有关更宽泛意义上的战争和暴力行为趋于消亡的论述参见 Steven Pinker, *The Better Angels of Our Nature: Why Violence Has Declined*, New York: Viking, 2011; John Mueller, "War Has Almost Ceased to Exist: An Assessment," *Political Science Quarterly*, Vol. 124, No. 2, 2009, pp. 297–321.

法抑制大国对权力的竞争，而权力竞争又会引发安全领域的关切，从而导致国际体系分化为两个以两个超级大国为核心的彼此对峙的阵营。应当承认，这的确是两极体系的一种常见状态，但从历史上的一些反例来看，这并不是一种必然状态。以下的案例部分将会展示，在中国春秋时期、北宋和辽对峙时期以及2008年以后的东亚，都曾出现过体系性的或者地区性的两极结构，而在这些体系中，却都出现过小国同时接受两个超级大国领导的大国"共治"现象，即同一个小国既是A大国的属国，又是B大国的属国，这与冷战时期小国阵营归属的非此即彼（抑或中立"不结盟"）颇有不同。这提示我们，两极体系进程和超级大国关系存在不同于美苏冷战的其他模式。

二、两极体系下的大国共治模式

（一）两极结构下大国与小国权力关系的四种类型

根据华尔兹的标准，国际体系中的所有国家可以简单地划分为两大类：一类是能够影响国际结构的国家，即极，华尔兹称其为"大国"（great power）;[1] 另一类就是体系内的其他国家，相对于"大国"，它们可统称为"小国"。显然，只有那些成为极的大国，才有资格竞标主导国际体系的权力。而权力是一个关系性的概念,[2]

---

[1] Kenneth N. Waltz, *Theory of International Politics*, p. 162.
[2] 学术界对"权力"（power）有两种理解方式：一种是作为资源的权力路径（power-as-resources approach），另一种是关系性权力路径（relational powe approach）。前一种理解方式实际上是将权力等同于实力（capability）。而这里所说的权力，亦即狭义的权力，遵循的是后一种理解方式。参见 David A. Baldwin, "Power and International Relations," in Walter Carlsnaes, Thomas Risse and Beth Simmons, eds., *Handbook of International Relations*, London: Sage Publications, 2002, p. 178。

是指让他人做其原本不愿做的事情的能力,[1] 只有在控制（control）与被控制、影响（influence）与被影响的关系中才能体现。假如世界上只有一个人，那么这个人也就无所谓是否拥有权力。同样地，超级大国的权力必须通过对小国的控制和影响才能实现。这种控制和影响亦即政治学中所谓的统治（rule/governance）。从理论上讲，两极结构下大国与小国的统治与被统治关系包括4种类型（如图1所示）。

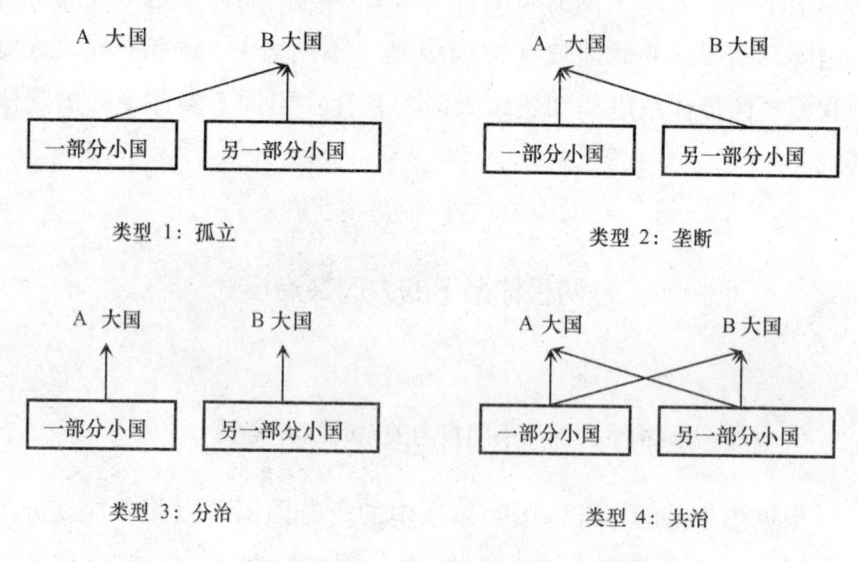

类型1：孤立　　　　　　类型2：垄断

类型3：分治　　　　　　类型4：共治

图1　两极结构下大国与小国权力关系的四种类型

第一种类型是孤立，指有一个超级大国，没有或者只有很少的接受其领导和支配的小国。第二种类型是垄断，指有一个超级大国实现了对体系内全部或者大多数小国的领导和支配。在两极结构下，一个超级大国的孤立往往意味着另一个超级大国对权力的垄断，因

---

[1] Robert A. Dahl, "The Concept of Power," *Behavioral Science*, Vol. 2, No. 3, 1957, pp. 202-203；[美]丹尼斯·朗著，陆震纶、郑明哲译：《权力论》，北京：中国社会科学出版社，2001年版，第3页。

此在两极结构下类型1和类型2在本质上是一样的。这种一个大国明明有竞争权力的实力却放弃竞争而将整个体系的主导权都拱手让给对手的情况，现实中并不多见，但不排除由于国家内部的某些原因，在一定时期内国际体系出现这种权力归属"一边倒"的情况。例如，20世纪80年代末90年代初由于苏联对东欧的"松绑"导致东欧社会主义阵营彻底瓦解，国际体系出现了短暂的有两个超级大国但却只有一个联盟阵营的局面。

第三种类型是分治，指两个超级大国分别领导和支配一部分小国，从而形成两个壁垒分明而又相互对峙的集团或阵营，即所谓的两集团化。从均势理论的视角看，这是国际结构呈现两极特征后的必然结果。[1] 因此如本文文献回顾所述，许多学者将两极与两集团化视为一种共生现象。但正如拉普金等学者所指出的，两集团化这种两极结构下的分治充其量只是一种出现概率很高的经验现象，而非两极结构下大国与小国权力关系的唯一状态。[2]

另一种可能的替代性状态就是如图1所示的第四种类型——共治，它是指两个超级大国共同对体系内所有或大部分小国施加领导和支配。在分治状态下，某个小国是A大国的盟国，就不是B大国的盟国，某个地区是A大国的势力范围，就不是B大国的势力范围，两个大国的权力范围是按照国家的地理边界划分的，彼此泾渭分明。而在共治状态下，两个大国的权力范围在空间上大都是重合的，大部分小国既接受A大国的领导，同时也服从于B大国。如果稍稍放松一点定义，甚至可以说在此类型下，大部分小国既是A大国的盟国，又是B大国的盟国。[3] 对于目前的主流国际安全理论来说，这种

---

[1] Kenneth N. Waltz, *Theory of International Politics*, chapter 8.
[2] David P. Rapkin, William R. Thompson and Jon A. Christopherson, "Bipolarity and Bipolarization in the Cold War Era: Conceptualization, Measurement, and Validation," p. 263.
[3] 对这种小国与两个对立大国同时结盟的现象，我们将在其他地方进行更深入的探讨。

共治状态即使不是不可能的，也是不可想象的。然而最近已有学者指出，从无政府状态导致大国自助这一点出发，其实并不像结构现实主义者所认为的那样能够从理论上得出两个超级大国必然相互制衡的推论。①

结构现实主义的理论推论在很大程度上依赖于对微观经济市场的类比。② 但根据微观经济学理论，寡头企业在彼此互动中并不必然选择相互竞争。事实上，两个寡头企业合谋的收益往往会高于它们彼此竞争的收益。正是由于寡头企业的合谋（对消费者而言）有如此大的"危险性"，因此国内社会通常都会出台法律防止这种合作的出现。如果国际政治的两极体系可以类比双寡头市场，那么体系中的两个极国家就不一定如新现实主义者所宣称的那样——同时也不一定如美苏冷战历史所展示的那样——相互制衡，而也有可能为了自身更大的收益而选择相互合谋，实现共治。③ 事实上，正如本文案例研究部分将要详细展示的那样，中国古代春秋国际体系的晋楚两极结构时期，就曾出现过所有小国同时臣服于晋楚两国的大国共治现象。

（二）大国共治在历史上罕见的原因

上述4种大国与小国权力关系的类型中，最常见的无疑是第三

---

① Jonathan Kirshner, "The Economic Sins of Modern IR Theory and the Classical Realist Alternative," *World Politics*, Vol. 67, No. 1, 2015, p. 158.

② 参见 Kenneth N. Waltz, *Theory of International Politics*, pp. 88 - 99; Richard Little, "International Relations and the Methodological Turn," *Political Studies*, Vol. 39, No. 3, 1991, p. 473; Barry Buzan, Charles Jones and Richard Little, *The logic of Anarchy*, New York: Columbia University Press, 1993, pp. 178 - 180; Jonathan Haslam, *No Virtue like Necessity: Realist Thought in International Relations Since Machiavelli*, New Haven and London: Yale University Press, 2002, p. 238.

③ 参见 Jonathan Kirshner, "The Economic Sins of Modern IR Theory and the Classical Realist Alternative," pp. 158 - 160; 另可参见叶泽：《寡头垄断企业竞争策略》，北京：科学出版社，2012年版，第6章。

种类型，甚至很多人以为它是一种必然的规律。相比之下，第四种类型则非常罕见，几乎没有现成的国际安全理论试图去解释这种现象。既然两大国共治在理论上是可能的，而且也存在实际发生了的先例，可它为什么会如此罕见呢？

这是因为在大多数情况下，共治这种状态是不稳定的。主要有以下三个原因：首先，A、B两个大国都有独占全部小国的机会主义动机。这种动机源于大国对权力和相对地位的追求。进攻性现实主义认为，国家对相对权力非常敏感，总是尽可能使自己的权力最大化，同时伺机削弱对手的权力。[1]但进攻性现实主义还是从国家的生存动机出发得出这一推论的，而事实上，国家对权力和地位本身的追求可能是驱使一个大国伺机削弱另一个大国权力的更重要的动机。[2]地位体现于不平等和差异，因此即使两个大国实现了共治，只要其中有一个大国相信有把握击败对方，共治就不是一个纳什均衡状态，该大国就会选择通过对另一个大国发动战争来谋求自己更高的地位，[3]而赢得战争的一方则会"赢者全得"，共治也就不复存在。

其次，随着地理距离的增大，大国对距离自己遥远的小国的控制力会显著减弱。地理距离对国家军事投送能力的负向影响很早就已为国际关系学者所注意。[4]对于那些与大国毗连的小国，由于大国能够轻易地对其施加胁迫和控制，因此这些小国会更容易选择追随

---

[1] John J. Mearsheimer, *The Tragedy of Great Power Politics*, New York: W. W. Norton & Company, 2001.

[2] Richard Ned Lebow, *A Culture Theory of International Relations*, Cambridge: Cambridge University Press, 2008; Jonathan Kirshner, "The Tragedy of Offensive Realism: Classical Realism and the Rise of China," *European Journal of International Relations*, Vol. 18, No. 1, 2010, pp. 53 – 75.

[3] 实际上这正是1648年至今大多数战争爆发的根本原因。参见Richard Ned Lebow, *Why Nations Fight: Past and Future Motives for War*, New York: Cambridge University Press, 2010。

[4] Kenneth E. Boulding, *Conflict and Defense: A General Theory*, New York: Harper and Brothers, 1962, pp. 229 – 231.

大国。① 而随着距离的增加，特别是在当代这种全球体系下，海洋巨大的水体则会对一国权力的投放产生非常明显的阻遏作用，从而阻止全球霸权的出现。② 在古代东亚朝贡体系中，中原王朝对周边政权的影响也存在明显的随距离增加而递减的现象。③ 即使在科技已高度发达的今天，距离对控制力的这种削弱效应依然存在。④ 当前中美两国在东亚地区的军事能力差距同样因距离的相对远近而被极大地缩小。⑤ 因此，在两极体系下，那些远离某大国而接近另一个大国的小国，会更容易被后者所控制，从而使权力关系类型由共治滑向分治。

最后，小国同时臣服两个大国比只臣服一个大国的成本高、难度大，因此小国有改变共治状态的动机。大国要想获得对小国的统治让小国听命于自己，归根结底有两种方式：一种是胁迫（coercion），即"如果你不听我的命令我就要你的命"；另一种是利益交换，即"如果你听我的命令我可以给你好处"。换言之，小国之所以愿意接受大国的支配，是因为其能够因此而获得大国的某种保证，要么是负面保证"我保证不再侵犯你"，要么是正面保证"我保证给你某种好处"。就正面保证而言，在无政府状态下，大国最常给小国提供的——而且也是小国最常需要的——好处就是安全保障。

---

① Stephen M. Walt, *The Origins of Alliances*, Ithaca: Cornell University Press, 1987, p. 24.
② John J. Mearsheimer, *The Tragedy of Great Power Politics*, pp. 40 - 41, pp. 114 - 119.
③ 因此朝贡体系才会由内而外被划分为"汉字圈""内亚圈""外圈"等圈层或者内臣地区、外臣地区、暂不臣地区等地区。参见费正清主编，杜继东译：《中国的世界秩序——传统中国的对外关系》，北京：中国社会科学出版社，2010年版，第2页；高明士：《东亚古代的政治与教育》，台北：喜玛拉雅基金会，2003年版，转引自张锋：《解构朝贡体系》，载《国际政治科学》，2010年第2期，第42页。
④ Daisaku Sakaguchi, "Distance and Military Operations: Theoretical Background toward Strengthening the Defense of Offshore Islands," *NIDS Journal of Defense and Security*, No. 12, 2011, pp. 83 - 105.
⑤ Evan Braden Montgomery, "Contested Primacy in the Western Pacific: China's Rise and the Future of U. S. Power Projection," *International Security*, Vol. 38, No. 4, 2014, pp. 115 - 149. 甚至有学者认为，受地理距离的影响，20世纪90年代的东亚就已经形成了地区性的中美两极均势。参见 Robert S. Ross, "The Geography of the Peace-East Asia in the Twenty-First Century," *International Security*, Vol. 23, No. 4, 1999, pp. 81 - 118。

而负面保证本质上也是一种安全保障。但问题是，小国对安全保障的需求是一种缺乏弹性的需求（inelastic demand），在有一个大国能够给它提供保证并满足它的这一需求时，新增另一个大国的保证对小国安全效用的改善不会太明显。[1]

但另一方面，新增一个大国的保证，会使小国承担双倍的臣服义务。在古代东亚的朝贡体系中，这意味着小国必须同时向两个大国朝觐进贡。在现代国际体系中，这意味着小国必须在军事上同时承担对两个大国的同盟义务，在政治上同时支持和服从两个大国，这对于小国来说无疑会增加巨大的负担。此外，同时臣服两个大国不仅成本加倍，而且实施的客观难度也比较大。社会心理学中结构平衡理论（structural balance theory）的一个基本原理就是，将朋友的敌人作为敌人，三者之间的关系会非常稳定；相反，将朋友的敌人作为朋友，三者的关系将极不稳定。[2] 两极体系下两个超级大国彼此互为竞争对手这种身份是明确的，小国很难与这两个"敌人"同时保持良好关系。总之，在两个大国都只能对小国做出安全方面的保证时，小国同时臣服两个大国所增加的收益并不明显，而成本和难度却会显著增加，因此小国往往会选择"一边倒"或"不结盟"，而不是接受两个大国的"共治"。

---

[1] 在无政府状态下，小国单靠自己很难确保自身的安全，因此对小国来说，"外部安全保障"这个"商品"的可替代性低。而商品的低可替代性决定了对该商品的需求缺乏弹性。商品的需求弹性测量的是商品的需求量对价格变化（亦即供给变化）的敏感程度。需求越缺乏弹性，增加供给对提高需求的拉动作用就越不明显。参见罗宾·巴德、迈克尔·帕金著，张伟等译：《微观经济学原理》，北京：中国人民大学出版社，2010 年版，第 130—132 页。

[2] Fritz Heider, "Attitudes and Cognitive Organization," *The Journal of Psychology*, Vol. 21, No. 1, 1946, pp. 107 – 112; Fritz Heider, *The Psychology of Interpersonal Relations*, New York: John Wiley & Sons, Inc., 1958.

(三) 大国功能分异与差异化竞争

探究大国共治罕见的原因,有助于我们寻找大国共治出现的条件和机制。如上所述,大国共治之所以难以出现和维持的一个重要原因是,小国接受两个大国共治的收益和成本不匹配。那么如何才能让小国更情愿同时接受两个大国的领导呢?关键在于大国的功能是否出现分异。

众所周知,国家功能无差异是华尔兹结构现实主义研究纲领的一个基本假定。华尔兹认为,在无政府状态下,每个国家都必须保卫自身安全并对本国国内的各项事务提供协调和治理,因此国家都是相似的单元(like unit)。[1] 但在一些学者看来,无视国家功能的分异(differentiation)不仅在理论上是一种重大缺憾,[2] 而且也与经验事实不符,他们认为国际体系中客观上存在着许多不相似的国家。[3] 但正如笔者在其他地方已经指出的,华尔兹的国家功能无差异假定的关键缺陷在于他未能意识到国家对内功能和对外功能的区别。所有国家的对内功能都是保卫自己国家的安全,并不意味着每个国家对其他国家、对国际社会所发挥的作用和其所扮演的角色也都是一样的。就对外功能而言,每个国家的功能显然是存在差异的。[4]

---

[1] Kenneth N. Waltz, *Theory of International Politics*, pp. 96 – 97. 另见 Colin Elman, Miriam Fendius Elman and Paul Schroeder, "Correspondence: History vs. Neo-realism: A Second Look," *International Security*, Vol. 20, No. 1, 1995, p. 189; 陈小鼎:《试析国际关系理论的合成——一种科学哲学的分析视角》,载《国际政治研究》,2006 年第 4 期,第 167 页。

[2] Barry Buzan and Mathias Albert, "Differentiation: A Sociological Approach to International Relations Theory," *European Journal of International Relations*, Vol. 16, No. 3, 2010, pp. 315 – 337.

[3] Barry Buzan, Charles Jones and Richard Little, *The logic of Anarchy*, pp. 121 – 131, p. 146; George Sørensen, "States Are Not 'Like Units': Types of State and Forms of Anarchy in the Present International System," *Journal of Political Philosophy*, Vol. 6, No. 1, 1998, pp. 79 – 98.

[4] 杨原:《体系层次的国家功能理论——基于对结构现实主义国家功能假定的批判》,载《世界经济与政治》,2010 年第 11 期,第 129—153 页。

国家的对外功能是指"一个国家所提供的能够满足其他国家各种需要的服务"。[①] 国际体系中的国家就像市场中的消费者一样，也有各自的需求（demand）；而一些国家（特别是大国）也像市场中的企业一样，能够通过提供某种"商品"或"服务"来满足其他国家的需求。当一个国家能够满足另一个国家的某种迫切的需求，而后者自己又无法满足自己时，后者对前者就会产生依赖，前者对后者的权力也就产生了。[②] 如前所述，大国获得小国的服从和支持有两种方式：一种是胁迫，另一种是利益交换。前一种方式的内在逻辑是："因为害怕你，所以支持你"；后一种方式的内在逻辑是："因为需要你，所以支持你"。[③] 大国对外功能的意义就在于此：它能够满足小国的某种需要并使小国因此对大国产生某种依赖。

显然，如果一个大国能够充分发挥自己的对外功能，很好地满足大部分国家的重要需求，那么这个大国在国际体系中一定会备受推崇并拥有很大的影响力。[④] 正如历史学家保罗·施罗德（Paul Schroeder）所观察到的，19世纪前半期欧洲国际体系中的英国、俄国等大国由于分别发挥了维持欧洲大陆均势、保护小国不受他国威胁等功能，因此得以彰显和扩大其国际影响力。[⑤] 另外，霸权稳定论的一个核心观点是，霸权体系之所以能够稳定，是因为霸权国能够

[①] 杨原：《体系层次的国家功能理论——基于对结构现实主义国家功能假定的批判》，载《世界经济与政治》，2010年第11期，第138页。
[②] 依赖产生权力的经典论述，参见罗伯特·基欧汉、约瑟夫·奈著，门洪华译：《权力与相互依赖》，北京：北京大学出版社，2002年版，第1章。
[③] 杨原：《武力胁迫还是利益交换？——大国无战争时代大国提高国际影响力的核心路径》，载《外交评论》，2011年第4期，第106—107页。
[④] 杨原：《体系层次的国家功能理论——基于对结构现实主义国家功能假定的批判》，载《世界经济与政治》，2010年第11期，第147页。
[⑤] Paul Schroeder, "Historical Reality vs. Neorealist Theory," *International Security*, Vol. 19, No. 1, 1994, p. 126.

为该体系提供安全和发展的秩序和各种公共物品。① 等级制理论的核心逻辑与霸权稳定论相似，即一个大国能否让其治下的国家甘愿接受某种"不平等"的等级关系，关键在于大国能否为这些国家提供安全保障、经济发展秩序以及公正的纠纷仲裁。② 这些理论从侧面印证了国家对外功能的存在及其对大国权力的重要意义。

如前所述，小国之所以不愿同时臣服于两个大国是因为如此则须承担两份臣属的义务而却只能得到一种好处。而如果这两个大国的对外功能存在差异，能够分别满足小国两种不同但都很重要的需要，那么小国同时接受两个大国领导的意愿就会上升。从供给与需求的角度出发，我们可以给出两极体系下大国功能出现分异的两个条件：

条件一：作为功能需求方的小国，除基本的生存需求外，还普遍存在另一种其同样非常重视的需求。

条件二：作为功能供给方的两个大国，均只有能力和意愿满足小国的某一种需求，且它们所能满足的不是同一种需求。

当这两个条件同时满足时，就意味着这两个大国开始扮演起不同的角色，开始对小国具有不同但都很重要的意义。此时，小国出于确保自身不同需要都能得到满足的考虑，就会在不同领域接受相

---

① Charles P. Kindleberger, "Dominance and Leadership in the International Economy: Exploitation, Public Goods, and Free Rides," *International Studies Quarterly*, Vol. 25, No. 2, 1981, pp. 242 - 254; Robert Gilpin, *War and Change in International Politics*, Cambridge: Cambridge University Press, 1981; Robert Gilpin, *The Political Economy of International Relations*, Princeton: Princeton University Press, 1987; Michael C. Webb and Stephen D. Krasner, "Hegemonic Stability Theory: An Empirical Assessment," *Review of International Studies*, Vol. 15, No. 2, 1989, pp. 183 - 198.

② David A. Lake, "Escape from the State of Nature Authority and Hierarchy in World Politics," *International Security*, Vol. 32, No. 1, 2007, pp. 47 - 79; David A. Lake, *Hierarchy in International Relations*, Ithaca and London: Cornell University Press, 2009; Ahsan I. Butt, "Anarchy and Hierarchy in International Relations: Examining South America's War-Prone Decade, 1932 - 41," *International Organization*, Vol. 67, No. 3, 2013, pp. 575 - 607.

应大国的领导；而两个大国则会为了获得比对手更大的对小国的影响力，不断提高自身对小国相应需求的满足程度，从而形成一种发挥各自比较优势的"差异化竞争"。[1] 目前在东亚地区所呈现的中美经济—安全二元领导格局，就是这种差异化竞争的一个实例。正是由于中美两国分别发挥了自己在经济和安全领域的比较优势，从而使其他东亚国家愿意同时在这两个领域分别接受中美两国的领导。[2]

（四）共治的产生机制及其意义

即使满足了上述两个条件实现了大国功能的差异化，也并不一定能够形成或维持大国共治的状态。如前所述，形成共治的条件很苛刻，即使两个大国均只能满足小国的某一种需求，但在权力欲望的驱使下，两个大国仍然有动机寻求机会发动对对方的战争，通过武力征服对手的方式将所有小国都置于自己一国的统治之下。因此，导致大国共治局面得以出现和维持的另一个必要条件是：大国受战争成本或规范性因素的约束，不再能够通过战争和暴力的方式强迫另一个大国退出权力的竞争或使其丧失竞争权力的能力。

在一个没有更高权威的无政府世界中，这个条件在大部分时间里的确都很难满足。但幸运的是，如本文第一部分已经提到的，自1945年二战结束开始，国际体系已经进入了"大国无战争"的时代，由于核武器、经济相互依赖等因素的影响，大国间战争的成本已经高到难以承受的程度。而且从规范的层面看，随着主权规范的不断深化，领土兼并更是一种不可接受的策略选项，"大国无战争"

---

[1] 如果上述两个条件不全部具备因而导致大国对外功能未出现分异，在此情况下两个大国通过拉拢小国而进行的权力竞争则可称为"同质性竞争"，意为两个大国的功能以及赢得小国支持的原因是"同质的"。

[2] 张春：《国际公共产品的供应竞争及其出路——亚太地区二元格局与中美新型大国关系建构》，载《当代亚太》，2014年第6期，第52—72页。

的时代同时也是"主权零死亡"的时代。[①] 而从社会演化的角度看，这种大国间低暴力的状态已经不大可能出现倒退和逆转。[②] 从这个意义上讲，1945 年以后的国际体系具备出现大国共治的有利条件。

综合以上分析，我们可以得出两极结构下大国实现差异化竞争并对小国进行共治的产生机制，如图 2 所示：当"小国普遍有不止一种重要需求"和"两大国均只能满足小国某一种需求"这两个条件满足时，会首先引发两个大国功能的分异。而大国功能出现分异，既为小国同时臣服于两个大国提供了行为动机，同时又使得两个大国获取权力的途径得以"差异化"。如果此时大国与大国间不再能够发生直接的战争，那么每个大国就都无法通过摧毁或征服对方而垄断对所有小国的领导权，由大国功能分异而导致的差异化竞争态势就会得到保持，从而出现两大国共治的状态。

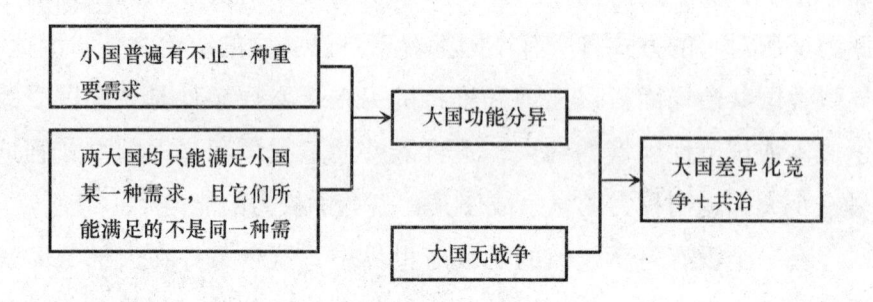

图 2 两极结构下大国差异化竞争与共治的产生机制

[①] Sharon Korman, *The Right of Conquest: The Acquisition of Territory by Force in International Law and Practice*, Oxford: Clarendon Press, 1996, chapter 7; Tanisha M. Fazal, "State Death in the International System," *International Organization*, Vol. 58, No. 2, 2004, pp. 311 – 344; Tanisha M. Fazal, *State Death: The Politics and Geography of Conquest, Occupation, and Annexation*, Princeton: Princeton University Press, 2007; 姜鹏:《规范变迁与身份再造——主权零死亡时代大国崛起战略之路径重构》，北京：中国社会科学出版社，2015 年版。

[②] Shiping Tang, "Social Evolution of International Politics: From Mearsheimer to Jervis," *European Journal of International Relations*, Vol. 16, No. 1, 2010, pp. 31 – 55.

与冷战时期的两极分治状态相比较，这种差异化竞争和共治有着明显的积极意义。首先，相对于同质性竞争，差异化竞争的冲突性和对抗性会更弱。好比一个菜市场中的两个商家，一个卖蔬菜、一个卖水果，其竞争的激烈程度一定比两家都卖蔬菜的竞争激烈程度要低。其次，由于两个大国共治大部分小国，因此两个大国的"势力范围"不再纯粹以空间划界，而更多地会以功能领域划界（如一个大国在安全领域领导小国，另一个在经济领域领导小国），这使得大国政治的地缘政治色彩会比分治状态下弱。① 最后，共治状态得以维持的一个前提是两个大国均能充分地满足小国某个方面的重要需要，这意味着这样的大国权力竞争具有"正外部性"，小国会因大国间的竞争而获得好处。差异化竞争会迫使两个大国尽可能地发挥各自的比较优势，小国则会因此从两个大国那里获得更"优质"的"服务"。

综合这三点意义可以看到，大国和小国的处境都会因差异化共治而改善，因此实现差异化共治是一种帕累托改善。因此差异化共治是我们对未来中美两极所期望看到的状态。

三、案例研究

本部分将分析古代和现当代 3 个两极体系中的大国权力竞争案例，以检验第三部分提出的大国共治的出现条件和机制。案例分析显示，只有当大国无战争和大国功能分异两个条件同时具备时，两极结构下的大国共治才会稳定地得以持续。

---

① 地缘政治因素只能减弱而不会完全消失。由于地理空间对权力影响范围的削弱作用，距离某大国较近的小国受该大国影响的程度总是会大于受另一个距离较远的大国的影响。因此地理空间意义上的"势力范围"以及对其的争夺在共治状态下也不会完全消失。

（一）春秋晋楚弭兵

在历时三百多年的春秋体系中，晋楚两国的权力竞争是大国争霸的核心和焦点，晋楚两国的历史构成了春秋史的中坚。[①] 在公元前632年城濮之战至公元前546年向戌弭兵之会之间的80多年时间里，国际体系基本处于晋楚两极结构之下。[②] 晋楚两国争夺体系霸权的主要途径就是争夺小国的归附。城濮之战、邲之战和鄢陵之战等这段时期发生的重大战争，都是由晋楚两国争夺对宋、郑等中原国家的领导权而引发的。晋楚作为当时体系的两个超级大国，都想将尽可能多的国家纳入自己的领导范围，这是晋楚矛盾的焦点。

但长期而频繁的争霸战争令各国都承受着巨大的压力。有统计显示，晋楚两国在城濮之战至向戌弭兵之会间大小战争有20余次。[③] 郑、宋等作为晋楚两国争夺焦点的中小国家均饱受战争的荼毒。"其民人不获享其土利，夫妇辛苦垫隘，无所底告"，[④] "民死亡者，非其父兄，即其子弟，夫人愁痛，不知所庇"。[⑤] 在这种情况下，停止战争就成为当时的主流社会思潮。例如，晋国大夫韩宣子就认为："兵，民之残也，财用之蠹也，小国之大菑也。将或弭之，虽曰不可，必将许之。弗许，楚将许之，以召诸侯，则我失为盟主矣。"齐国大夫陈文子也认为："人曰弭兵，而我弗许，则固携吾民矣，将焉用

[①] 顾德融、朱顺龙：《春秋史》，上海：上海人民出版社，2003年版，第162页。
[②] 公元前546年弭兵之会的决议本身就是当时晋、楚、齐、秦等大国权力地位的很好体现：除齐、秦两国外，其他国家均须同时向晋、楚两国朝贡。与会各国对此均无异议，这反映了当时各国对晋、楚两国所享有的超越其他国家的权力地位的一种共识，所谓"晋、楚狎主诸侯之盟也久矣"。参见《左传·鲁襄公二十七年》。
[③] 王庆成：《春秋时代的一次"弭兵会"》，载《江汉学报》，1963年第11期，第41页。
[④] 《左传·鲁襄公九年》。
[⑤] 《左传·鲁襄公八年》。

之？"① 可见当时是否"弭兵"已经关系到民心向背和霸权的得失。

与此同时，北方霸主晋国国内公室日益衰微，卿大夫势力日益膨胀，国内权力争夺日趋尖锐，因此不得不将主要精力转到国内。而南方霸主楚国则面临侧后方日益崛起的吴国的巨大威胁。② 在这种情况下，晋楚两国均接受了当时宋国执政向戌的建议，决定正式弭兵。③

公元前546年夏天，晋、楚、齐、秦、鲁、宋、郑、卫、陈、蔡、许、曹、邾、滕等14个大小诸侯国在宋国召开规模空前的诸侯国间会议，商定晋楚弭兵，史称"弭兵之会"或"弭兵之盟"。会上楚国提出"请晋、楚之从交相见也"，亦即让晋国的属国今后也要到楚国去朝觐，楚国的属国也须到晋国去朝觐。晋国则指出齐、秦两国实力地位的不同："晋、楚、齐、秦匹也。晋之不能于齐，犹楚之不能于秦也。楚君若能使秦君辱于敝邑，寡君敢不固请于齐？"最终两国约定，除齐、秦两国外，其他国家须两面朝觐。随后晋楚两国还曾一度为歃血盟誓的先后产生过争执。晋国认为："晋固为诸侯盟主，未有先晋者也。"楚国则表示："子言晋、楚匹也，若晋常先，是楚弱也。且晋、楚狎主诸侯之盟也久矣！岂专在晋？"最终晋国同意让楚国先歃。④

由这次弭兵之会的决议和过程可以看到，当时无论是其他国家还是晋楚两国自己，都将晋楚视为势均力敌的两个超级大国。而这

---

① 《左传·鲁襄公二十七年》。
② 黄朴民：《梦残干戈——春秋军事历史研究》，长沙：岳麓书社，2013年版，第345页。
③ 据《左传》记载，在此之前，晋、楚两国还曾于公元前579年举行过一次"弭兵之会"，约定"无相加戎，好恶同之，同恤菑危，备救凶患"（参见《左传·鲁成公十二年》）。但这次弭兵之会显然并不成功，因为就在4年后的公元前575年，晋、楚两国就又爆发了鄢陵之战。事实上，公元前579年的这次弭兵之会究竟是否真实发生过，在史学界还存在争议。参见杨升南：《春秋时期的第一次"弭兵盟会"考——兼论对"弭兵"盟会的评价》，载《史学月刊》，1981年第6期，第1页。
④ 《左传·鲁襄公二十七年》。

次弭兵之会的实质，就是由这两个大国以及国际社会共同承认了两国的这种战略均势，并且由这两国共享体系的霸权。① 共享霸权无疑是这次弭兵之会最为突出的一个特点。冷战时期美苏两国虽然也承认彼此的均势，但美苏绝不与对方分享各自的"势力范围"，实行的是泾渭分明的分治。但在此次弭兵之会上，晋楚两国却同意让自己的属国也成为对方的属国。这其中，陈、蔡、许等是楚国的属国，鲁、宋、卫、郑等是晋国的属国。② 这意味着晋、楚两国达成了共治的协议。在弭兵之会刚刚结束不久时，这种共治协议还曾一度得到遵守。弭兵之盟的第二年，即公元前545年，"齐侯、陈侯、蔡侯、北燕伯、杞伯、胡子、沈子、白狄朝于晋，宋之盟也"，"为宋之盟故，公及宋公、陈侯、郑伯、许男如楚"。③

不过，晋楚虽然暂时形成了共治，但两国的"对外功能"依然是高度同质化的。弭兵之会上晋楚两国宣扬的口号是："将利小国，而亦使安定其社稷，镇抚其民人，以礼承天之休。"④ 这里所谓的给小国的"利"，实际就是指由弭兵而给小国带来的和平稳定的外部环境。公元前541年，周景王卿士刘定公在奉命慰劳晋国执政赵武时也表示："微禹，吾其鱼乎！吾与子弁冕端委，以治民临诸侯，禹之力也。子盍亦远绩禹功，而大庇民乎？"⑤ 希望赵武领导下的晋国能够发扬大禹的功绩，承担起庇护各国人民的责任。可见当时国际社会期待晋楚这样的大国所发挥的主要功能就是安全保障。事实上，晋楚两国长期以来都在同时采用正面保证和负面保证的方法为小国

---

① 黄朴民：《梦残干戈——春秋军事历史研究》，第348页。
② 童书业：《春秋史》，北京：中华书局2012年版，第240页。
③《左传·鲁襄公二十八年》。
④《左传·鲁襄公二十八年》。
⑤《左传·鲁昭公元年》。

提供安全保障。[1]

在晋楚两国为小国提供同质性好处的同时,"晋楚共治"又使得小国的负担加倍。事实上,单是仅奉一国为"伯主"的负担就已经很重。晋国称霸时对其属国的要求是:"三岁而聘,五岁而朝,有事而会,不协而盟。"[2]而在实践中,霸主对属国的要求往往更苛刻。例如,郑国对晋国就曾"不朝之间,无岁不聘,无役不从"。[3]鲁国对晋国也是"职贡不乏,玩好时至,公卿大夫,相继于朝"。[4]而弭兵之会上规定的"晋楚之从交相见"则显然将小国这种本已十分沉重的负担翻倍,变成同时向两个霸主纳币朝聘。[5]同时,当时晋楚两国虽然弭兵,但这主要是出于顺应民心和应对国内国际压力,并非像二战后那样是由于大国间战争本身的成本高到大国无法承受。事实上,弭兵之会后,晋齐、吴楚、吴越之间依然经常发生军事冲突乃至战争,这说明当时大国通过战争获利的机会主义动机依然存在。

在大国功能未分异且大国间战争的可能性依然存在的情况下,由弭兵形成的晋楚共治局面必然很不稳定。随着时间的推移,大国对权力的排他性占有的欲望就逐渐显现出来。公元前535年,楚国章华之台落成,要求各国派使臣前往祝贺。鲁昭公不得已赴楚,此举引起晋国不满,晋国要求其必须立即将此前占领的杞国的土地全部归还。[6]鲁国正卿季孙在决定同意晋国的要求时曾无奈地表示:"君之在楚,于晋罪也。又不听晋,鲁罪重矣。晋师必至,吾无以待之,不如与之,间晋而取诸杞。"[7]这很好地体现了当时小国在两个

---

[1] 积极保证是指帮助小国抵御其他国家的侵略,消极保证是指向小国保证自己不对其进行侵略。
[2] 《左传·鲁昭公三年》。
[3] 《左传·鲁襄公二十二年》。
[4] 《左传·鲁襄公二十九年》。
[5] 高锐:《中国上古军事史》,北京:军事科学出版社,1995年版,第256页。
[6] 晁福林:《春秋战国的社会变迁》(上册),北京:商务印书馆2011年版,第121页。
[7] 《左传·鲁昭公七年》。

大国的双重胁迫下不得不首鼠两端、左右逢迎的无奈窘境。公元前531年，楚国无视晋国的劝阻进攻蔡国，最终灭掉了蔡国。① 很快，大国与小国的关系又重新回到了弭兵之会以前那种晋楚两国各自威逼小国臣服于自己的分治状态。

（二）美苏冷战对峙

美苏冷战体系是人类历史上第一个真正意义上的大国无战争体系。这里所说的大国无战争，并不仅仅是指从事后看，客观上一极大国之间没有发生过战争，而更主要的是指一极大国之间在主观意图上从未考虑过主动发动战争，甚至发自内心地惧怕大国间发生直接战争，这是此前历史上所没有过的。而导致这种变化的核心因素就是核武器的出现。随着1945年的"原子革命"（atomic revolution）和20世纪50年代中期的"热核革命"（thermonuclear revolution）的完成以及洲际弹道导弹的出现，所有的领导人都不得不承认这样一个事实，那就是他们所处的世界已经彻底发生了变革，相互摧毁使得没有任何一个战争参与者能够在战争结束后幸存。②

正是这种相互确保摧毁，使得冷战时期美国和苏联尽管在很多战略目标上存在巨大分歧，但在一个问题上两国的目标始终高度一致，那就是避免第三次世界大战以及美苏之间的一般性战争和核战争。③ 为此，美苏双方都努力将它们之间的冲突控制在一定范围之

---

① 《左传·鲁昭公十一年》；晁福林：《春秋战国的社会变迁》（上册），第119—120页。
② John Lewis Gaddis, "Conclusion," in John Lewis Gaddis, et al., eds., *Cold War Statesmen Confront the Bomb: Nuclear Diplomacy since 1945*, Oxford: Oxford University Press, 1999, pp. 261 – 264.
③ Gordon A. Craig and Alexander L. George, *Force and Statecraft: Diplomatic Problems of Our Time*, New York: Oxford University Press, 1995, p. 105.

内，这种形成默契的合作根源于核武器的出现。① 事实上，冷战体系与1945年以前国际体系的一个最显著的区别就在于冷战时期大国对战争这种手段的极端谨慎。在使用战争有可能导致美苏两国直接军事冲突的情况下，出于对热核战争的恐惧，美苏两国宁可选择放弃战争，哪怕这么做会使大国间权力对比向着对自己不利的方向改变。这一点无疑是此前的国际体系所不曾有过的。②

前面的两个案例显示，大国无战争是两极体系下大国共治得以稳定的必要条件。但它并非充分条件，在大国功能未发生分异的情况下，即使在冷战时期这种大国无战争时代，共治也很难出现。二战结束后，由于战争带来的破坏以及人们普遍对战争的恐惧，中小国家对经济发展和安全保障都有着迫切的需求，亟须得到大国的援助。除此之外，由于资本主义和共产主义意识形态的对立，东西方不同政治制度的国家对意识形态这种本体安全也有着同样迫切的需求。③ 按说，小国普遍有不止一种重要需求是大国功能出现分异的一个关键因素。但可惜当时的两个超级大国各种类型的实力都比较均衡和强大，都能够独立满足各自盟友这几种不同类型的需求。这使得美苏两国的对外功能非常趋同，都分别同时扮演着小国的安全保障者、经济援助者乃至意识形态支持者的角色。

在功能未分异的情况下，美苏的权力竞争也就很难实现共治。冷战时期美苏的核心利益以及争夺的焦点在欧洲，而在欧洲的核心矛盾则是德国问题。从某种意义上讲，美苏对德国的争夺就是两国

---

① Michael Mandelbaum, *The Nuclear Revolution: International Politics Before and After Hiroshima*, New York: Cambridge University Press, 1981, p. 66, p. 72.

② Gordon A. Craig and Alexander L. George, *Force and Statecraft: Diplomatic Problems of Our Time*, p. 107.

③ 对本体安全（ontological security）的需求是根植于人性的一种基本需要。参见亚历山大·温特著，秦亚青译：《国际政治的社会理论》，上海：上海人民出版社，2000年版，第162—164页。关于本体安全的含义以及对国家行为的影响，参见 Brent J. Steele, *Ontological Security in International Relations: Self-identity and the IR State*, London: Routledge, 2008。

对体系主导权争夺的一个缩影。① 本文以此为案例，观察美苏竞争如何导致了对小国的分治而非共治。

二战结束后，美苏两国都不希望德国分裂局面延续下去。但它们的这种意愿并非纯粹出于对德国主权完整的尊重，而更多的是有着各自的战略考虑。苏联不希望美国以德国分裂为借口强化其在西欧的军事存在，而美国则希望在一个统一的德国推行民主制度以降低德国对地区安全的威胁。② 但两国又都不愿德国是以对方所希望的方式实现统一。由于双方势均力敌，德国的分裂就此延续下来。而处于苏联占领区的德国原首都柏林，自然成为美苏双方争夺的焦点。1947年美国伙同英国在德国西部占领区推行货币改革，引发苏联震怒，苏联随即决定封锁西部占领区与柏林的交通。美英法三国因此又对苏联实施反封锁，切断从西欧通向德国苏占区的交通。由此导致了第一次柏林危机。这次危机直接导致了柏林的分裂和东西两个德国的建立。③

但柏林和德国的分裂并没有化解美苏两国在德国的矛盾，相反，这种矛盾不断积累，终于在20世纪50年代末引发了冷战时期第一次美苏双方的严重军事对峙危机，即第二次柏林危机。20世纪50年代后期，美国开始默许联邦德国发展核武器。北约的美国司令官明确表示："防御性核武器对于加强西德国防军的防御力量是绝对不可缺少的。"④ 1958年10月27日，民主德国领导人瓦尔特·乌布利希（Walter Ulbricht）提出西方国家无权留在柏林，由此开启了第二次

---

① 于振起：《冷战缩影：战后德国问题》，北京：世界知识出版社，2010年版。
② Wilfried Loth, "Germany in the Cold War: Strategies and Decisions," in Odd Arne Westad, ed., Reviewing the Cold War: Approaches, Interpretations, Theory, London: Frank Cass Publishers, 2000, pp. 242–244.
③ 方连庆、王炳元、刘金质主编：《国际关系史（战后卷）》，北京：北京大学出版社，2006年版，第20—23页。
④ 孔华润主编，王琛等译：《剑桥美国对外关系史》（下册），北京：新华出版社，2004年版，第344页。

柏林危机的序幕。同年11月10日，赫鲁晓夫公开声称："签订波茨坦协定的国家应当放弃占领柏林制度"，随即提出对西柏林实施非军事化和自由化。[1] 美国对此立即做出强硬反应。杜勒斯警告说，如果有必要，西方将动用武力确保其出入柏林通道的畅通。赫鲁晓夫则针锋相对地表示，那将意味着第三次世界大战的爆发。[2]

在随后的近三年时间里，苏联和西方就柏林问题展开了旷日持久的讨价还价和反复交涉，但双方始终未能达成妥协。为解决柏林危机，1961年6月4日，美苏两国领导人在维也纳举行峰会。会谈中肯尼迪表示柏林是"美国最大的关切"，希望苏联不要将美国置于一个使其国家利益深受威胁的形势中。赫鲁晓夫则坚持苏联1961年年底与民主德国签订和平条约的决定不可改变。[3] 1961年6月15日和7月25日，赫鲁晓夫和肯尼迪分别发表电视讲话，再次强调各自在柏林问题上的坚定立场。两国随后均宣布提高国防预算，美国还下令国民预备役部队转入现役状态。[4] 在双方僵持的过程中，为阻止东柏林公民外逃，苏联又做出冒险举动，从8月13日开始在东西柏林边界线上建造了一堵水泥墙，将东西柏林隔开。[5] 这种冒险改变现状的行为直接导致了1961年10月27日美苏坦克在东西柏林边界上的对峙。

---

[1] 王绳祖主编：《国际关系史》（第八卷），北京：世界知识出版社，1995年版，第440—441页。

[2] 孔华润主编：《剑桥美国对外关系史》（下册），第345—346页。

[3] William Taubman, *Khrushchev: The Man and His Era*, New York: W. W. Norton & Company, 2003, pp. 499–500.

[4] 方连庆、王炳元、刘金质主编：《国际关系史（战后卷）》，第282—283页；沃尔特·拉费伯尔：《美国、俄国和冷战，1945—2006》，第174页；Aleksandr A. Fursenko and Timothy Naftali, *Khrushchev's Cold War: The Inside Story of an American Adversary*, New York: W. W. Norton & Company, 2006, p. 368, pp. 371–372。

[5] 孔华润主编：《剑桥美国对外关系史》（下册），第355页。

应当承认，美苏对德国的争夺是导致德国和柏林分裂的重要原因。[1] 首先，民主德国领导人之所以敢于提出让西方国家离开柏林的要求，是因为他确信苏联能够保障民主德国的各种需求。其次，美苏两国出于权力竞争的考虑，在德国和柏林问题上互不让步，但同时双方又都不愿通过直接的武力和战争来谋求对德国和柏林的独占，可谁也无法通过恫吓令对方完全妥协，因而只能对这个国家和这个城市进行平分。这正是美苏冷战致使世界分裂的一个缩影。

（三）当前中美东亚竞争

进入21世纪后，特别是自2008年金融危机爆发以来，中国在东亚地区的相对实力优势开始不断突显，从而在这一地区形成了中美两个彼此竞争的权力中心，[2] 东亚地区层面的权力竞争格局逐渐清晰。[3] 地区两强格局的浮现使得中美两国之间的竞争在所难免。与此同时，随着金融危机的蔓延、美国重返亚太战略的实施以及中国崛起势头的强化，自2009年开始，亚太地区国家对经济和安全领域公共物品的需求同时上升。而在此之前本地区还很少有过中小国家同时对经济和安全的外部供给都有强烈需求的情况。[4] 再加上核威慑、

---

[1] Vladislav M. Zubok, *A Failed Empire: The Soviet Union in The Cold War from Stalin to Gorbachev*, Chapel Hill: The University of North Carolina Press, 2007, p. 62.

[2] 祁怀高：《中美制度均势与东亚两种体系的兼容共存》，载《当代亚太》，2011年第6期，第56—74页；蔡鹏鸿：《亚太两强竞争性合作格局趋势与中国外交》，载《国际观察》，2013年第1期，第9—16页。

[3] 有学者认为东亚地区的这种结构在较早的时候就已形成，参见 Robert S. Ross, "The Geography of the Peace-East Asia in the Twenty-First Century," pp. 81–118; Robert S. Ross, "Bipolarity and Balancing in East Asia," in T. V. Paul, James J. Wirtz and Michel Fortmann, eds., *Balance of Power: Theory and Practice in the 21st Century*, Stanford: Stanford University Press, 2004, pp. 267–304.

[4] 高程：《区域公共产品供求关系与地区秩序及其变迁——以东亚秩序的演化路径为案例》，载《世界经济与政治》，2012年第11期，第25—29页。

经济相互依赖等导致二战后大国无战争的因素依然存在，中美两国的对外功能开始出现分异并初步呈现出差异化共治东亚的态势。

这种国家功能的分异体现在，中国主要为本地区国家提供经济发展和合作的机制、机会和援助，而美国则为本地区提供安全方面的积极和消极保证。这种"经济上靠中国、安全上靠美国"的东亚二元格局已成为学界的一种共识。[1]

在经济上，随着日本经济增长的停滞和美国经济的相对衰落，自冷战结束以来，中国对东亚国家经济的重要性就不断得以凸显。1997年亚洲金融危机爆发后，中国没有推卸责任选择人民币贬值，反而有意增加对亚洲其他国家的进口，帮助其他国家渡过难关。2008年国际金融危机爆发后，经济实力已进一步增强的中国表现出了更强的为地区乃至全球提供经济公共物品的能力和意愿，通过稳定自身经济增长带动了地区经济的恢复。[2] 2013年9月和10月，中国国家主席习近平在出访中亚和东南亚国家期间，先后提出共建"丝绸之路经济带"和"21世纪海上丝绸之路"的倡议，特别是2014年丝路基金的设立和亚洲基础设施投资银行的筹建，更体现出中国为地区经济合作和基础设施建设做出更大贡献的意愿。

目前，中国是日本、俄罗斯、韩国、朝鲜、蒙古国等所有东北亚国家的最大贸易伙伴，是印度尼西亚、越南、泰国、马来西亚、缅甸等东南亚国家和巴基斯坦、印度、澳大利亚等泛亚太地区国家以及东盟的最大贸易伙伴。特别是在日本、韩国、澳大利亚、菲律

---

[1] 刘丰：《安全预期、经济收益与东亚安全秩序》，载《当代亚太》，2011年第3期，第6—25页；周方银：《东亚二元格局与地区秩序的未来》，载《国际经济评论》，2013年第6期，第106—119页；江瑞平：《共建世纪海上丝绸之路——走出东亚格局中的二元困境》，载《东南亚纵横》，2014年第10期，第11—15页；张春：《国际公共产品的供应竞争及其出路——亚太地区二元格局与中美新型大国关系建构》，载《当代亚太》，2014年第6期，第52—72页。

[2] 张春：《国际公共产品的供应竞争及其出路——亚太地区二元格局与中美新型大国关系建构》，载《当代亚太》，2014年第6期，第61页。

宾和泰国这5个美国的亚太盟国中，除菲律宾外其他4国最大的贸易伙伴都是中国。2010年中国取代美国成为东亚第一大出口市场。①2010年中国—东盟自由贸易区全面建成，中国和东盟6个老成员国（文莱、菲律宾、印度尼西亚、马来西亚、泰国、新加坡）之间超过90%的产品已经实行零关税，中国对东盟平均关税从9.8%降至0.1%。② 亚太地区国家在经济上对中国的依赖已是不争的事实。

但中国政府同时又反复重申"不结盟"政策，坚持走"结伴不结盟"道路。③ 而在现代国际社会，建立正式同盟是为他国提供安全保障的必要形式。④ 因此，"不结盟"就意味着中国尚不能给亚洲其他国家提供至少是正式的和稳定的积极安全保障。这一方面是由于中国自身的军事实力相对于其经济实力的不足，另一方面也是由于美国在本地区安全物品供给上的"先动优势"。苏联解体后美国在相当长的一段时期内都是全球和地区的唯一超级大国，这给了美国足够多的时间使其巩固和扩大其盟友阵营，在崛起国尚不具备竞争能力的时候就尽可能地挤压崛起国的潜在争取对象。⑤ 而美国的这种做法客观上加强了其在东亚地区的安全保障功能。

自2009年美国提出"重返亚太"战略和随后的"亚太再平衡"

---

① 相关数据参见周方银：《中国崛起、东亚格局变迁与东亚秩序的发展方向》，载《当代亚太》，2012年第5期，第8—9页；周方银：《东亚二元格局与地区秩序的未来》，载《国际经济评论》，2013年第6期，第109—110页；江瑞平：《共建世纪海上丝绸之路——走出东亚格局中的二元困境》，载《东南亚纵横》，2014年第10期，第12页。

② 刘丰：《安全预期、经济收益与东亚安全秩序》，载《当代亚太》，2011年第3期，第20页。

③ 《结伴不结盟，中国"伙伴"遍全球》，http://news.xinhuanet.com/2014-12/23/c_1113752345.htm，登录时间：2015年5月15日。

④ James D. Morrow, "Alliances and Asymmetry: An Alternative to the Capability Aggregation Model for Alliances," *American Journal of Political Science*, Vol. 35, No. 4, 1991, pp. 904 – 933; James D. Morrow, "Alliance: Why Write Them Down," *Annual Review of Political Science*, Vol. 3, No. 1, 2000, pp. 63 – 83.

⑤ 关于冷战后美国权力竞争的这种"先动优势"，参见杨原：《大国无战争时代霸权国与崛起国权力竞争的主要机制》，载《当代亚太》，2011年第6期，第20—27页。

战略以来，美国一方面强化和巩固了与日本、韩国、菲律宾、泰国和澳大利亚这5个传统盟国的关系，拓展了其安全合作形式和合作领域，另一方面则努力与印度、越南、新加坡等非同盟国家积极发展准同盟关系或伙伴关系。2012年奥巴马连任后即出访缅甸，成为美国历史上首位访问缅甸的在任总统。美国2010年《国家安全战略报告》明确称，美国与其亚太盟友的同盟是"亚洲安全的基石和亚太地区繁荣的基础"，美国将"继续深化和发展这些同盟以应对本地区变化的动态和21世纪的战略趋势"。[1] 这些都突显出美国积极发挥其地区安全保障功能、继续保持在东亚地区领导地位的意愿。

美国在亚太地区的安全保障功能主要体现在三个方面：首先，在冷战结束后相当长的时期内限制了作为经济大国的日本在地区内发挥领导作用，减弱了其他国家对日本成为政治和军事大国的安全担忧。其次，缓解了其他东亚国家对中国崛起的忧虑。最后，防止地区内的危机升级和冲突扩散。[2] 目前在东亚地区，还没有第二个国家有能力完全替代美国在这三个方面的作用，因此本地区的中小国家对美国继续发挥安全保障的功能大都持支持态度。2008年芝加哥全球事务委员会和韩国东亚研究中心对亚太地区6个国家联合开展的一项民意调查显示，韩国72%的受访者和日本68%的受访者都认为美国在亚太地区的军事存在促进了这一地区的稳定。[3] 而许多东盟国家同样愿意依赖与美国的正式或非正式同盟关系，以此确保自身

---

[1] "National Security Strategy," May 2010, p. 42, http://www.whitehouse.gov/sites/default/files/rss_viewer/national_security_strategy.pdf，登录时间：2015年5月12日。

[2] 刘丰：《安全预期、经济收益与东亚安全秩序》，载《当代亚太》，2011年第3期，第16—18页。

[3] Christopher B. Whitney and David Shambaugh, *Soft Power in Asia: Results of a 2008 Multinational Survey of Public Opinion*, The Chicago Council on Global Affairs and the East Asia Institute of South Korea, 2008, p. 11.

的安全并平衡中国不断扩大的地区影响力。①

由此在东亚地区呈现出这样一种"独特"现象：本地区许多国家的主要经济伙伴和主要安全关系相互分离。② 越来越多的东亚国家都希望既能在经济上与中国未来的发展紧紧捆绑在一起，同时又能在安全上继续依赖美国的保护。③ 之所以会如此，是因为中美两国的供给能力和意愿存在差异性和互补性，合在一起才能满足东亚地区在经济和安全领域的公共需求。④ 由于中美两国在供给能力和意愿上的这种差异性在短期内难以改变，因此东亚地区"经济上靠中国、安全上靠美国"的二元格局不会是短期内就会消失的过渡状态，而会在今后一个时期内长期存在。⑤

五、结论

两极结构下两个大国会如何互动？它们和中小国家的关系会呈现何种特点？如果仍然局限于现有的理论思维定势和美苏冷战这个现代两极体系的孤例，我们就无法对这些问题做出全面而准确的回答。事实上，正如本文所展示的那样，在理论层面，两极结构中的大国并不必然相互制衡；在经验层面，历史和现实的其他许多两极体系也并不都像美苏冷战那样出现两个泾渭分明的等级性阵营。

---

① Ralf Emmers, "Regional Hegemonies and the Exercises of Power in Southeast Asia: A Study of Indonesia and Vietnam," *Asian Survey*, Vol. 45, No. 4, 2005, pp. 664–665.
② 周方银：《中国崛起、东亚格局变迁与东亚秩序的发展方向》，载《当代亚太》，2012年第5期，第9—10页。
③ G. John Ikenberry, "American Hegemony and East Asia Order," *Australian Journal of International Affairs*, Vol. 58, No. 3, 2004, p. 354.
④ 高程：《区域公共产品供求关系与地区秩序及其变迁——以东亚秩序的演化路径为案例》，载《世界经济与政治》，2012年第11期，第27—28页。
⑤ 周方银：《中国崛起、东亚格局变迁与东亚秩序的发展方向》，载《当代亚太》，2012年第5期，第10页。

根据本文的理论，如果小国有超过一种重要需求，而两个大国又恰好分别只能满足其中的一种需求时，大国的对外功能就会出现分异，从而使小国有动机同时接受两个大国的领导。两个大国的权力竞争将不得不采取差异化的方式，尽可能地发挥各自的优势功能以争取小国的归附。而如果大国间战争的成本非常高且（几乎）没有赢得战争的可能性，那么两个大国尽管非常希望自己独占对小国的领导权，但也只能（无奈地）接受这种共治的状态。案例研究结果显示，大国功能分异是引发大国差异化共治出现的重要前提，大国无战争是确保大国差异化共治能够得以稳定维持的必要条件，两个因素合在一起，是导致大国出现稳定的差异化共治的充分条件。

本文的理论对身处大国无战争时代的崛起国的一个重要启示是：要想成功崛起与霸权国竞争国际影响力和领导权，崛起国必须至少要有"一技之长"，必须有自己的"比较优势"。特别是当面对美国这样在政治、经济、军事、文化、科技等几乎所有领域都曾长期高居世界第一的"全能型"单极霸权时，崛起国与其不切实际地寄希望于在各个领域同时实现赶超，还不如积极发挥自己的"特长"，才有可能在自己拥有竞争优势的领域分得一杯羹。[①]

(本文曾发表于《世界经济与政治》，2015 年第 8 期)

[①] 当然，崛起国也不可放松其他领域实力的发展。

越南在东盟地区安全合作中的作用：
从机制建设到争端解决

李春霞[*]

[内容提要] 在东盟一体化步伐加快的背景下，越南认识到东盟在其外交中的战略性作用，同时，为了进一步提高国家在地区和国际上的地位与作用，越南加强了对东盟事务的参与力度。越南不仅积极推动东盟内部的一体化进程，而且着力推动东盟在政治安全领域的合作，欲在此领域发挥主导作用。在外交实践上，越南一方面积极推动和建构东盟政治安全合作机制，如 ARF、ADMM+ 等；另一方面，抓住地区热点、南海问题，通过推动其东盟化和国际化，凸显和稳固其在东盟中的地位与作用，同时实现其在南海争端中的利益最大化。未来，越南将会进一步提高和巩固其在东盟中的地位与作用，其中政治安全领域仍是其重点领域。

[关键词] 越南外交　东盟　地区安全　机制建设

随着中国崛起，美国战略东移，国际体系转型加剧，东南亚再次成为各大国"关注"的焦点。随着革新开放后越南经济社会的快速发展，越南开始谋求在区域发挥更大作用。特别是在东盟一体化

---

[*] 李春霞，国际关系学院国政系副教授，研究领域为越南问题。

进程加速推进的背景下，越南想要在东盟发出自己的声音，并借助东盟在国际社会发挥影响，应在某一领域发挥其主导作用。政治安全一直是东盟合作的核心领域，也是将东盟成员国凝聚在一起的重要因素。越南认为，虽然自身经济发展水平在东盟并不占先，但在政治安全方面却具有明显优势：1. 地缘优势。独有的海岛与大陆东南亚、东南亚与外部的地理连接点；2. 政权优势。政治稳定，有与大国打交道的经验与历史，能提出让人信服的解决方案，取得各方的认可；3. 实力优势。越南不仅是东南亚仅次于印尼的人口第二大国，而且其军事实力，综合国力也具竞争优势。[1] 所以，越南选择将重点放在推动东盟政治安全合作上。为了增强越南在东盟政治安全合作中的作用，越南在注重与大国关系，取得大国支持之外，在具体的东盟政治安全合作中，也注重机制与问题并重。一方面，在加强与东盟各成员国间的双边合作的同时，更加注重多边合作机制的建立，加强东盟与外部对话伙伴（大国与地区强国）间的相互依重；另一方面，以南海问题为核心，提升东盟内部对南海问题的一致化程度，推动南海问题的国际化。

一、从 ARF 到 ADMM+：引领东盟安全合作机制的建立

越南加入东盟之初，就关注东盟内部的政治安全合作，曾建议东盟目标设定不应仅在经济领域，应扩展到政治、安全、专业等领域。在东盟框架下，越南主要通过双边和多边两种机制推动内部政治安全合作，双边机制即指越南与东盟其他成员国间的双边合作；

---

[1] Nguyen Hung Son, *Vai tro cua ASEAN trong Trat tu Dong A toi nam 2020 va Dinh huong Chinh sach Doi ngoai cua Viet Nam*, LATS, Hoc vien Ngoai giao, nam 2013. ［越］阮雄山：《2020 东盟在东亚秩序中的作用及越南的对外政策方向》，越南外交学院博士论文，2013 年。

多边机制即指东盟成员国间,以及东盟与对话伙伴国之间的多边合作。在越南的区域安全合作中,双边与多边安全合作机制同时发挥作用,相辅相成,互为补充。

(一) 主动积极地推动与东盟成员国的双边安全合作

为了引领东盟的政治安全进程,推动东盟政治安全共同体建设,越南需要与东盟其他成员国加强信任关系。越南在政治制度上的独特性,与区域国家因历史遗留的领土领海争端等,造成东盟其他成员国对越南的不信任与战略猜疑。越南学者黄英俊认为,在政治安全方面,越南与东盟国家应加强政治合作意愿,继续拉近因过去的不信任造成的心理距离。[1] 为了增强越南国防安全政策的透明度,越南继1999年首次发表《越南国防白皮书》之后,于2004年和2009年分别发表国防白皮书。通过发表国防白皮书,增加军事透明度,使他国增强了对越南军事方面的了解,在一定程度上减少了东盟其他成员国对越南的不信任。

同时,越南主动解决与东盟其他成员国存在的争端,加强双边政治安全合作关系。越南积极推动与印尼就纳土纳群岛(Natuna)附近大陆架划界问题,以及与马来西亚的外海划界谈判;加快解决与柬埔寨、泰国存在的边界领土问题;加强与老挝、柬埔寨、泰国的国防安全合作;建立和巩固与印尼的战略伙伴关系;加强与菲律宾、马来西亚与文莱在南海问题上的合作等。2006年以来,越南与东盟其他成员国之间的安全交往开始频繁,比如开展军舰互访、国防情报总局情报交换、国防工业和军事教育合作、海上联合巡逻等。

---

[1] Hoang Anh Tuan, "Vietnam's Membership in ASEAN: Economic, Political and Security Implications", *Contemporary Southeast Asia*, Volume 16, Number 3, December 1994, pp. 259 – 273.

2006年,越南与新加坡建立了每年一次的国防政策对话机制,就两国关心的区域安全与国防军事合作进行对话。另外,越南还与菲律宾、马来西亚和印度尼西亚等国建立海军热线联系,开展大规模海上军事合作。2008年,越南与缅甸、马来西亚签订了旨在加强国防工业合作的国防协议。越南还与柬埔寨和泰国建立海上联合巡逻机制,并就海上救援、海洋环境、打击海上毒品走私和海盗等内容进行情报交换。2010年,越南与印尼签订《国防合作协议》,就进口武器装备和加强国防工业合作达成一致,加强了两国间的战略合作关系。2011年,越南与柬埔寨签署了《2011年军事合作协议》。2012年,第四次越新国防政策论坛上,越南与新加坡签订了《国防工业合作协议》,加大国防工业、军贸等方面的合作力度。越南与东盟其他成员国通过加强双边军事和安全合作,建立信任措施和增强军事透明度,在一定程度上减少了彼此之间的猜疑,增强了战略互信。越南与东盟成员国双边安全合作,不仅有利于建立双边战略信任,而且也为多边合作打下了基础。

(二) 参与和推动东盟多边安全机制 ARF 的建立

1994年,作为东盟主导下的地区多边安全对话机制,东盟地区论坛(ARF)在曼谷首次召开,越南是创始国之一。2000年8月—2001年7月,越南出任 ARF 主席,代表东盟协调任期内地区的政治安全合作。越南不仅促进了东盟内部政治安全合作,而且增强了越南在东盟中的影响。2001年7月,作为第8届东盟地区论坛外长会议的东道国,越南参与起草和推动了《ARF 预防性外交概念和原则》《加强 ARF 主席作用》《ARF 专家名人职权范围》三个文件的通过,标志着 ARF 从建立信任措施向预防性外交过渡中取得的实质性进展。另外,越南成功组织了东盟与五个核大国就《东南亚地区无核武器协约》有关内容的研讨会，并积极动员各大国早日参与该文件，使该文件成为东南亚和平、无核的法律基础。2003年10月，《巴厘岛协定Ⅱ》，确保了东盟地区论坛作为"地区安全对话主要论坛，东盟作为主要推动力"的地位。[①]

越南积极主动推进 ARF 进程，与其他东盟国家一起促进东盟在区域的主导作用。政治制度和意识形态的不同是越南推动区域政治安全合作中的一个阻碍。为了实现在东盟政治安全中的利益诉求，越南通过清楚定位自己是"负责任东盟成员国"，竭力摆脱其他成员国的意识形态成见。同时，越南在处理自身政治制度与区域安全合作中的矛盾时，采取了更加灵活的措施。在不使 ARF 成为具有约束性区域冲突解决机制的前提下，越南灵活赞成 ARF 从当前的信任建立和预防外交过渡到下一阶段的冲突解决；在不使东盟成为一个军事联盟或共同防御集团的前提下，越南促进落实双边和多边的具有约束力的公约和协定，为区域国防安全合作奠定法理基础。有关民主、人权，以及与主权、领土相关的复杂敏感问题，越南积极通过双边和多边机制争取东盟其他成员国的理解与支持，寻求协调一致，利用区域论坛与机制预防冲突的发生。2008—2009年，越南担任 ARF 副主席期间，不仅提出自己的安全倡议，而且积极为改革 ARF 机制、健全组织结构、提高合作效果等做出贡献。2010年，作为 ARF 主席国，越南主动与各国讨论促进 ARF 进程，发挥 ARF 在区域复杂敏感政治安全问题中的作用，如缅甸民主进程、泰柬边境冲突、南海问题等。

在推动 ARF 进程的同时，越南也认识到，ARF 只是一个机制松散的安全对话论坛，它的作用只是加强地区国家间的相互了解，减

---

① [菲律宾] 鲁道夫·C.塞韦里诺：《东南亚共同体建设探源：来自东盟前任秘书长的洞见》，王玉主等译，北京：社会科学文献出版社，2012年版，第162页。

少彼此间疑虑。"ARF很大程度上受到大国态度影响,而很难对大国形成影响"。[①] 如果真正发生冲突,越南无法依靠东盟或ARF,同样,越南也不能完全依赖于某个大国来保障自身安全。所以,越南最可行的选择是巧妙地以东盟为基础与大国,特别是美国和中国,保持平衡关系,同时主动加强与俄、印、日本与欧盟的关系。所以,自2006年起,越南就提出东盟防长扩大会议(ADMM+)的设想,经过4年时间的酝酿与准备,2010年10月,首次东盟与8个对话国的防长扩大会议在河内召开。

(三)积极推动并促成东盟与大国间的多边合作机制"ADMM+"

随着中国崛起,特别是中国在南海问题上的"强硬"态度,不仅使与中国存在领海争端的越南感受到威胁上升,也使东盟担心中国影响力过强的心理加剧。任何在军事与安全方面的合作都需要在战略视野与威胁认知方面具有共同点。[②] 所以,对"中国威胁"的共同感知,成为越南与东盟、东盟与外部加强政治安全合作的催化剂。

越南除了调整其外交政策,使之更加灵活,更加符合时代要求外,也重视建立外交、经济、安全和法律等机制和框架,以拥有更多的工具与平台实施其外交政策。通过提高在地区和国际社会的作用与影响力,加强地区以"一个声音"说话,越南能够影响,甚至"牵动"大国在地区的影响与利益,使区域维持灵活平衡状态。所以,越南一方面支持和推动区域内的国防安全合作进程,加强与大

---

① Nguyen Hoang Giap, Nguyen Huu Cat, Nguyen Thi Que, *Hop tac Lien ket ASEAN Hien nay va su Tham gia cua Viet Nam*, Nxb. Ly Luan Chinh Tri, 2008, tr. 64–65. [越] 阮黄甲、阮友吉、阮氏桂:《当前东盟合作联合及越南参与》,河内:政治理论出版社,2008年版,第64—65页。

② Hoang Anh Tuan, "Vietnam's Membership in ASEAN: Economic, Political and Security Implications", *Contemporary Southeast Asia*, Vol. 16, No. 3, December 1994, pp. 259–273.

国的国防安全合作；另一方面大力维护具有影响力的区域合作框架与机制，并坚持东盟在机制中的主导作用。越南认为，影响当前东亚秩序的三个决定因素是：美国、中国与东盟。为了维持区域政治平衡，弱化中国的强势地位，同时提高东盟的作用与主导地位，必须将美国的利益牢牢锁定在这一地区。[①] 因此，在合作领域上，越南加强与东盟在国防安全方面的合作，以深化合作层次；在合作机制上，越南加强东盟在 ARF 机制中的主导作用的同时，推动建立新的多边安全合作机制，以实现工具平台的多样化。

在越南的推动下，东盟框架下的安全合作机制不断增多。2006年首届东盟防长会议召开；2007年首届东盟海军司令会议召开。2010年，越南在担任东盟轮值主席国期间，提出了多个安全倡议，得到东盟内的高度评价与积极响应。2010年9月28—10月1日，在越南公安部的提议下，在河内第一次召开了"东盟安全机关负责人会议"。这是一个高级安全合作咨询机制，不仅就区域与国际重大安全问题进行交流，而且协商应对措施，形成统一意见。在越南的主持下，会议通过了东盟安全合作的目标、原则与重大内容，为建立更加紧密有效的安全合作机制奠定了坚实基础。2010年10月11—12日，东盟防长扩大会议召开。该机制其实就是国防领域的"10+8"合作。这是一个具有战略意义的新对话机制，是东盟各国国防部长与8个东盟对话伙伴国的国防部长间的开放性论坛，包括了几乎所有地区强国：美、中、俄、日、印等，以讨论地区安全问题，维持地区稳定与和平。会议确立了区域合作机制的成立与活动方针，同时确立了五个优先合作领域：人道与灾难救援、海上安全、军事医学、反恐和维和。这是首个东盟与亚太所有大国间的对话机制和

[①] Nguyen Hung Son, *Vai tro cua ASEAN trong Trat tu Dong A toi nam 2020 va Dinh huong Chinh sach Doi ngoai cua Viet Nam*, LATS, Hoc vien Ngoai giao, nam 2013. ［越］阮雄山：《2020 东盟在东亚秩序中的作用及越南的对外政策方向》，越南外交学院博士论文，2013 年。

最高级别国防合作论坛，有助于应对共同安全挑战。

2010年，越南担任东盟轮值主席国期间，不仅成功地将美国、俄罗斯拉入到东亚峰会，而且促进了东盟内部及东盟与对话伙伴国之间的国防安全合作，推动了区域国防安全合作新机制的建立。越南学者评价称，"这是东盟为影响东亚政治外交秩序而做出的最新战略调整"，并认为，"这是东盟，更是越南的外交胜利。"① 在政治安全领域，越南通过与东盟成员国加强双边合作，克服了政治制度障碍，增强了信任关系；通过创立向外部伙伴国扩展的东盟政治安全新机制，增强了越南在东盟政治安全领域的影响力与发言权。

二、从《南海各方行为宣言》(DOC)到《南海各方行为准则》(COC)：推动区域争端解决

越南海岸线长3260千米，是一个注重海洋利益的国家。越共"七大"已把保护海洋权益、全面开发利用海洋资源置于战略高度，提出了"二十一世纪是海洋世纪"的口号。进入新世纪以来，越南不断强调海洋经济战略的重要性，实施海洋战略，向海洋进军。2007年，越共十届四中全会通过了《2020年越南海洋战略》，提出建设"海洋强国、海洋富国"的海洋战略总目标。②《2011—2020经济社会发展战略》确立了海洋经济区为核心的经济发展战略，并将

---

① Nguyen Hung Son, *Vai tro cua ASEAN trong Trat tu Dong A toi nam 2020 va Dinh huong Chinh sach Doi ngoai cua Viet Nam*, LATS, Hoc vien Ngoai giao, nam 2013. ［越］阮雄山：《2020东盟在东亚秩序中的作用及越南的对外政策方向》，越南外交学院博士论文，2013年。

② "Bao cao chinh tri cua dai hoi dai bieu toan quoc lan thu X dang cong san Viet Nam", Http://123.30.49.74:8080/tiengviet/tulieuvankien/vankiendang. ［越］越南共产党第十次代表大会政治报告。

海洋产业占经济比重提高到2020年的55%，①呼吁"把发展海洋经济与保障国防安全、海洋主权联系起来。"②随着中国在南海问题上的坚决维权，越南更加重视维护其在南海的既得利益。2011年，越共"十一大"政治报告明确指出，要把海军现代化建设放在首要地位，要"通过加强国际合作来维护海洋岛屿的主权"，③同时，将"牢固保卫独立、主权和领土完整"补充为国家目标之一。④目前，原油、水产品是越南的主要出口产品，海洋成为越南实现未来经济社会发展的关键，能否确保对南海占领区的控制，对越南来说不仅仅只是主权问题、安全问题，更是发展问题。

所以，越南不断强化其在南海的主权。自2006年，越南加强了海上石油勘探活动，并于2007年在南沙群岛建立"市镇"行政体系。2009年，越南政府任命了"西沙群岛主席"；2011年越南政府在其强占的南沙群岛部分岛屿举行所谓"国会代表"选举；在南海相关海域举行海上实弹演习；在南海争议岛礁进行渔业、旅游和能源资源开发，建设战略设施等。2012年6月21日，越南国会通过《越南海洋法》，将西沙群岛和南沙群岛包含在越南"主权"和"管辖"范围内，并于2013年1月1日正式实施。该法律将《2020年越南海洋战略》的主要内容纳入立法，将发展海洋经济的原则、重点产业、规划等以法律形式确定下来，是越南落实海洋战略的法律

---

① Le Hong Hiep, "Vietnam's Strategic Trajectory: From Internam Development to External Engagement", Strategic Insights, Australian Strategic Policy Institute, June 2012, p. 9.

② Bui Viet Bac, *Hieu biet Van kien Dai hoi Ddai bieu lan thu XI va Dieu le Dang Cong san Viet Nam*, Nxb. Thoi Dai, nam 2011, tr. 89. [越] 裴越北：《领会十一次代表大会文件与越南共产党条例》，河内：时代出版社，2011年版，第89页。

③ Dang cong san Viet Nam, *Van kien Dai hoi Dai bieu Toan quoc lan thu XI Dang Cong san Viet Nam*, Nxb. Chinh Tri Quoc Gia, nam 2011, tr. 236. [越] 越南共产党：《第十一次全国代表大会文件》，河内：国家政治出版社，2011年版，第236页。

④ Dang cong san Viet Nam, *Van kien Dai hoi Dai bieu Toan quoc lan thu XI Dang Cong san Viet Nam*, Nxb. Chinh Tri Quoc Gia, nam 2011, tr. 236. [越] 越南共产党：《第十一次全国代表大会文件》，河内：国家政治出版社，2011年版，第236页。

依据。

目前，对于越南围绕海上问题最大的争议区是南海，而涉及的主要争议方是中国。现实的利益与主权诉求，再加上民族意识中对中国"北方大国"的警惕与防范，近年来，越南连续爆发了针对中国的示威游行，成为中越关系发展中的杂音。越南利用其东盟成员国身份，试图团结东盟，使南海问题成为中国与东盟之间的问题，在与中国的南海争端中加大谈判砝码；同时，借助东盟平台，使南海问题国际化，陷中国于不利之境，向中国施压。

（一）越南推动南海问题的东盟化

1. 东盟各成员国的态度与分歧

东盟有四个成员国涉及南海争端，四国之间有相互间的重叠区，但主要是与中国存在不同程度的主权争端。马来西亚和文莱关于南海的权力主张正在弱化，只有越南与菲律宾强烈提出在南海的主权要求，马尼拉甚至依据1982年《海洋法》第287条和附录七将中国起诉到了国际仲裁法庭。越南学者认为，关于南海问题，东盟国家的立场大致可以分为五类：一是柬埔寨与缅甸，支持中国观点（尽管缅甸政局正在改变，可能会影响到其外交政策）；二是菲律宾，与中国直接有海上争端，同时又是美国的同盟，在南海问题上采取相对强硬政策；三是马来西亚、新加坡、印尼、文莱，虽存在海上争端，但程度低（新加坡与中国没有海上争端，但与美国关系亲密），他们不赞成中国立场，但也不愿坚决反对以致影响到与中国关系；四是老挝、泰国，两国忌讳牵扯入海上争端问题，他们只关心与中国的经贸关系利益，对南海问题漠不关心；五是越南，越南是东盟国家中最特殊的国家，越南在南海问题上与中国争议最大，同时也是与中国有传统友好关系与"全面战略合作伙伴关系"的国家。[①]也就是说,东盟各成员国在南海问题上,各自国家利益是不同的,在解决办法上各有各的考虑与打算,很难达成一致。再加上东盟组织原则的非约束性,东盟学者认为,南海问题已经造成了东盟的分裂,即置身争端之外的一方和与中国有直接争端的一方。[②]

柬埔寨、老挝和缅甸在南海问题中不存在利益争端,而且贷款、投资、贸易等经济领域对中国依赖较重,所以在该问题上相对保持中立。泰国与新加坡在南海问题上也不存在直接利益关系,基本保持"不干涉"立场。只有菲律宾与越南在南海问题上存在的争端最大,两国呼吁东盟采取统一立场,对中国施加影响的要求最强烈。两国试图通过东盟集体力量对抗中国的作法,引起了东盟其他国家的反感与警惕。2012年,因东盟各国对南海问题的分歧,东盟外长会议45年来第一次没有达成共同宣言,李光耀在接受采访时认为,"越南不能强迫东盟协调一致来支持他们的观点"。[③]越南则认为,造成这一结果的直接原因是柬埔寨作为主办国和东盟轮值主席国,故意将会议结果导向对中国有利。

2. 越南推动东盟就南海问题形成统一立场

在南海问题上,越南一直致力于以东盟集体身份与中国进行谈判。由于东盟各成员国在南海问题上利益不同,很难就此达成一致,所以越南采取慎重、灵活的处理方式,持续不断地推动越南与东盟在南海问题上的合作。为了能够加强东盟在这一问题上的统一立场,

---

① Le Van My(cb.), *Ngoai giao Trung Quoc va Tac dong doi voi Viet Nam truoc su Troi day cua Trung Quoc*, Nxb. Từ Điển Bách Khoa, HN – 2013, tr. 212 – 214.[越]黎文美(主编):《中国崛起中的中国外交及对越南的影响》,河内:百科字典出版社,2013年版,第212—214页。

② Veeramalla Anjaial, Jakarta Post 11/10(Báo Buru điện Jakarta 11/10/2013)缺少团结,东盟将不会成为真正的共同体, http://iseas.vass.gov.vn/noidung/tintuc/Lists/ChinhTriAnNinh/View_Detail.aspx? ItemID = 12。

③ Lee Kuan Yew(2013)."Southeast Asia", L. K Yew, *One Man's View of the World*, Singapore: Straits Times Press, pp. 159 – 203.

越南首先积极处理与东盟内部相关国家的主权争端。20世纪90年代，越南相继与马来西亚签订了《重叠区资源共同开发合作协定》（1992年6月5日）；与泰国、马来西亚签订了《大陆架重叠区共同开采油气合作协定》（1992年6月5日）；与菲律宾签订了《南海基本应对九原则协定》（1995年11月7日）；与泰国签订了《泰国湾重叠区划界协定》（1997年8月9日）等，奠定了最终形成《南海各方行为准则》（COC）的基础。其次，越南有意加强与其他声索国间的联合与协调，特别是与菲律宾、马来西亚等。最后，越南呼吁其他东盟成员国重视南海问题对区域安全的重要性，争取它们在立场上的理解和支持，特别是印尼、老挝等。

越南自加入东盟后，就一直呼吁《南海各方行为准则》的起草与谈判。越南希望以东盟的集体力量推动南海问题的解决，约束中国在南海的行为。但东盟国家还普遍存在对越南的不信任与疑虑，担心卷入越南与中国之间的领海争端。尽管越南强调《南海各方行为准则》不是法律，不涉及主权争端的解决，只是建立重要信任的措施，但因其涉及政治安全的重大敏感性问题，所以，东盟其他成员国对此非常谨慎。越南利用一切机会，创造一切条件，为这一目标努力。1998年，越南利用其主办第6届东盟峰会之机，游说和动员东盟其他成员国同意《南海各方行为准则》；1999年7月，第32届东盟外长会议上，越南与菲律宾一起起草了《南海各方行为准则》，并动员东盟达成一致，早日与中国进行协商。2000年，越南外长阮怡年在回答中国记者采访时称，"我相信东盟与中国将在年底签订《南海各方行为准则》。"① 而实际情况是，直到2002年，东盟与中国才正式签订了《南海各方行动宣言》（DOC），而非《南海各

---

① Nội dung cuộc gặp gỡ báo chí của Bộ trưởng Ngoại giao Nguyễn Dy Niên nhân dịp kết thúc Hội nghị AMM-33, ARF-7 và PMC ngày 30 tháng 7 năm 2000. http://www.mofa.gov.vn/vi/cs_doingoai/pbld/ns04081814261861. ［越］越南外长阮怡年2000年7月30日受访内容，越南外交部官网。

方行为准则》。2003 年，随着东盟一体化进程的加快，以及东盟共同体目标的提出，特别是东盟政治安全共同体的建立，越南又将南海问题纳入到政治安全共同体的框架之下，积极推动。越南在东盟会议上，常将海上重叠区的划界、解决渔民在重叠海域捕鱼等问题，作为东盟共同体建设中的难点和挑战提出，以推动东盟与中国将《南海各方行动宣言》提升到《南海各方行为准则》的谈判。

近年，随着中国崛起，东盟对中国的战略防范心理加剧，越南借机大力推动《南海各方行为准则》进程。2010 年，越南借担任东盟轮值主席国之机，把《南海各方行动宣言》列为第 16 届东盟峰会的主要议题之一，以试探各方对于南海问题的态度。2010 年 12 月，东盟各国以集体身份，开始与中国专员级官员就将《南海各方行动宣言》提升为《南海各方行为准则》进行谈判。2011 年，东盟与中国通过了《中国与东盟落实〈南海各方行动宣言〉指导方针》，切实为《南海各方行动宣言》的落实提供具体措施。通过煽动国内民族主义情绪，联合域内争端国家，拉拢域外大国插手等手段，越南将南海问题炒作为地区和平稳定的最大威胁。2011 年 7 月 27 日，在中越南海矛盾上升之际，东盟成员国海军司令会议在越南河内召开，首次正式讨论南海的安全形势。越南海军司令阮文献在会上呼吁东盟各国应当加强海军合作，保卫海上安全。2012 年 6 月，为促进《南海各方行为准则》签订，越南推动东盟完成了《东盟关于〈南海各方行为准则〉必要内容的观点材料》，并呈报金边召开的第 45 届东盟外长会议，以明确东盟关于《南海各方行为准则》的主要观点。2014 年 5 月 10 日，东盟外长会议经过长时间的争论，最后一致同意就当前南海局势以东盟外长名义发表四点重要宣言。尽管宣言只是重复原有原则，并没有实质内容，但越南副外长范光荣认为意义重大。他认为，会议从 9 点开始一直到 14 点结束，而且这是自 1995 年以来，东盟外长会议就某一具体热点问题单独发表宣言，所以表明了"东盟不仅重视这一问题,而且已形成了统一立场"。① 新加坡外长尚穆根认为,"在南海局势紧张之时,东盟不能保持沉默。"澳大利亚国防大学越南问题专家塞耶也认为,"宣言反映了东盟领导人关于南海问题较之先前达成了更高的统一和一致性"。②

(二)越南力促南海问题的国际化

众所周知,南海不仅资源丰富,而且是连接印度洋与西太平洋最短的航海线路,具有重要的战略地位。在当前中国崛起,国际体系加速转型的背景下,复杂的南海局势引起了域外大国的关注,并为它们插手地区事务提供了更多机会。为了牵制中国,增大其在南海争端中的胜算机会,越南在推动东盟就南海争端统一立场的同时,自2009年起,也加大了南海问题的国际化力度。

2009年5月6日,越南和马来西亚联合提交了200海里外大陆架"划界案",几乎侵蚀了整个南海,随后越南还单独提交了"划界案",声称对中国南海群岛和西沙群岛拥有主权,更是引起了国际社会的广泛关注。2009年11月27日,越南外交部下属外交学院与越南律师协会共同主办了有22个国家50多位学者和官员参加的首届"东海(注:我南海)国际研讨会",以学术途径为南海问题国际化制造舆论,使南海主权争端不再只是相关国家之间的双边问题或区域问题,而是日益国际化,成为国际关注的议题。2010年8月,越南邀请美国航母"华盛顿·乔治"号,反导弹驱逐舰"约翰·麦凯恩"号访问岘港,加强与美国等域外大国的海军合作,在南海区

---

① ASEAN ra tuyên tuyên bố lịch sử về biển Đông,[越]东盟发布关于南海历史性宣言,http://iseas.vass.gov.vn/noidung/tintuc/Lists/ChinhTriAnNinh/View _ Detail.aspx? ItemID = 8312/05/2014。

② 同上。

域进行军事演习。同时,越南还与俄罗斯、法国、印度等外国油气公司加强合作勘探开发区域内油气资源。

　　复杂的南海局势为美国在区域发挥更大作用提供了机会。2008年,越南总理阮晋勇访美时,小布什宣布保证支持越南的国家主权、安全和领土完整。在中国崛起的背景之下,这种承诺"与南海争端中的美国对中国政策有密切关系"。[1] 也就是说,南海问题成为越美加强联系,推动国防安全合作的契机。2010年,越南利用其东盟轮值主席国身份不断推动南海问题的"国际化",美国是越南的主要拉拢对象。越南国家主席张晋创访美演讲时直言:"针对变化中的地区和世界局势,包括美国在内的主要大国有责任处理地区热点问题,如'东海'(即南海)问题。"[2] 这表明了越南希望看到美国在亚太发挥更大影响的态度。越南学者也呼吁,区域内国家应与美国加强双边与多边的国防安全合作,为美国的"重返"创造有利条件,以防御和抗衡中国不断增强的军事实力。[3] 2010年7月,在第17届东盟地区论坛上,美国国务卿希拉里宣称"美国在航海自由,开放亚洲海上通道上具有国家利益",并且认为解决南海争端是"地区稳定的关键所在"。[4] 同年,美国国防部长盖茨出席首届东盟防长扩大会议,与越南建立了副部长级国防政策对话机制。这是美越两国军方高层的直接对话,意味着越南认为美国在地区的军事存在是合法的,

---

[1] Frederick Z. Brown, "Rapprochement between Vietnam and the US", *Contemporary Southeast Asia*, Volume 32 Number 3, December 2010, p. 317.

[2] "Vietnamese president in washington seeking new relationship", http://www.voanews.com/content/vietnamese-president-in-washington-seeking-new-relationship/1709661.html.

[3] Nguyen Hung Son, *Vai tro cua ASEAN trong Trat tu Dong A toi nam 2020 va Dinh huong Chinh sach Doi ngoai cua Viet Nam*, LATS, Hoc vien Ngoai giao, nam 2013. [越] 阮雄山:《2020东盟在东亚秩序中的作用及越南的对外政策方向》,越南外交学院博士论文,2013年。

[4] Hillary Rodhan Clinton, Secretary of State, Remarks at Press Availability, National Convention Center, Hanoi, 23 July 2010. 转引自 Carlyle A. Thayer, The United States, China and Southeast Asia, Southeast Asian Affairs, 2011。

对于双边关系具有转折性意义。① 2012年7月12日，美国国务卿希拉里指出，在南海问题上，东盟应团结一致，并认为东亚峰会等区域机制为解决南海问题提供了机制，东盟是"讨论南海问题的理想平台"。② 美国国防部长帕内塔高调访问越南，"扩大其在亚洲的军事存在，以平衡中国不断上升的影响力"。③ 2013年7月，美国上议院通过了167号决议，支持南海主权争端的和平解决。④ 美国的南海策略已经从中立日益转为"介入但不陷入"，⑤ 越南政府出于其国家海洋利益需要，乐观其变，并积极主动开展美越军事安全合作。

日本借南海问题加强了与东盟国家在海上的国防安全合作。2010年11月，越南国防部长冯光青（Phung Quang Thanh）与日本驻越大使谷崎安明就两国展开海上军事合作进行了讨论，签署了《战略合作伙伴协议》。12月10日，首次"越日战略对话"在河内举行。2011年10月，越南国防部长冯光青访问日本，与日本防卫相一川保夫举行会谈，并签署《越日军事合作备忘录》《海洋战略安保协议》，促进和深化了日本与东盟在海洋安全领域的合作，并在南海问题上采取协调一致的政策。利用美国重返亚太的战略契机，日本与越南积极开展"海洋对话"，谋求建立"对华牵制包围圈"。⑥ 日本学者认为，南海问题与中日在东海的争端关联度很大，南海问题的最终解决可以给东海问题提供一个参考样本。⑦ 因此，日本在南

---

① Carlylea Thayer, "Vietnam's defensive Diplomacy", world Street Journal, August 19, 2010.
② Hillary Rodham Clinton, "The Art of Smart Power," Embassy of the United States, Belgium, July 18, 2012, http：//www.uspolicy.be/headline/commentary-secretary-clinton-art-smart-power.
③ Tensions Build as Vietnam Hosts US Navy, By THE ASSOCIATED PRESS, April 23, 2012.
④ "Thuong nghi vien My thong qua quyet nghi so 167", Thong tan xa Viet Nam, 12-10-2013.
［越］《美国上院通过167号决议》，越南通讯社，2013年10月12日。
⑤ 陈道银：《蝴蝶效应——越南海权战略及其对中国的影响》，《学术界》2013年第7期，第60—69页。
⑥ "对华牵制包围圈"，新华网2013年4月30日。
⑦ Ken Jimbo, "Japan, and ASEAN's maritime security infrastructure", East Asia forul, june 2, 2013, http：//www.eastasiaforum.org/2012/06/03/japan-and-asean-s-maritime-security-infrastructure/.

海问题上或明或暗地介入，并扮演着"搅浑水和趁火打劫的角色"。[1] 2013 年 1 月 16 日，日本首相安倍访越，被日本媒体视为是日本"围堵"中国战略的重中之重，他公开呼吁越南与日本联手，共同应对中国在本地区"日益活跃的行动"，称"日越两国将在地区和平中扮演积极角色"。[2] 俄罗斯作为越南武器装备的主要提供国，在南海问题国际化中，也加强了与越南的安全合作。2009 年，俄罗斯向越南出售了近 30 亿美元的潜艇等先进装备，占到越南武器进口份额的 93%，到 2016 年，越南向俄订购的 6 艘基洛级柴电静音潜艇将全部交付越南海军，将可能部署在南海南部，形成"潜艇伏击区"。[3] 俄罗斯海洋战略的重心东移，强化在西太平洋地区的军事部署，这加强了俄罗斯与东南亚国家的关系。[4]

自 2010 年第 17 届东盟峰会之后，南海问题成为各方，特别是东盟的主权声索国与美国等域外大国会议中的安全问题。其他的多边安全机制，如东亚峰会、东盟防长扩大会议等也将南海问题作为议题，南海问题"国际化"趋势日益明显。

三、结语

自《东盟宪章》生效后，东盟一体化步伐加快，在加强内部团结基础上，通过大国平衡战略，注重维护其在地区的主导地位。与

---

[1] 张瑶华：《日本在中国南海问题上扮演的角色》，《国际问题研究》2011 年第 3 期，第 51—57 页。

[2] Japan woos Vietnam amid shared China concerns, The Associated Press Posted January 16, 2013.

[3] Vietnam's Undersea Anti-Access Fleet, http://thediplomat.com/the-naval-diplomat/2012/11/01/vietnams-undersea-anti-access-fleet.

[4] Russia's naval focus shifts to China, http://www.oxan.com/Analysis/DailyBrief/Samples/RussiaNavalFocus.aspx.

此同时，越南加入世界贸易组织后，经贸关系得到扩展与提升，经济发展迅猛，在地区和国际上进一步提高国家的地位与作用的需求上升。所以，越南加强了对东盟事务的参与力度，不仅积极推动东盟内部的一体化进程，而且着力推动东盟在政治安全领域的合作，欲在此领域发挥主导作用，实现借东盟平台增强其影响力的利益诉求。在外交实践上，越南一方面积极推动和建构东盟政治安全合作机制，特别是与域外大国伙伴之间的多边安全合作机制，如 ARF、ADMM+等；另一方面，抓住地区热点问题，即南海问题，通过推动问题的东盟化和国际化，以凸显和稳固其在东盟中的地位与作用，同时实现其在南海争端中的利益最大化。为了早日"融入国际""做国际社会负责任成员"，越南日益重视东盟在越南外交中的战略性地位，越共"十一大"不仅明确提出"越南是一个东南亚国家、是一个东盟成员国"的身份定位，而且将东盟的外交地位提升到与"共同边界的邻国"并齐，并提出"积极、主动和负责任"地参与东盟活动。未来，越南将会进一步提高和巩固其在东盟中的地位与作用，其中政治安全领域仍是其重点领域。

（本文曾发表于《中国与国际关系学刊》，2016 年第 2 期）

第三编
国际安全治理

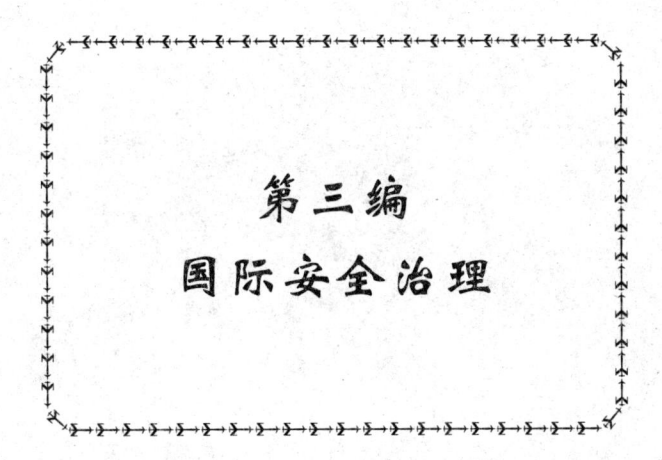

国际安全秩序的治理
——以反恐对策为例

朱素梅[*]　范家齐[**]

[内容提要] 恐怖主义问题的治理是国际安全秩序治理的重要组成部分，强力手段是反恐的有效武器，其中，军事手段在摧毁恐怖组织基地和反恐战争中处于关键地位，有时甚至是主导性的地位，但存在一定局限性。情报手段是反恐的基础和关键，德国、美国等国在反恐情报方面积累了较丰富的经验。在全球化和网络时代，反恐情报的国际合作尤为重要，在全球和地区层面以及双边层面反恐情报合作都取得了一定成果，国际反恐情报合作也出现了一些问题。恐怖主义的治理不能仅靠强力手段，一些国家软性的"去极端化"措施在实践中取得了较好的效果，也存在一些不足。恐怖主义问题的治理需要多管齐下，采取多元化的治理措施。

[关键词] 反恐对策　军事　情报　去极端化

恐怖主义的治理是国际安全秩序治理的重要组成部分。"9·11"事件以来，国际社会在治理恐怖主义方面取得了一定成果，一些国家和地区的恐怖活动得到遏制。一般而言，反恐主要包括军事、情

---

[*] 朱素梅，国际关系学院国政系教授，研究领域为恐怖主义问题。
[**] 范家齐，国际关系学院2018级硕士研究生。

报、法律等强力措施以及软性的感化和矫正措施。其中，强力手段能够在短期内取得反恐成效。本文从强力治理和软性感化的角度梳理和探讨"9·11"以来世界大国的反恐对策，其优势与不足，以期对国际反恐和恐怖主义问题的治理提供一点启发。

一、军事手段是打击恐怖主义的有力武器

（一）军事手段在反恐中的优势

一种意见认为，军事手段在摧毁恐怖组织基地和反恐战争中处于决定性的关键地位，有时甚至是主导性的地位。美国原中情局反恐中心副主任保罗·皮拉尔认为，军事手段从本质上是最强有力的，由于精确制导导弹和其他先进技术的发展，军事手段比以往更加灵活准确了。"9·11"事件以来国际社会在军事打击恐怖组织方面取得了显著成效，一些恐怖组织头目被击毙或被炸死，例如2011年"基地"组织头目本·拉登被美国特种部队击毙，"基地"北非分支头目2015年被炸身亡。俄罗斯对车臣非法武装采取了军事斩首行动，杜达耶夫、马斯哈多夫等五位车臣头目先后被俄罗斯军方击毙。1996年，俄罗斯军方利用手机电磁波信号精准定位车臣头目的精准方位，并通过对地导弹将该头目及其副手一同消灭。

军事打击手段在美国的反恐行动中所占比重相当大，在"9·11"后发动的阿富汗战争中，美国动用了诸如侦察卫星和激光制导导弹等先进武器，对塔利班和"基地"组织的打击是毁灭性的。在反恐行动中，作为当代军事技术创新和"最有效的反恐工具"的无人机正扮演着越来越重要的角色，各大国都在积极尝试利用无人机反恐，其中美国拥有世界上最多的无人机，其在美国的反恐战争中

立下汗马功劳。无人机的技术优势在于：其具有盯紧潜在目标的持久力；无人机具有其他作战平台所不具备的几乎是瞬间执行任务的功能，无人机发射的导弹快于音速，几秒之内即可完成任务。2002年以后，美国在也门境内发动无人机袭击，2004年以后又在巴基斯坦发动无人机袭击，奥巴马上台后加大无人机反恐的力度，将无人机袭击扩展到利比亚、索马里和伊朗等国，截止2013年1月，美国共发动291次无人机袭击。无人机削弱了恐怖组织，对恐怖分子造成了致命打击。

　　2014年"伊斯兰国"崛起并宣布建国后，伊拉克和叙利亚迅速成为世界反恐战争的主要战场，美国、俄罗斯等大国运用各种军事手段打击"伊斯兰国"。2014年9月15日，来自世界各地的26个国家的代表在巴黎承诺帮助伊拉克"采取一切必要措施"打击"伊斯兰国"。2014年12月12日，美国参议院通过了《2015年国防预算法案》，其中包括50亿美元经费用于打击"伊斯兰国"，主要是为了训练和保护伊拉克安全部队。国际联军在打击"伊斯兰国"的战场上赢得了重大军事胜利，"伊斯兰国"处于崩溃边缘。2017年12月9日伊拉克总理阿巴迪正式对外宣称，伊拉克的领土再次完整的属于伊拉克人民，伊拉克人民终于从"伊斯兰国"恐怖组织手中解放。叙国防部及伊朗官方也正式宣布剿灭"伊斯兰国"。2018年12月19日，美国总统特朗普发布视频，宣布随着在叙利亚打击极端组织的战事"取得成果"，美军已经打败了"伊斯兰国"，美国将从叙利亚撤军。

（二）军事手段在反恐中的局限性

　　尽管军事反恐是打击恐怖主义的有力武器，也存在一定局限性。在很多情况下，单靠军事手段难以有效地打击恐怖组织。例如，美国就因为过分强调军事手段的反恐战略，一方面损耗了其国力，另一方面也在国际上招致怨恨。皮拉尔曾指出，最可能威胁美国的恐怖主义自己几乎没有什么可供军事打击的目标，军事打击产生的无形的效果可能有利于恐怖组织领导人的政治上和组织上的目的，而且恐怖分子对打击的反应可能是做报复性反击，而非改弦更张。

荷兰著名军事专家罗布·德·维吉克在"9·11"事件后撰文分析了军事力量的有限性。他指出，"9·11"事件从三个方面证明重新构造部署军事战役方式的迫切需要。(1)西方军事力量从根本上讲是有重大缺陷的，在观念上其重点仍然是常规战争，但新型战争将主要是非常规的；(2)当应对新型战争的时候，当代战争的一些观念，如有限的附带损失（collateral damage）和比例原则（proportionality）等，就没有什么价值了。就有限的附带损失来说，由于在非对称战争中无法区分战斗人员和一般平民，平民的伤亡就在所难免，这就使有限的附带损失的概念几乎没有意义。就比例原则来说，对于像"9·11"事件这样的造成数千人死亡的恐怖事件。似乎只有用核武器报复对手才能实现按比例反击的原则，而核武器是不允许被使用的；(3)对于如何有效使用强制外交（coercive diplomacy）和强制手段（coercion）尚不清楚。

维吉克指出，为打赢全球范围内的反恐战役，各国应将有效的军事手段与其他手段相结合，具体做法如下：(1)在那些作为恐怖分子庇护地的国家实施有控制的军事战略。这种控制战略包括在特种部队和空军的支持下由特别行动小组（SOE）实施的搜索和摧毁行动。这一方法要求相关国家大规模扩增特别行动小组和特种部队的人数。(2)对支持恐怖主义的国家采用强制外交战略。(3)广泛使用人力情报（Humint）收集手段渗透到恐怖分子的网络中去，从内部摧毁恐怖分子的基地。这一方法也要求相关国家实质性地扩展人力情报能力，并与其他国家的情报机构进行更密切的合作。

（4）发起一场旨在赢得伊斯兰人民的"人心和头脑"的战役。这一手段将是美国和其盟国得到普通民众的支持，并由此割断一般民众和恐怖分子的联系。① 随着国际反恐斗争的深入，越来越多的国家认识到军事力量的有限性，美国的反恐官员也认为，武力不是反恐的唯一办法，情报等手段同样重要。

二、情报手段是反恐的基础和关键环节

（一）世界各国都非常重视反恐情报工作

反恐的核心是事先预防，把恐怖活动消灭在萌芽状态。情报是反恐的基础和关键。世界许多国家都十分重视反恐中的情报侦察工作，德国是西方国家中较早实现情报机构现代化的国家，20世纪70年代以来针对德国国内日益猖獗的恐怖活动，德国政府加大了对情报工作的投入，斥巨资在威巴斯登建立了当时世界上最先进的监控恐怖分子的电脑系统。这一电脑的核心是一个有关德国恐怖分子的数据库，该数据库存储着有关恐怖分子的每一条线索（如地址联系人和活动情况等），每一个电话号码、每一个给关押的恐怖分子写信的人的姓名，甚至包括每一件在恐怖事件现场发现的可疑物件的相关信息。执行情报搜集任务的特别行动小组，利用电脑系统的这些信息，成功地实施了多起侦破行动，就这样，德国用情报与警察相结合的战略有效地遏制了恐怖活动。

一些国家开展了有效的情报工作，将许多恐怖主义活动成功地制止在谋划阶段。如美国的中央情报局每年都将大量的恐怖主义活

---

① Russell D. Howard & Reid L. Sawyer, Terrorism and Counterterrorism, The McGraw - Hill companies, 2004, pp. 482 - 493.

动制止在事发之前，1985—1987 年三年期间，中央情报局提前制止了 200 多起恐怖活动，1985 年美国国内只发生了 8 次恐怖事件，这要部分得归功于联邦调查局提前制止了 23 起恐怖活动，1993 年联邦调查局利用内线制止了一个爆炸纽约市标志性建筑的计划。

"9·11"事件后，世界各国都加大了对情报工作的投入，其中，美国对其情报体制进行了大刀阔斧的改造，根据 2001 年 10 月通过的新的《反恐法》，美国确定了情报机构在反恐斗争中的重要作用，并在进一步理顺各情报机构相互协作关系的同时，确定中央情报局局长对各情报机构在情报搜集工作上的主导地位。根据新的《反恐法》，情报机构的权力也得到扩大，如情报机构可从恐怖组织内部招募、收买线人，还有权进入相关的通讯系统和数据库等。2004 年 7 月公布的"9·11"独立调查委员会的最终报告进一步推动了美国情报体制的改革。该报告认为布什政府和克林顿政府在"9·11"事件发生前完全低估了恐怖主义的威胁，导致"基地"组织在不受任何干扰的情况下从容为"9·11"袭击做准备。报告还认为，美国各情报机构之间各自为政、缺乏协调是未能阻止"9·11"事件发生的主要原因。报告还提出了全面改革美国情报机构的建议。根据这一建议，布什于 2004 年 12 月签署了《反恐与情报机构改革法案》，这是自中央情报局建立以来美国情报系统规模最大的一次改革，其主要目的是加强情报部门之间的协调与合作。它将使美国的情报机构变得"更加统一、更加协调、更加有效"。

对于具体的情报工作，鉴于以往美国情报机构过多依赖高科技所造成的失误，美国情报部门大力加强了人力情报的搜集工作。2004 年 2 月，美国政府拨专款 300 万—400 万美元，用于支付伊拉克的线人和培养当地的情报人员。中央情报局局长还下令扩充情报队伍，招募阿裔和华裔人员，调查情报处理方式，改善长期以情报来分析专家不能过多了解情报来源的情况。①

"9·11"事件后世界其他国家也加强了反恐情报工作。西班牙"3·11"惨案发生后，法、德、英、西、意五国商讨建立反恐"先锋集团"，以五国合作机制为轴心，扩大欧盟15国在情报等方面的合作。其中，英国招募多种人才，并加强情报搜集工作。英国秘密情报局开始大规模扩编，重点招募语言专家，总的招募人数将达到二战时的人员编制。秘密情报局称，新招人员将主要负责监视和情报搜集工作。法国也很注重人力情报，如其领土监护局加强了对曾在阿富汗受训人员的监视。据法国领土监护局局长透露，共有几十名法国人曾在阿富汗受训后回到法国或欧洲其他国家。法国的情报部门非常重视线人提供的情报，每次与线人的接触都有书面报告。②

情报工作的一个核心环节是情报的交流与协作，在这一问题上许多国家都有惨痛的教训。在被称为"加拿大悲剧"的1985年印航空难事件中，加拿大主要安全与情报部门——加拿大皇家骑警和情报局事先没有将各自掌握的恐怖活动信息进行交流和分析，导致加拿大历史上最大的恐怖袭击案发生。"9·11"事件后，美国政府反思情报系统各自为政的缺陷，设立了国家情报总监来统管美国十几个情报机构。但情报信息交流不畅的问题依然存在。例如，2009年圣诞节未遂炸机案及2010年纽约时报广场未遂炸弹袭击案，都显示美国情报部门之间存在无法充分共享情报的问题。

---

① 中国现代国际关系研究院反恐怖研究中心：《2004年国际恐怖主义及反恐怖斗争年鉴》，时事出版社，2005年版，第16页。
② 中国现代国际关系研究院反恐怖研究中心：《2004年国际恐怖主义及反恐怖斗争年鉴》，时事出版社，2005年版，第17—18页。

(二) 反恐情报的国际和双边合作的现状

在全球化和网络时代，反恐情报的国际合作尤为重要。在全球和地区层面以及双边层面反恐情报合作都取得了一定成果。欧盟是最早建立区域反恐合作机制的地区。早在1977年，欧洲理事会就通过了《制止恐怖主义欧洲公约》，欧盟成员国间建立了一些多边合作。如德国、法国、比利时及西班牙等国建立了犯罪记录联合网络，共享反恐情报；德国、法国、西班牙、英国和意大利等成员国之间建立了反恐情报交流网络，并在指定网站公布"基地"组织在阿富汗的培训人员名单。2015年巴黎系列恐怖袭击案发生后，欧盟加快了通过"乘客姓名记录系统"（Passenger Name Records PNR）的步伐，以促进情报共享。欧洲刑警组织于2016年1月1日启动欧洲反恐中心，该中心将加强各成员国之间的信息共享和合作，对参加恐怖活动的人员进行跟踪和调查。申根信息系统（SIS）是欧盟申根协定签约国用于记录和共享被捕、移民、失物等信息的电脑系统，2018年12月28日欧盟"加强申根信息系统（SIS）新规则"生效，这一升级的数据库将帮助边防警卫更好地监控跨境欧盟人员，支持警察和执法部门抓捕危险的罪犯和恐怖分子。

另一个重要的地区合作组织上海合作组织通过秘书处和地区反恐怖机构两个部门进行反恐情报协调，秘书处主要负责汇总整理各国的反恐情报信息，同时进行分析和总结，将成果提供给成员国进行交流和磋商；制定反恐计划，开展反恐情报学术研讨会等。地区反恐怖机构"致力于推进上海合作组织在打击恐怖主义、分裂主义和极端主义斗争中的协调配合"，是一个信息交流中心和反恐会议中心。该机构要求所有成员国分享恐怖活动嫌疑个人和组织的反恐情报，并对各国提供的反恐情报信息收集分析整理，建立了"三股势力"嫌疑人、网络和资金来源的数据库,进行司法协助等实质性合作,反恐情报合作制度逐步完备。[①] 2018 年上海合作组织青岛峰会的最后文件进一步提出,在加强成员国安全合作方面要深化反恐情报交流和联合行动。

20 世纪 90 年代,阿拉伯海合会国家召开会议,要求加强成员国情报机构之间的交流,以进一步密切合作。埃及、沙特阿拉伯、突尼斯和阿尔及利亚四国签署了交换有关伊斯兰组织活动情报的协议后,逐渐在阿拉伯世界形成"反恐轴心"。"9·11"事件后,海合会决定加强反恐情报交流和打击毒品方面的协调,签署了海合会国家联合反恐安全决议,以共同打击恐怖主义,并加强安全部门间的情报交流与合作。阿盟与伊斯兰会议组织也进行了一些反恐情报合作,阿盟中的北非国家还参与非盟的反恐情报合作,非盟建立了反恐研究中心。[②]

双边层面反恐情报合作也取得了一定成果。"9·11"事件后,各国之间的情报合作大大加强。美国与世界许多国家都开展了情报合作工作,如美国近年加强了与东南亚国家的情报合作。2003 年,根据中央情报局的情报,泰国政府逮捕了"伊斯兰祈祷团"的行动首领汗巴里。"9·11"事件后美国与俄罗斯之间也加强了反恐合作,如俄罗斯曾向美国提供包括阿富汗北方联盟相关信息在内的反恐情报。2017 年 12 月 17 日,俄总统普京致电美总统特朗普,感谢美国中央情报局向俄方提供的情报,使得俄方可以发现并抓住一伙计划在圣彼得堡喀山大教堂以及其他人群密集处引爆炸弹的恐怖分子。[③]以色列既与美国、英国等国合作收集中东地区的信号情报,也与约

[①] 陈俊旭等:《外国反恐情报合作探析》,载《辽宁警察学院学报》,2015 年 9 月第 1 期,第 39 页。

[②] 同上。

[③] "普京同特朗普通电话:感谢美方提供涉恐袭情报",环球网,2017 年 12 月 18 日,http://baijiahao.baidu.com/s?id=1587075158743303258&wfr=spider&for=pc。

旦和埃及等曾与以色列处于战争状态的国家，还包括印度和摩尔达维亚等与以无共同边界且不是战略伙伴的国家合作。

不过，反恐的情报工作和情报合作还存在一些问题。有些国家因忽视研判情报导致恐怖事件的发生。例如，肯尼亚情报部门曾通告政府部长，肯尼亚国内恐怖威胁有所上升，2013年9月13日和20日左右可能在蒙巴萨、内罗毕同时发生攻击事件，以色列也曾经警告肯尼亚，以色列公民拥有的肯尼亚建筑可能在2013年9月4—28日之间受到攻击，这些情报都被肯尼亚相关部门忽视，最后导致内罗毕购物中心恐怖袭击事件的发生。法国近年发生了系列恐怖袭击事件，究其原因，法国情报机构负有很大责任，其主要表现在于情报能力不足，这包括法国国内情报机构刚刚经历了大规模改革，情报能力有所削弱；改革磨合期间，法国国内中央情报局中央局与地方局之间还存在互动不畅的问题等。[①]

由于地域跨度大，操作复杂，联络机制不完善，合作协调组织少等原因，全球性的反恐情报合作协调困难，效果有限。各国反恐力量不等，也增加了薄弱国家的负担，阻碍了反恐情报合作实施。[②] 反恐情报合作的另一个主要瓶颈是各国国家利益与意识形态的不同所导致的反恐情报合作不畅，例如，美国联邦调查局曾在2011年多次接到俄罗斯方面警告，并因此约谈波士顿爆炸案两名嫌疑人之一的塔梅尔兰·察尔纳耶夫，但最终结论却是"没有发现任何恐怖活动"，也没有后续跟进，结果酿成大祸。这反映了美俄之间信任的缺失。另外，合作国的不当行为也会对合作产生负面影响，如"棱镜门"事件曝光后多国抗议美国对合作国进行的监听等活动。

---

① 邬进平：《情报对抗视角下的法国反恐失败》，载《中国社会科学报》，2016年7月21日。

② 张家栋：《中东恐怖主义和国际反恐合作现状》，载《阿拉伯世界研究》，2008年第6期，第28页。

三、反恐的软性手段：优势与不足

恐怖主义的治理不能仅仅靠强力手段，应当采用多元化的措施。反恐是"观念""思想"之战，软性的感化和矫正措施更有利于从根源上治理恐怖主义。世界许多国家都采取了"去极端化"措施，"极端化"（radicalization）指采取一种激进的、狂热的信念体系之过程，它包括愿意使用、支持或鼓吹暴力，企图借助暴力手段达到政治、宗教和社会变革。"去极端化"（deradicalization）则指否定极端主义世界观，弃绝使用暴力来实现社会变革，以及承认社会多样性、异质性与政治变迁循序渐进之过程。[1] 英国埃克塞特大学教授阿舒尔则将去极端化的概念定义为"通过引导个人（或群体）改变其对暴力的态度，特别是暴力对待平民的方式，达成信仰和行为的变化，进而实现意识形态和行动的变化之过程"。[2]

（一）"极端化"措施的实践与优势

"去极端化"措施在中东和东南亚一些国家取得了较好的效果。埃及、沙特阿拉伯等伊斯兰国家是"9·11"事件后较早试行"去极端化"策略的国家。其中，沙特的做法具有较强的参考价值。沙特的"去极端化"反恐策略具有清晰的逻辑与操作流程，各个阶段的重点突出、相互衔接很密切。沙特的"去极端化"反恐策略将重

---

[1] 胡雨：《国际反恐斗争中的去极端化研究——以沙特PRAC战略为个案分析》，载《国际论坛》，2012年第5期，第19页。
[2] Ashour Omar, "Lions Tamed? An Inquiry into the Causes of De-radicalization of the Egyptian Islamic Group", Middle East Journal, Vol. 61, No. 4, Autumn 2007, pp. 596–597.

点放在"宗教对话"上，同时又配合心理与社会引导；在强调思想改造的同时又注重相关人员的社会回归，以社会化的工作巩固思想改造的成果。① 除专业人员的工作，沙特还非常重视家庭成员和社区在"去极端化"工作中的作用。沙特的"去极端化"反恐策略还具有清晰的反恐的层次性，避免了反恐的扩大化。沙特的"去极端化"工作针对的是极端分子而非参与恐怖袭击等暴力活动的恐怖分子，沙特对"血案在身"的恐怖分子予以长期监禁。②

在东南亚各国中，新加坡的"去极端化"措施较有针对性，其措施更多的从心理和社会等层面多方面入手，注重预防和干预，效果较明显。印尼的"去极端化"手段也取得一定的效果。印尼近年积极实施柔性"去极端化"政策的背景在于，2009年以来"伊斯兰国"等恐怖势力的迅速发展造成印尼的安全局势再度恶化，国内先后有3个极端组织及21个宗教团体宣布支持或效忠"伊斯兰国"，印尼政府既要缓解恐怖威胁带来的不安全感，又要确保印尼伊斯兰群体利益，防止大众舆论威胁政府的合法性，由此，"去极端化"的柔性反恐措施就比军事手段等"刚性反恐"措施有了更大的发展空间。

印尼模式的"去极端化"措施主要有四个特点：一是印尼政府更为重视前恐怖分子而非宗教领袖在"去极端化"措施中的主导性作用。相比沙特阿拉伯、也门等国以宗教和神职人员为劝说主体的去激进化程序，让前恐怖分子担任核心角色的大胆尝试是一种更为现实的手段。③ 为此，印尼警方积极促成完成"去极端化"课程的人员担任"说客"。自开展这项措施以来已出现多起成功案例，一些

---

① 张金平：《沙特"去极端化"反恐策略评析》，载《山东警察学院学报》，2015年第3期，第9页。
② 同上。
③ 杨楠：《去激进化反恐策略的"印尼模式"评析》，载《东南亚研究》，2018年第3期，第51页。

前"回祈团"激进分子参与和介入了印尼政府的"去极端化"团队。二是印尼政府将"实物援助"（in-kind aid）而非精神感化作为"去极端化"的首要手段。相关研究表明，大部分极端分子是由于家庭窘迫，不得已才从事激进活动。[1] 印尼政府这种通过追溯动因而采取的"实物援助"措施更有针对性，有利于从根源上解决问题。三是印尼的"去极端化"与"反极端化""抗极端化"等相关策略之间的密切联系使政策实施的场所不再局限于监狱，还外扩至学校、社区等地；目标对象不再局限于恐怖分子，也包括从叙利亚归国的普通民众。[2] 最后，"印尼模式"的实施得到非政府组织的鼎力支持。从激进分子出狱到与社会重新融合的这段时间涉及社会各种资源的整合和协调。印尼政府缺乏后监狱时期人员管控的经验，而非政府组织及民间宗教社团便顺势填补了这一空缺。官方与非政府组织在"去激进化"上形成的联动模式有效地节约了资源，提高了政策实施的效率。[3]

（二）"去极端化"措施的不足

从中东和东南亚国家的"去极端化"措施实践看，柔性"去极端化"措施的确是治理恐怖主义问题的有力武器，许多国家的"去极端化"取得了阶段性成果，"去极端化"措施争取和改造了受极端思想影响的人群，孤立了恐怖势力。

---

[1] 杨楠：《去激进化反恐策略的"印尼模式"评析》，载《东南亚研究》，2018年第3期，第51页。

[2] "All Returnees From Syria Required to Join Deradicalization Program", The Jakarta Post, http：//www.thejakartapost.com/news/2017/07/04/all-returnees-from-syria-required-to-join-deradicalization-program.html，2017-07-04.

[3] 杨楠：《去激进化反恐策略的"印尼模式"评析》，载《东南亚研究》，2018年第3期，第52—53页。

但现实中各国的"去极端化"措施尚存在一些问题。首先,"去极端化"是一个综合工程,包括行为和思想两个层面,通过感化、教育和引导等集中改造和社区矫正属于行为层面的"去极端化",较易在短期内取得成效,欲从根源上铲除极端主义的毒素与危害,需要思想层面的"去极端化",而思想和观念是很难在短期内被改造的。有的国家的"去极端化"思想武器本身就面临严峻挑战,例如在沙特,沙特政府在"去极端化"中强调回归正统的瓦哈比主义,反对根据时代发展重新解释教义,将其他与其见解不同的伊斯兰教派和非伊斯兰信仰者都视为异教徒。[①] 这种保守的宗教理念使得沙特的"去极端化"措施大打折扣。

其次,一些国家因缺乏"去极端化"的科学性评估系统而导致"再犯率"的频频发生。例如,在沙特,由于缺乏足够监督和多层面的、中期与长期的评判指标体系,导致沙特部分被改造过的极端分子重新加入恐怖组织或反叛活动。有媒体曾经报道,由关塔那摩监狱遣返回国的120名沙特藉恐怖嫌犯,在参加康复计划释放后已有25名重新涉足恐怖活动,其再犯率超过20%。印尼政府固然非常重视理念建构和机制建设,为"去极端化"政策制定了详细的实施方案,但却缺乏对相关人员的后续跟踪评估与监管,导致其国内再犯率上升。对上述国家来说,建立多层次、系统化的评估体系十分有必要。

另外,"去极端化"措施的实施需要巨额的资金支撑,资金雄厚的沙特可以为"去极端化"工程投入大量资金,一些国家因为财力所限,导致一些"去极端化"项目无法有效推进和实施,印尼和巴基斯坦就是因为后续资金困难导致了改造和矫正计划的搁浅。

---

① 杨恕、郭旭岗:《圣战派萨拉菲的缘起与现状》,《新疆大学学报(哲学·人文社会科学版)》,2013年第6期,第84页。

综上所述，恐怖主义问题的治理需要多管齐下，将强力手段与柔性手段相结合。军事和情报等强力手段固然是反恐的有效武器，但存在一定局限性，从长远来看，软性的"去极端化"措施是治理恐怖主义问题的去根之道。由于各国的国情、国力和恐怖活动的现实态势不同，各国的反恐对策应该结合国情，在理念和方式上与时俱进，采取灵活的、有针对性的做法。无论是强力手段还是柔性手段，都属于反恐的战术层面，应当从战略层面深入探究恐怖主义的产生根源，并且摒弃把反恐问题作为实现国家利益工具的做法，只有如此，才有可能避免越反越恐，实现恐怖主义问题的有效治理。

国际能源安全治理中的中国角色

董秀丽[*]

[内容提要] 国际能源安全治理是当今国际社会面临的首要问题。中国作为世界上第二大石油消费国和世界第一大石油消费增长国,其在能源领域的国际责任和角色尤为引人关注。本文重点分析在国际能源格局变化和世界能源安全治理中,中国的角色和自身的制约因素。

[关键词] 能源格局　世界能源安全治理　中国角色　制约因素

能源问题是当今国际社会头等重要的问题。一些国际战略家甚至宣称,谁控制了能源谁就拥有世界。所以,自近代以来,围绕着有限的资源,各大国都使出浑身解数,展开了激烈的博弈。《资源战争》的作者迈克尔·克拉雷认为,在21世纪的头几十年中,战争将不是围绕着意识形态,而是围绕着资源而进行,各国将为争夺对日渐减少的重要资源的控制权而战斗。综观全球发达国家的内外战略,无一不把能源战略作为重中之重。在建立和加强能源战略的同时,很多发达国家还不断调整能源战略。能源成为各国在制定对外政策和处理外交关系所必须认真考虑的因素。

---

[*] 董秀丽,北京第二外国语学院教授,研究领域为国际能源安全与中国能源安全。

一、国际能源格局新特点

国际能源格局是世界格局中的一种，同世界政治格局、世界军事格局、世界经济格局一样，反映了世界能源大国及其主导的国家集团的能源实力结构和能源战略关系，是在较长历史时期内在全球范围内世界主要能源力量相对稳定的态势。①

国际能源格局在经历了 20 世纪初始的墨西哥格局、20 世纪下半叶的波斯湾格局之后，目前进入了全球对峙的能源格局。全球性对峙的能源格局主要表现在：全球多个石油供应中心共存；以新兴国家为代表的新的能源消费中心显现；西方国家的垄断地位削弱，新兴国家的实力渐强，全球能源格局是群雄争锋。进入 21 世纪，世界能源格局再次发生变化，特别是 2009 年以来，国际能源格局在变化中显示出新的特点：

（一）能源格局的地缘、供需平衡均被打破，新一轮洗牌已经开始

第一，传统的地缘格局被打破。俄罗斯、非洲、中亚和中、南美洲新能源中心的出现对传统的中东海湾地区世界能源中心地位构成极大的挑战，使中东能源在世界能源格局中的战略地位不断下降。以最具代表性的石油为例，20 年来，中东地区的石油储量在世界能源总储量中的比例从 1997 年的 58.79% 下降到 2007 年的 52.89%，直至 2017 年的 47.6%。石油产量虽然保持基本稳定，但中东地区产油大国沙特长期雄踞世界第一大产油国的交椅在 2009 年让位给新诞

---

① 该段叙述是本人根据世界政治格局的定义进行的诠释。

生的世界第一产油大国俄罗斯，2017年又让位给美国，就此拉开了世界能源生产中心从中东外移的序幕，也开始了国际能源格局新一轮的洗牌。

第二，传统的能源供需格局平衡被打破。2009年以前，世界能源供需勉强保持着脆弱的平衡，但国际能源供需格局形势严峻。2008年天然气盈余只有466亿立方米，煤炭盈余1.303亿吨。石油更是处在危险状态，以石油为代表的能源需求格局平衡更加脆弱，石油盈余仅有90万吨，是世界原油消费量的万分之二点三（0.23‰），是美国原油年消费量的千分之一，仅仅够美国消费9小时[1]。到2009年世界石油供需关系的脆弱平衡被彻底打破，据《2010年BP世界能源统计》数据显示，2009年世界原油缺口达到0.616亿吨，这是人类历史上最为严重的能源警钟。石油缺口最大的是亚太地区，缺口高达8.231亿吨，在北美和欧洲的石油缺口减少之际，亚太地区的石油缺口不减反增，是造成2009年世界石油供需平衡破裂的元凶。到2017年世界石油缺口达到2.348亿吨，仅亚太地区就高达12.679亿吨。

（二）能源问题的重要性、复杂性越发凸显

能源是决定世界发展的关键性资源，对人类的进步与发展起到至关重要的作用。世界能源数量是否充足、世界能源结构是否合理、世界能源分布是否均衡、世界能源价格是否公平，等等，这一切都是全世界国家极为关注的重要话题。历史上，能源在国际社会与国际关系中扮演了十分关键的角色，当今世界能源对国际关系的重要影响越发凸显。能源外交成为各国对外交往的一个重要领域，能源

---

[1] 以一天24小时消费计算。

已经成为能源出口国的重要外交手段,同时还是能源进口国的重要外交目的。因能源而结盟、因能源而反目、因能源而交战的事例不胜枚举。能源争夺已经成为国际社会冲突与矛盾的重要根源。与此同时,能源问题又与大国矛盾、地缘政治、地区利益、民族纠纷、运输风险、油价震荡等诸多因素交织在一起,使能源问题呈现出前所未有的复杂性。能源问题成为当今国际社会最为复杂、最为敏感的问题。任何涉及能源问题的风吹草动都会引起国际社会的强烈震荡。此外,国际石油炒家和巨商不时兴风作浪,操纵油价,使国际能源市场风险陡增,造成能源国政权更迭、社会动乱、恐怖主义猖獗。国际能源安全面临前所未有的复杂局面,能源问题已经成为影响整个国际社会的核心问题。

(三) 能源争夺战规模空前,惨烈空前

能源是涉及国家战略、经济发展、社会稳定和整体对外战略的多层次的政治和安全问题,世界各国尤其是大国对石油资源争夺的力度不断加大。在世界范围内,围绕着能源竞争和能源安全问题,能源消费国之间、消费国与生产国之间、生产国与生产国之间爆发了全面的争夺战,继而引发国际政治、外交和军事的冲突。美国、欧洲、俄罗斯、日本、印度、中国等大国在中东、里海—中亚、非洲、拉美、北极地区等世界各个角落展开了激烈的能源角逐。能源争夺战的规模之大、程度之深前所未有。近几十年来,人类社会的每一场战争几乎都与能源有关,中东战争、海湾战争、两伊战争、苏联入侵阿富汗、英阿马岛战争、伊拉克入侵科威特都与能源密切相关。近几年来,能源更是成为世界各国争抢的对象。为了争夺能源,伊拉克重新燃起战争的硝烟;为了争夺能源,里海沿岸展开了激烈的角逐;为了争夺能源,达尔富尔爆发了人道主义危机;为了

争夺能源，北极冰原上演了逐油大戏；为了争夺能源，东海大陆架再现了夺油的较量。人类社会从来没有像现在这样因能源而大动干戈，兵戎相见。

（四）美国在世界能源格局中的地位仍然举足轻重

美国不仅是世界上最发达国家，世界上第二大能源消费国，同时也是世界第一大石油生产国。能源战略是美国全球战略的重要组成部分，美国凭借最大的经济强国地位，对世界能源市场施展了极强的操控力。首先是控制全球能源生产。美国是世界第二大能源消费国，除煤炭以外，石油和天然气都需要从国外进口。2017年美国的石油产量、消费量都居世界第一位，石油进口量居世界第二位。操控全球资源市场，确保美国能源利益成为美国能源战略的既定方针。美国在全世界展开了全方位的能源争夺，直接控制世界主要能源产区和主要国家。其次是控制全球能源运输通道。美国凭借强大的军事实力，对全球海上石油运输通道施以绝对的控制能力。世界六大石油运输"咽喉"和16条海上咽喉要道以及重要的陆地通道都是美国军方必控之地。在世界上能源富集区域和陆上石油管线最繁复密集的地区，美国都已构筑起了战略控制的框架，完成了控制陆上能源运输通道的战略布局。第三，控制全球能源价格。美国利用美元是国际石油贸易计价和结算货币的优势，长期控制国际油价和能源格局的走势，并且通过美国的货币政策对石油价格施加影响。美国利用美元计价机制化体系保证石油美元的回笼，实现了从美国输出的石油美元顺利回流，极大地推动了美国经济的发展。目前，世界的最大经济实体欧盟和能源联盟组织欧佩克的政治、经济、军事实力都无法与美国相匹敌，相抗衡，美国在世界能源格局中的强势地位不容置疑。

二、国际能源安全治理中的中国角色

面对国际能源格局的剧烈变动和新的特点，世界各国都面临新的挑战。任何一个国家都无法用自身力量来解决重大能源议题，必须通过国际能源合作，推进全球能源治理改革，保障各国的能源利益。国际能源安全治理是全世界共同的任务。但是，由于各国利益诉求的巨大差异、既有机制存在的地域局限和有效手段的缺失使得国际能源安全治理没有取得预期的成果。

在国际能源安全治理的全球合作中，中国的角色至关重要。中国是世界上最大的发展中国家，是世界第二大经济体，也是能源消费第一大国，在世界能源安全治理中理应担负起重要的国际责任，充当重要的角色。自20世纪80年代开始，中国就开始参与涉及国际能源安全治理的国际组织和相关机构。1983年，中国成为世界能源理事会（WEC）成员。1991年，中国加入亚太经济合作组织能源工作组。进入21世纪，中国开始尝试更加主动、深入地参与全球能源安全问题治理，通过担任成员国、联盟国、对话国、观察员国等，与IEA、OPEC、国际能源论坛、能源宪章、国际可再生能源署和国际原子能机构等开展了多种形式的合作。中国还通过G20、金砖国家、亚太经合组织和上海合作组织等，在一些重大能源议题上积极参与国际能源安全治理。中国目前也是许多国际能源机制的创始成员，如IEF、联合数据倡议组织（JODI）、国际能源合作伙伴关系（IPEEC）和清洁能源部长级会议（CEM）等。中国还积极参与并主办了众多国际能源会议。2015年11月，中国成为IEA联盟首批成员国。2016年在中国作为东道国举办了G20杭州峰会，全球能源治理成为G20重要议题。

但是，中国参与世界能源安全治理并不顺利，一些制约因素束缚了中国作用的发挥，无法获得关键性的话语权与影响力，中国处在较为尴尬的角色。在诸多的国内外制约因素中，最主要制约因素来自于中国自身，本文的重点是对中国自身的制约因素进行分析。

（一）世界能源安全治理中，中国自身的制约因素

1. 能源消费总量巨大，能源储量严重不足是首要制约因素

中国能源储量严重不足，主要能源（石油、天然气、煤炭）的储量都大大低于世界平均水平。截止到2017年底，中国的石油储量仅占世界石油储量的1.5%，天然气储量占世界天然气储量的2.8%，煤炭储量占世界煤炭储量的13.4%。但是，中国的能源消费总量却十分巨大，并且增长迅猛。

2009年，中国成为世界能源消费量最大的国家，一次性能源消费达到24.322亿吨油当量，占世界能源消费总量的20.3%，超过美国的22.857亿吨油当量，比第三名的俄罗斯竟然多出17.413亿吨油当量。中国一国的能源消费量就超过了第三名至第七名5个国家能源消费量的总和。

2011年，中国能源消费形势更加严峻，中国一次性能源消费达到26.132亿吨油当量，占世界能源消费总量的21.3%，超过美国的22.693亿吨油当量3.439亿油当量，继续保持世界第一大能源消费国地位，比第三名的俄罗斯更是多出19.276亿吨油当量，比第三名至第九名7个国家能源消费量的总和还多3070万吨。

到2017年情况更为严重。2017年中国一次性能源消费达到了31.322亿吨油当量，占世界能源消费总量的23.2%，连续9年保持世界第一大能源消费国地位。连续17年成为全球能源消费增量最大的国家。

更为严峻的是从2001年起，中国能源消费量连续17年飙升，从2001年的10.725亿吨油当量升到2017年的31.322亿吨油当量，用量

翻倍，增幅高达1.92倍。在世界主要经济强国美国、日本、德国等国家一次性能源消费量不断降低之时，中国能源消费量的持续飙升格外刺目，其巨大的升幅令人咋舌，由此引发的指责更是不绝于耳。中国是造成世界能源短缺的最主要"元凶"的客观事实严重削弱了中国负责任大国的形象，更制约了中国在世界能源安全治理中发挥作用。

表1 全球主要能源消费国近10年能源消费量变化

单位：亿吨油当量

	2008	2009	2010	2011	2012	2013	2014	2015	2016	2017
中国	20.799	21.877	24.322	26.132	27.352	28.524	29.721	30.098	30.472	31.322
美国	23.202	22.041	22.857	22.693	22.088	22.658	22.987	22.270	22.280	23.349
俄罗斯	6.910	6.547	6.909	6.856	6.942	6.99	6.819	6.768	6.896	6.983
印度	4.446	4.800	5.242	5.591	5.635	5.95	6.378	6.869	7.223	7.537
日本	5.162	4.730	5.009	4.776	4.782	4.74	4.561	4.530	4.512	4.564
加拿大	3.266	3.125	3.167	3.303	3.288	3.329	3.327	3.311	3.390	3.487
德国	3.268	3.074	3.195	3.064	3.117	3.25	3.110	3.233	3.282	3.351
巴西	2.351	2.341	2.539	2.669	2.747	2.84	2.960	2.991	2.930	2.944
韩国	2.353	2.367	2.560	2.630	2.711	2.713	2.732	2.849	2.922	2.959
法国	2.578	2.440	2.524	2.429	2.454	2.484	2.375	2.423	2.389	2.379

资料来源：根据《BP Statistical Review of World energy 2018》绘制。

2. 主要能源缺口巨大，对外依赖严重是直接制约因素

目前，中国已经成为世界石油、天然气能源的第二大消费国，煤炭的第一大消费国。但是，中国两大主要能源石油、天然气均严重不足，缺口巨大。中国的石油消费量连续17年快速增长，是全球石油消费量增长最多的国家。石油和天然气能源的巨大缺口直接制约了中国在世界能源安全治理中发挥能源大国应有的作用。

首先是石油短缺严重，进口量持续大增。

自2001年以后，中国的石油短缺形势不断发展。近几年的短缺

更是越发严重。2010 年中国的石油缺口高达 2.256 亿吨，2011 年石油缺口增加到 2.574 亿吨，2012 年中国石油缺口增加到 2.762 亿吨，2013 年中国的石油缺口直冲 3 亿吨，达到 2.993 亿吨。到 2017 年中国的石油缺口超过 4 亿吨，达到 4.169 亿吨。与石油缺口持续减少的美国形成鲜明对比。[①]

在中国国内石油储量和产量严重不足的制约下，弥补巨大的石油缺口的唯一方法就是大量进口石油。2017 年中国已经超过美国，成为世界第一大石油进口国。2017 年中国石油进口量达到 4.221 亿吨，超过美国的 3.941 亿吨，成为世界第一大石油进口国。虽然美国的成品油进口量 1.035 亿吨高于中国的 0.844 亿吨，但原油与成品油相加中国进口总量为 5.065 亿吨，高于美国的 4.976 亿吨，仍然是世界第一大石油进口国。

表 2 2010—2017 年中国石油产量、消费量、缺口量、进口量变化表

单位：亿吨

	产量	消费量	缺口量	进口量
2010 年	2.030	4.286	2.256	2.945
2011 年	2.036	4.610	2.574	3.281
2012 年	2.075	4.837	2.762	3.542
2013 年	2.081	5.074	2.993	3.783
2014 年	2.114	5.203	3.089	3.728
2015 年	2.146	5.735	3.589	3.358
2016 年	1.997	5.872	3.875	3.826
2017 年	1.915	6.084	4.169	4.221

资料来源：根据《BP Statistical Review of World energy 2011、2012、2013、2014、2015、2016、2017、2018》绘制。

---

① 美国 2010 年石油缺口为 5.145 亿吨，2011 年石油缺口为 4.813 亿吨，2012 年美国石油缺口为 4.25 亿吨，2013 年美国石油缺口减少到 3.848 亿吨，2014 年美国的石油缺口为 3.162 亿吨。2017 年美国石油缺口为 3.413 亿吨。

根据图表显示，自 2010 年以来，中国的石油产量基本呈下降趋势，而石油消费量却连年激增，石油短缺量越来越大，石油安全形势越来越严峻。更为严重的是，在未来 20 年内，中国的石油短缺问题将会越发严峻。在没有重大探明储量增加的情况下，中国目前的石油探明储量在 20 年内将开采殆尽。据专家预测，到 2020 年，如果探明储量没有很大变化的话，中国的原油产量将大致稳定在 1.9 亿吨左右的水平。这一预测结果表明，中国未来的石油供求缺口巨大，对外依赖程度将越来越严重。2020 年中国的石油进口量和对外依赖程度将分别增长到 2.5 亿—2.6 亿吨和 56%—59%。而这可能还是比较乐观和保守的估计，国际上的多数预测结果则比中国学者的估计要严重得多。国际能源机构 2000 年的《世界能源展望》的预测，2020 年中国石油对外依赖程度将达到 76.9%；德国有关研究机构预测，到 2030 年中国石油的对外依存度将达到 82%。尽管国内外研究机构对中国未来的石油需求量和产量的估计有所不同，但以上预测结果无一不说明未来中国石油供应的安全面临着严重问题。

其次是天然气缺口量翻数倍，进口量激增。

2010 年中国天然气缺口高达 122 亿立方米，比 2009 年的 35 亿立方米的天然气缺口量翻了 3.49 倍。2010 年中国进口天然气 163.5 亿立方米，比 2009 年增加 114.3%。2011 年中国天然气缺口激增到 282 亿立方米，比 2010 年增加了 131.1%。此后天然气缺口逐年扩大，2012 年为 366 亿立方米，2013 年为 445 亿立方米，2014 年为 510 亿立方米，2015 年为 590 亿立方米。2016 年和 2017 年天然气缺口出现"跨越式"增长，2016 年天然气缺口猛增到 715 亿立方米，到 2017 年天然气缺口更是暴增到 912 亿立方米，进口天然气达到 920 亿立方米。天然气缺口和进口量都逼近千亿立方米大关，形势岌岌可危。

表3 2010至2017年中国天然气产量、消费量、缺口量、进口量变化表

单位：亿立方米

	产量	消费量	缺口量	进口量
2010年	968	1090	122	163.5
2011年	1025	1307	282	307
2012年	1072	1438	366	414
2013年	1171	1616	445	519
2014年	1345	1855	510	584
2015年	1357	1947	590	598
2016年	1379	2094	715	719
2017年	1492	2404	912	920

资料来源：根据《BP Statistical Review of World energy 2011、2012、2013、2014、2015、2016、2017、2018》绘制。

3. 能源结构失当，清洁和可再生资源比例极低是结构制约因素

继2010年中国成为能源消费量最大的国家后，到2017年中国一次性能源消费达到了全球历史最高量的31.322亿吨油当量。与此同时，中国能源结构不合理问题凸显，在能源消费结构中煤炭、水利等传统能源所占比例过大。2014年中国煤炭、水利传统能源占全部能源消费量的74.7%，特别是煤炭消费一项就占据我国能源消费总量的67.5%。2017年能源结构不合理状况虽有所改善，但是煤炭、水利传统能源仍然占全部能源消费量的68.77%，煤炭消费仍占据我国能源消费总量的60.42%。

表4 2010年至2017年中国能源消费结构表

单位：百万吨油当量

		2010	2011	2012	2013	2014	2015	2016	2017
石油	消费量	428.6	461.0	483.7	507.4	520.3	559.7	587.2	608.4
	占世界同类%	10.64	10.11	11.7	12.1	12.36	13.54	12.88	13.2
	占中国能源%	17.62	17.64	17.68	17.79	17.51	18.57	19.27	19.42
天然气	消费量	98.1	117.6	129.5	145.5	166.9	177.6	180.1	206.7
	占世界同类%	3.4	4	4.3	4.8	5.44	5.66	5.86	6.6
	占中国能源%	4.03	4.5	4.73	5.1	5.62	5.89	5.91	6.59
煤炭	消费量	1713.5	1839.4	1873.3	1925.3	1962.4	1920.4	1889.1	1892.6
	占世界同类%	48.19	49.4	50.2	50.3	50.55	50.01	50.97	50.71
	占中国能源%	70.45	70.39	68.49	67.5	66.03	63.71	61.99	60.42
核能	消费量	16.7	19.5	22	25	28.6	38.6	48.3	56.2
	占世界同类%	2.67	3.3	3.9	4.4	4.98	6.62	8.17	9.51
	占中国能源%	0.68	0.75	0.8	0.87	0.96	1.28	1.58	1.84
水电能	消费量	163.1	157.0	194.8	206.3	240.8	254.9	261.0	261.5
	占世界同类%	21.03	19.8	23.2	24.1	27.39	28.54	28.57	28.47
	占中国能源%	6.7	6	7.12	7.2	8.1	8.46	8.56	8.35
再生能源	消费量	12.1	17.7	31.9	42.9	53.1	62.7	81.7	106.7
	占世界同类%	7.62	9.1	13.4	15.4	16.76	17.18	19.57	21.92
	占中国能源%	0.497	0.67	1.17	1.5	1.79	2.08	2.68	3.41

资料来源：根据《BP Statistical Review of World energy 2011、2012、2013、2014、2015、2016、2017、2018》绘制。

根据《BP Statistical Review of World energy 2018》统计，美国的石油、天然气、核能、生物质能等清洁和可再生能源的消费量占其能源消费总量的82.13%，日本的清洁能源和可再生能源占能源消费总量的69.68%，德国的清洁能源和可再生能源占能源消费总量的77.38%，俄罗斯的清洁能源和可再生能源占能源消费总量的81.84%，法国的清洁能源和可再生能源占能源消费总量的91.51%，是清洁能源和可再生能源使用率最高的发达国家。相比之下，中国能源结构的不合理问题十分明显。

表5　2017年世界主要国家能源消费结构表

单位：百万吨油当量

	能源消费总量	石油	天然气	煤炭	核能	水电能	再生能源	清洁能源和可再生能源占%
美国	2234.9	913.3	635.8	332.1	191.7	67.1	94.8	82.13%
德国	335.1	119.8	77.5	71.3	17.2	4.5	44.8	77.38%
法国	237.9	79.7	38.5	9.1	90.1	11.1	9.4	91.51%
俄罗斯	698.3	153.0	365.2	92.3	46.0	41.5	0.3	81.84%
日本	456.4	188.3	100.7	120.5	6.6	17.9	22.4	69.68%
中国	3132.2	608.4	206.7	1892.6	56.2	261.5	106.7	31.23%

资料来源：根据《BP Statistical Review of World energy 2018》绘制。

4. 能源战略储备系统极为薄弱，抗风险能力极差是潜在制约因素

中国的能源战略储备系统极为薄弱，抗风险能力很差，大大增加了中国经济发展的潜在危险，严重制约了中国在世界能源安全治理中发挥应有的作用。2003年以前没有战略性储备库存，中国石油系统内部原油的综合储备天数仅为21.6天，并且全部是生产性库存，没有战略储备库存。中国的石油战略储备与发达国家相比差距极大。

早在20世纪70年代，发达国家就在IEA框架下建立起了石油战略储备；国际能源机构也建议其成员国建立起维持各自消费90天的战略储备量。目前，美国、日本、德国、法国等发达国家的政府储备加上民间储备，分别相当于其158天、161天、117天和96天的石油消费量。30多年后的2007年12月，中国才成立了国家石油储备中心，负责国家石油储备基地的建设和日常管理，承担战略石

油储备的收储、轮换和动用任务，同时跟踪监测国际国内石油市场的供求变化，为维护国家经济安全提供石油储备保障。2008年，陆续建成四大国家石油储备基地，开始贮存原油。截至2016年年底，我国已建成9个国家石油储备基地，共储备原油3325万吨，战略石油储备只能满足34天的需求，远远不足以保障国家的能源安全，其储油量与发达国家的石油储备量相比还相距甚远。因此能源储备能力十分低下的中国很难在国际能源安全治理中承担起负责任大国的角色。

5. 石油进口来源地政局动荡，石油来源危险系数增大是风险制约因素

中国石油进口的主要来源地主要集中在四大地区：中东、非洲、俄罗斯、中南美洲。2010年中国从以上四个地区占据中国石油进口总额的82.2%。

2011年，中国对四大石油进口来源地石油进口比例进行了调整，增加了从中东、俄罗斯和中、南美洲的石油进口，减少了从非洲的石油进口。但是从这四个地区进口石油的总量仍然高达76.29%，2012年又增加到85.04%，2013年维持在85.06%。到2017年，中国从四大石油进口来源地的进口量飙升到3.836亿吨，占当年石油进口总额的90.88%。

在中国四大石油来源地中，中东、非洲和中美洲产油国国内局势的不稳定增加了中国石油来源的变量。与此同时，来自俄罗斯的风险不容忽视。因此，目前中国所面临的石油来源巨大风险短期内无法改变。

（二）世界能源安全治理中的中国自身解困之策

面对中国世界能源安全治理中的尴尬处境和越来越大的国际压

力，制定国家能源安全战略，稳定能源安全体系，遏制连年大幅增长的能源消费量，减轻国际社会和中国本身的能源压力，走出能源安全的困境，才能使中国在世界能源安全治理中发挥作用。

1. 确定中国能源战略的基本原则和政策目标

2012年《中国的能源状况与政策》白皮书确定了中国新能源战略的基本内容是："坚持节约优先、立足国内、多元发展、依靠科技、保护环境、加强国际互利合作，努力构筑稳定、经济、清洁、安全的能源供应体系，以能源的可持续发展支持经济社会的可持续发展。"

中国政府计划，在本世纪前半叶，力争用三个15年的时间，实现能源可持续发展的目标。具体来讲，到2020年（第一个15年），以实现能源消耗翻一番来支持国民经济增长翻两番的目标。另外，一次性能源需求争取控制在30亿吨标准煤左右（2010年在21亿吨标准煤左右），煤炭消费比例控制在60%左右，石油进口依存度也控制在60%左右，主要污染物的削减率为35%—40%。初步形成结构多元、清洁、安全的能源供应体系，初步形成能源可持续发展的新机制，为经济社会今后更长远的发展奠定基础。

到2035年（第二个15年），国家争取使能源多元化发展初具规模，基本形成可再生能源实现规模化生产的能力。到2050年（第三个15年），初步实现能源的可持续发展。2035年以后，新增的能源需求，将主要由可再生能源和核能等新能源来提供。

2. 确定实现战略目标的现实措施

为了实现《中国的能源状况与政策》白皮书中制定的中国能源战略目标，中国应该采取的战略性措施是：

（1）制定能源安全战略，建立能源安全储备体系

制定和实施全球化能源安全战略，保障中国能源的长期供应，提高能源产业的经济效益和经济竞争力。目前急需建立石油战略储

备体系以应对石油资源意外中断和突发性价格动荡。建立石油战略储备体系不仅需要制定相应的法律、法规，还要对体系的构成、战略石油储备的运营、管理和释放等一系列技术层面的问题进行详细的规定以便操作。中国的能源安全得到保障，世界的能源市场才能得到稳定，世界能源安全才有保障。

(2) 调整能源消费结构，合理开采国内资源

针对能源结构失调的现状，中国政府应努力调整能源结构，尽全力减少不可再生能源的使用量，积极推广使用清洁能源。以石油为例，中国石油资源的开发还有一定的潜力，基本可以做到维持必要的国内生产，保障本国石油的基础供应。对国内石油资源，要根据不同类型的石油资源进行分类和分步骤的开采。对于勘探开发成本和运输成本较高的石油资源，只适合于在国际油价处于高位时进行开采，因此在国际油价处于低位时限制开采或停止开采，而此部分的石油资源可以作为我国长期战略资源储备。在今后十几年，我国对石油进口的来源应有明确的战略安排和及时的部署。

(3) 开展区域性能源合作，建立稳定的集体能源安全体系

为了保证中国的能源安全，我们应加快建立稳定的集体石油安全体系。建立集体石油安全体系分为三个目标：首先我国要建立石油供需双方的双边合作；在此基础上进一步推动与周边国家的油气合作；进而发展与世界其他地区的合作。例如，中国的石油进口战略部署在保持传统的石油进口地中东地区的基础上，要尽全力扩大在其它地区的供应来源，减少石油来源的风险。

(4) 在新能源技术上创新突破

面对中国目前异常严峻的能源现状，当务之急应是最大努力降低能源的消费量。我认为最切实可行的有效措施就是以减少石油的需求量为突破口，遏止住能源消费量的持续增长，真正承担起能源大国的国际责任。当前中国减少石油使用量的最可行措施是在新能

源技术上进行突破，大力使用清洁能源，研制和引进国内外创新技术成果。以色列2017年带头掀起的能源大革命或许会对我国解决能源困境有所借鉴。据2017年5月24日央视新闻报道：以色列已经研发出汽车专用蓄电电池，定名为"闪充"。每次充电只需5分钟，续航能力可以达460千米，其重量比锂电池还要轻，是一种新型固体复合材料，已经行驶实验成功。以色列政府宣布，在2020年以前，以色列将停止使用目前的汽油、柴油车辆，全部使用电动汽车。此前一天《参考消息》报道：美国宣布到2025年内，在全境停止使用以汽柴油为动力的汽车和工程机械用车，全部更换为电动智能车和电动农用、工程机械车。美孚、艾索大石油公司等宣布，撤消拆除在全美境内47%的石化炼油厂设备和加油站，将加油站改为充电站，这是一场能源革命，将改变世界以矿物石油燃气为能源的格局，实现真正的电气化时代！中国是一个汽车大国，汽油消费量极高。如果中国能全面使用电动汽车，将会大大减少汽油的消费量，缓解能源短缺的困境。研制新型高效能源或引进类似"闪充"电池技术，全面加速推广电动汽车，就会节省大量石油消耗，非常有助于缓解能源短缺的问题，不失为解决能源安全困境的突破口。

综上所述，虽然在国际能源安全治理的全球合作中，中国的角色至关重要。但是，中国必须先排除自身的诸多制约因素，治理好国内能源安全问题，摆脱能源安全困境，才能在世界能源安全治理中真正担负起负责任大国重要的责任，充当核心国的重要角色。

（本文部分内容以《论国际能源格局变化中的中国责任》，载入《变革中的国际体系与中国责任》，世界知识出版社，2011年9月，本次发表根据近年能源形势的变化做了较大修改）

俄罗斯加强国家安全的措施

盛世良[*]

[内容提要] 俄罗斯重视国家安全,由总统挂帅国家安全决策机构,把国家安全视为外交第一要务。在国家安全中,俄罗斯最重视主权独立和领土完整。俄罗斯秉持"大安全"理念,国家安全涵盖军事、政治、社会、金融、食品、能源等诸多领域。在当前复杂的国内外形势下,普京密切关注本国的地缘战略安全、政权安全和社会稳定。

[关键词] 国家安全 主权独立 军事实力 社会稳定

俄罗斯非常重视国家安全,专门成立由联邦总统亲自出任主席的联邦安全会议,为总统起草安全领域的条法文件,研究保证国家安全、公共安全、生态安全等各领域安全的重大问题。

在国家安全方面,俄罗斯最重视的是国家的主权、独立和领土安全,其次才是政权安全,把国土安全看作政权安全的基础。

俄罗斯的对外政策活动,首要目的就是保障国家安全,这是普京外交三原则的第一条——外交为本国的安全和经济利益服务。

普京重视国家安全的机制保障。在他执政期间,俄罗斯"强力

---

[*] 盛世良,新华社世界问题研究中心研究员,研究领域为俄罗斯与苏联问题。

部门"人员增长一倍，拨款增长 4.5 倍。强力部门官兵超过 400 万，其中，国防部 190 万名，内务部 91.45 万名，国民近卫军 40 万名，紧急情况部 28.9 万名，联邦安全局近 12 万名，边防军 20 万名，海关、检察院和移民局等机构人员 20 万名。

一、军事手段为主，巩固国土安全

第一，保障国土安全，俄罗斯主要靠武装力量。普京总统喜欢引用帝俄亚历山大三世的名言："俄罗斯只有两个盟友——陆军和海军"。之所以只说陆军和海军，是因为当时还没有其他军种。

苏联时期军费曾占国内生产总值（GDP）的 15%—23%。俄罗斯依然是世界上为数不多的军费占 GDP 比重超过 2% 的国家之一。尽管近几年军费不断下降，但 2018 年军费（476 亿美元）依然占 GDP 的 2.8%。

由于军费有限，俄罗斯不同美国搞军备竞赛，而是"少花钱多办事"，以非对称手段保证世界"军事老二"的地位。

一是用军费的 8% 维护与更新战略武器库，战略核力量的现代化武器装备率由 2012 年的 37% 提高到 2018 年的 81%，保持与美国平起平坐的核大国地位。

二是用少量高精尖武器，维持军事技术的领先地位。普京总统发表 2017 年国情咨文时演示了"其他国家尚处于研制阶段而俄罗斯已经列装军队的"新式武器。最近 5 年来，高精度巡航导弹配备率增长 30 倍。

三是用廉价高效的武器应对西方军事威胁。例如，排水量不足千吨的"暴徒"级小型导弹舰一次能齐射 8 枚"口径"巡航导弹，理论上能摧毁一艘航母。

四是利用参与叙利亚或乌克兰之类的地区军事冲突的机会锻炼部队，把原计划用于军事训练的资金用于保证冲突地区官兵的实战需要。俄军80%—90%的战机飞行员、相当大部分合同兵和军官，都在叙利亚经受了实战锻炼。

五是在实战中运用科技，2013—2014年俄军建立第一批5个科技连。

第二，在周边形成安全地带。用美国国防部长马蒂斯的话来说，俄罗斯巧妙地在周边制造"可控混乱"，以保证周边安全，通过经济、外交和政治军事手段操控周边中小国家。

第三，维持周边国家领土纠纷，阻挠北约东扩。苏联时期，俄罗斯曾有加盟共和国、社会主义大家庭和亚非拉"以社会主义为发展方向的国家"这三重"安全气囊"。苏联解体后，北约经过三轮东扩，在波罗的海地区已经与俄罗斯接壤，俄罗斯安全环境显著恶化。在这种情况下，俄罗斯支持格鲁吉亚的南奥塞梯和阿布哈兹两地独立，格鲁吉亚如果想加入北约，就不得不放弃占国土1/5的这两个地区；阿塞拜疆和亚美尼亚在纳卡地区有领土纠纷，摩尔多瓦有"德涅斯特河沿岸共和国"和加告兹地区独立问题，乌克兰有克里米亚和顿巴斯问题，全都达不到加入北约的标准。

第四，以自己控制的争议领土改善同邻国的关系。俄罗斯先后解决了与美国在白令海峡、与挪威在巴伦支海、与中国在黑瞎子岛的领海和领土争端，正在以"移交"色丹和齿舞两岛为条件，与日本谈判签订和平条约，争取扩大对日经济合作。

第五，与邻国发展经贸合作，保证国土安全。19世纪法国经济学家巴斯夏说过，在商品越过国界的地方，军队便不会越过国界；商品无法越过的边界，军队便会取而代之。普京在瓦尔代年会上说过，"我们与中国解决了历史遗留的领土问题。本来要通过获取领土才能解决的资源问题，现在中国通过对俄经济贸易合作就能解决"。

俄军在保卫国土安全方面决心大，行动果断。一旦发现外国船舶进入领海，俄罗斯军人无须逐级"请示"，只需照边防条例行事，警告无效就开火。俄罗斯边防军曾在远东多次击毁击伤进入本国海域的外国渔船，而不问这些渔船是属于敌对国家，还是属于友邦。

二、保证政权安全，防范"颜色革命"

保证政权安全的核心问题是赢得民心，让人民拥护现政权，手段是改善民生、扩大民主和加强法治。

普京的支持率始终维持在70%以上。2014年克里米亚回归俄罗斯后，普京的支持率上升到80%。2018年政府决定延长退休年龄，以增加劳动人口提高退休金，尽管遭到80%的民众反对，但普京的支持率依然高达75%。

俄罗斯民众较高的社会满意度，主要来自于改善民生，扩大民主和加强法治。

（一）改善民生

俄罗斯老百姓最关心民生。舆情调查表明，居民最关心的是改善社会福利、稳定物价，而民主和人权仅有9%—10%的人关心，列在居民十大关注之末。

当局着力改善民生。普京1999年执政后最得人心的一件事是恢复按时足额发放工资和退休金。为了弥补苏联和叶利钦时期对社会消费的亏欠，普京长期维持1999年主政以来坚持的职工平均月薪和居民实际收入增长率略高于GDP增长率的方针。2012年12月职工平均月薪为34860卢布（31卢布合1美元），比2011年同期增长6%，而2012年GDP增长率仅为3.5%。GDP中用于消费的比重达2/3，与发达国家相近。2014年以来俄罗斯遭受西方经济制裁，经济发展减速，财政预算开支削减，但社会福利开支尽可能不减或少减。

（二）扩大民主

对三权分立、领导人直选、多党制等现代政制概念，俄罗斯当局采取"西为俄用"的方针，在民主、自由、人权等"普世价值"问题上，当局表面上"从善如流"，让西方少了一个攻击俄罗斯的借口。

当局采取多项措施加强民主。

1. 修订政党法，扩大参政面。2012年4月颁布新《政党法》，把组建政党所需的党员最低人数由4万名降到500名。政党提交党员信息和财务报表的手续，由每年一次改为三年一次。新法实施一年来，在司法部登记的政党由此前的7个陡增为58个，还有150多个政党等待登记注册。

2. 放宽政党参选条件，降低总统候选人门槛。2012年5月颁发的总统令，把议会外的政党推举总统候选人需征集的签名数从200万减到10万，无党派人士参加总统选举的支持者签名数从200万减到30万。政党参加联邦和地方议会选举，无须征集签名。

3. 恢复地方行政长官直选制。2012年6月生效的州长直选法规定，州长由当地公民普选产生，年满30岁的公民即有权竞选州长，但候选人须经联邦总统筛选，总统有权罢免腐败违法的州长。

4. 恢复联邦议会混合选举制，按政党名单和单席位选区选出的议员各占一半，让非党人士能独立参选。

5. 落实普京提出的在大城市建"海德公园"的设想。莫斯科在市中心高尔基公园和索科尔尼基公园，圣彼得堡在市中心马尔斯广场设立"海德公园"，公民只需提前3—5天申报，无须等待批准，即可自由举行集会，发表政见，包括反政府言论。

6. 联邦财政为20万个非政府组织中大多数不接受外国资助的守法组织提供财政拨款，补充其活动经费和课题费。

7. 俄罗斯保证网络开放与畅通，仅封杀涉及恐怖、宗教极端主义和儿童色情的网站与信息。官方的"今日俄罗斯"媒体公司设立"外国传媒"网站，把外国媒体，特别是欧美媒体的重要报道和评论译成俄文，公开发表，包括批评普京和俄罗斯政策的文章。

（三）加强法治

依法严惩腐败，是平息群众不满情绪的重要政治手段。普京推出官员财产公示制，禁止官员和国企高管拥有海外资产，解除涉腐高官职务。

西方在苏联鼓动"颜色革命"有两个套路。第一个套路是：鼓动和平抗议，围攻政权机关，如果当局用暴力制止，难免发生流血事件，西方传媒就渲染当局"残酷镇压本国人民"，西方国家随即宣布该国政权"丧失合法性"，结果是合法政权被迫下台，"颜色革命"成功。第二个套路是：鼓动落选的反对派指责当局在大选中作弊，要求"重新选举"，当局一旦同意，第二次选举选出的必然是亲西方反对派。

普京"对症下药"。第一，不让和平抗议发展到围攻政权机关的地步；第二，立即调查反对派所说的"选举舞弊"，迅速发布调查结果，证明选举合法有效，对"重新选举"的无理要求不予置理。

2011年底至2012年初，体制外反对派在莫斯科等大城市密集组织抗议集会。为防抗议转化为"颜色革命"，当以立法手段，加以防范。

1. 颁布总统令，把莫斯科市最显眼、反对派最钟爱的集会地点——红场南侧的"瓦西里斜坡"定为"莫斯科克里姆林宫博物馆保护区"，在该地举办群众活动要提前3个月申请，而且要由联邦总统亲自批准。

2. 加紧修订《集会法》，2012年6月5日一天内国家杜马（议会下院）加速完成该法修正案二读和三读，次日联邦委员会（议会上院）批准，两天后总统签署。修订后的《集会法》严控申请举办公共集会的程序，要求申请者明确参加人数、活动场所、行进路线、起讫时间和安全措施，参加集会的实际人数多于或少于申请数，都将被处以行政罚款。经过当局批准的反对派游行，即使举着有"可耻"字样并打了叉的普京像，警察也不干涉，但一旦游行时间超过申请，警察就暴力驱散。普京支持者2012年举办的一次群众集会，实到人数数倍于申请数，普京事后高调表态："没想到这么多人参加，罚款有我一份！"对违法集会的参加者、集会负责人和法人分别处以30万（当时30卢布合1美元）、60万和100万卢布罚金；一年内违犯此法两次及以上者被剥夺组织群众活动的资格。

此举效果良好。2013年以来，右翼反对派多次召集群众集会，参加者往往不足千人。

3. 制订《互联网黑名单法》，规定传播对儿童有害内容的网站网页的网址和域名将被列入黑名单，关闭传播儿童色情、诱导吸毒和自残等违法信息的网站。

4. 修订《非营利组织法》（又名《外国代理人法》），通过申报和财务监督，严控受境外资助并从事政治活动的非政府组织。

5. 刑法典恢复"毁谤罪"条款，严惩传播虚假信息、造谣毁谤。

6. 修订《信息、信息技术和信息安全法》。根据新增条款，俄罗斯总检察长和副总检察长有权不经事先警告、不经司法审判，下令封闭发布大规模骚乱、极端主义活动和非法集会号召的网站。

7. 依法严惩违法者。对2012年5月6日莫斯科沼泽广场示威的8名闹事者，于2014年1月22日判处5—6年徒刑。

8. 用强力手段制止社会动乱。俄罗斯于2016年成立直属于卢布总统的国民近卫军，接管了原先属于内务部特警的强力维持治安的职能，还增加了重要国家机关安保、反恐反极端主义、实施戒严、戍边守土、处理非法移民等其他职能。

俄罗斯宪法禁止以暴力推翻现政权。至于像2014年初基辅市中心那样的群体性骚乱，俄罗斯当局一是不会让局势发展到如此不可收拾的地步，二是万一发生，就果断地平息。

三、从质量和数量上保证本国食品安全

食品安全是国家安全的重要组成部分，而粮食安全又是食品安全的基础。

（一）吸取历史教训，重视食品自给的重要性

20世纪初，俄罗斯在世界农产品出口市场上占有的份额高达40%，本国生产的部分鸡蛋和黄油能出口到荷兰等西欧国家，赚取外汇。1894年，俄罗斯产粮6700万吨，人均535千克。1917年十月革命那年，俄罗斯产粮6240万吨，人均400千克。

苏维埃政权推行的"余粮征集制"和农业集体化，破坏了农村生产力，压制了农民生产积极性，致使苏联时期人均粮食产量一直未能超过帝俄时期。1920年仅产粮4520万吨，人均322千克。按说

即使人均322千克,也不至于引起饥荒,但由于政策不当,根据不同估计,20年代饿死100万—520万居民。30年代再次发生大批饿死人的大饥荒。1940年为苏联战前粮食高产年,产粮8700万吨,人均500千克,依然低于1894年。苏联从1970年代开始,年年进口粮食,即使粮食产量创纪录的1978年(2.38亿吨)也不例外。

苏联解体后,俄罗斯政府无力支持农业。20世纪90年代,俄罗斯粮食产量大起大落。1992年为1.07亿吨,1995年仅6300万吨,1997年上升到8900万吨,1998年急降至4800万吨。俄罗斯由苏联时期进口饲料粮在本国养肉畜和奶牛,改为直接进口肉奶制品。

普京执政后,俄罗斯农业生产迅速发展,粮食自给有余,平年能出口1500万—2000万吨粮食。如果不算灾年2010年(粮食产量仅6100万吨),俄罗斯20多年来粮食产量年均增长7%。

2017年俄罗斯粮食产量创纪录,达到1.353亿吨,接近于人均一吨粮的丰足水平。2018年粮食产量下降,但也达到1.134亿吨,在当年世界粮食总产量(20.63亿吨)中占5.5%,而俄罗斯人口仅占世界2%,人均粮食占有量接近800千克。

(二) 保证粮食安全有法可依

2010年1月30日俄罗斯总统批准了《俄罗斯食品安全构想》。《构想》对本国食品安全定出了量化指标:国产粮和国产土豆在国内用粮中的比重起码应达到95%,国产肉在本国肉类需求中的比重起码应达到85%,奶类和奶制品——90%,植物油、食糖和鱼类——80%。2017年俄罗斯奶类产量超过3100万吨,人均占有215千克,满足内需稍有不足。

2012年,俄罗斯制订了《2013—2020年发展农业和调节农产品市场国家纲要》,规定了六项优先任务:1.稳定农业地区的发展,提高农村居民的生活和就业水平；2. 保证食品供应独立自主；3. 提高本国农产品在国内外市场的竞争力；4. 保证农业生产单位财政稳定；5. 提高土地和其他农业资源的利用效率；6. 提高农业生产过程的生态清洁度。

《纲要》提出的指标为：农产品产值年均增长 2.4%—2.5%，（加工）食品产值年均增长 3.5%—5%，肉类、奶类、蔬菜和水果产量加速增长。

普京总统 2012 年提出，到 2020 年，俄罗斯粮食年产量应达到 1.2 亿—1.25 亿吨，出口量可达三四千万吨。按照俄罗斯的需求标准，人均一吨，意味着粮食丰足。这就是说，为保证本国口粮、饲料粮和工业用粮，以及对外出口，俄罗斯需要年产 1.4 亿吨粮食。按俄罗斯 1.246 亿公顷耕地面积计，单产只须达到 1123 千克；按谷物播种面积 0.46 亿公顷计，单产应达 3043 千克。

（三）粗放耕作有利于环保和保证食品质量

俄罗斯发展农业的条件得天独厚，幅员 1707 万平方公里，以平原为主，虽说气候寒冷，但降水丰沛而且均衡。耕地面积达 1.246 亿公顷，牧场和草场达 0.776 亿公顷。苏联时期开始，直到现在，包括城市居民在内，每户至少可申请"宅旁园地"0.06 公顷，荒地多的地区，农户"宅旁园地"可达 1 公顷。

俄罗斯爱惜地力，播种面积每年在 0.9 亿公顷上下，其中谷物播种面积约占一半，0.45 亿—0.46 亿公顷。谷物平均单产低。欧洲国家每公顷地产粮约 6 吨，俄罗斯小麦、大麦和黑麦单产仅分别为 2.32 吨、2.31 吨和 2.07 吨，达到 3.8—4 吨就算高产了。主粮为小麦，最近十多年来，平均年产量略高于 5000 万吨，平年能出口小麦一两千万吨。

俄罗斯不仅严格限制除草剂和杀虫剂的使用，还尽可能少用化肥。化肥年产量虽然高达1700万吨，但1500万吨用于出口，本国仅用200万吨（欧洲每公顷地施肥300千克，俄罗斯库班产粮区每公顷施肥60千克，其他地区20—30千克），既能降低生产成本，又能避免土质恶化。

俄罗斯粮田不挖沟渠。由于土地平展，生态保护较好，旱涝灾害很少，灌溉靠天，无须沟渠，省去排灌机具，还可节约农用地十分之一，降低农民的劳动量。

对俄罗斯来说，这种粗放耕作方式不仅有利于环保，而且为增加农作物产量和出口预留了极大的潜力。

（四）保证种子安全，不许外国染指

农作物的种子安全、家畜家禽的育种安全，是食品安全的核心环节。在这方面，俄罗斯《国家经济安全战略》规定，在重要消费品领域，不得让外国公司占领市场。至于事关本国基因库安全的种子、种禽和种畜行业，俄罗斯禁止外国染指。

俄罗斯20世纪90年代实施私有化时，在事关国计民生的问题上非常谨慎，有两类企业绝对禁止私有化。第一类是弹药厂，尽管飞机制造厂和枪械制造厂等军工企业可以非国有化，但弹药厂不在其内。第二类是为农业提供种子、种畜和种禽的企业，这类企业更不得被外国控制。

现在，俄罗斯人最相信的是本国食品，因此在俄罗斯食品商店里销路好、价格高的，不是舶来品，而是国货。俄罗斯人进食品商店，先找本地产品。

对转基因农作物，俄罗斯政府原先只允许试验。2013年9月，俄罗斯政府决定，从2014年7月1日起，准许登记玉米、土豆、大豆、稻米和制糖甜菜等 22 种农作物的转基因种子，但绝对禁止上市。

四、保障金融安全，经济"去美元化"

美国通过金融手段制裁敌对国家有先例可循。在伊朗核协议达成之前，美国为了制裁伊朗，曾冻结伊朗 1000 亿美元的外汇储备。2008 年雷曼兄弟公司破产引发金融风暴时，美国曾认真考虑发行新美元，以 10 美元"旧币"换 1 美元新币的比例，对"敌对国家"持有的美元债务实行"重组"。

俄罗斯近年来未雨绸缪，应对美国可能实行的金融制裁。

（一）缩小美元在黄金外汇储备中的比重

俄罗斯自 2015 年初开始，不断增加黄金外汇储备中黄金的比重，到 2018 年 11 月，已经大于 17%。2017 年 2 月，俄罗斯黄金储备同比增加 9.3 吨，总量达 1650 吨，创苏联解体以来的纪录。2018 年 2 月 18 日，俄罗斯中央银行的黄金储备超过 1857 吨，位居世界第六。截至 2018 年 8 月 9 日，俄罗斯黄金外汇储备为 4580 亿美元。此前的最高额为 5980 亿美元（2008 年 8 月 8 日）。

其次，缩小美元在俄罗斯外汇储备中的比重，2008 年 8 月 8 日为 46%，2017 年为 43%。

（二）抛售美债

2018 年 3 月至 5 月，俄罗斯持有的美债就从 961 亿美元减少到 149 亿美元，2018 年 8 月俄罗斯又抛售美债 7 亿美元。

（三）鼓励本国企业本币结算

对实施本币结算的公司，第一，提供优惠税率；第二，简化出口交易的增值税退税程序；第三，对2024年前逐步取消出口外汇收入返回国内的规定。

（四）推广本币结算

2018年夏，俄罗斯外贸银行行长科斯金向普京建议，在国际结算中扩大卢布比重，目标是，同中国贸易用人民币结算，同欧盟国家用欧元结算（欧盟国家每年能源进口价值3000亿美元，仅2%来自美国，80%的能源进口却用美元支付），同欧亚经济联盟国家进出口贸易的结算中，卢布的使用率逐步要上升到80%。2018年7月，俄罗斯国际结算中美元、欧元和卢布的比例分别为42.63%、36.74%和0.26%。俄罗斯同欧亚经济联盟国家双边贸易中，卢布结算的比例已经大于79%，但是，欧亚经济联盟其余国家之间的贸易中，美元结算的比例仍高达80%。

（五）积极参与新的开发机制

首先是为了应对美国和西方的制裁，其次是着眼于长远战略，以免依附于亚洲新伙伴。

不仅俄罗斯，其他非西方国家也在防范金融制裁，应对类似2010—2015年对伊朗的金融封锁，尽可能使金融业务摆脱银行同业支付系统（CHIPS）和环球银行间通信系统（SWIFT）等美欧控制的机制，减少使用美元与欧元的交易。

（六）用各种工具防范金融制裁

1. 进口替代、本国支付系统、现金结算。
2. 通过地方银行用地方货币结算。
3. 模拟式易货贸易。例如往天然气供货商在地方银行的账户打进一笔钱，用这笔钱购买当地产品，也就是说，供货国并不从购货国汇钱。
4. 用黄金、珠宝和其他可流通资产支付。
5. 通过汇款系统支付。
6. 使用形式上与被制裁公司没有关联的但为其服务的代理行。
7. 定期重新登记法人名称。

俄罗斯的具体做法有：启用"和平"本国支付系统，购买黄金；把多个公关公司改组为一个俄罗斯商行；参加金砖国家开发银行和亚洲基础设施投资银行等新型开发机制；通过表面上无关的公司为俄罗斯公司吸收欧洲贷款。

伊朗遭受金融封锁的经历表明，即使是形式上人道的金融制裁，例如，在彻底禁运的同时通过许可证制度允许伊朗获得抗癌药，然而由于伊朗无法为这批抗癌药完成支付，对伊朗提供抗癌药的许可就形同虚设，而制裁者的国际声誉却不受影响。在这种情况下，事先储备的现金或其他高流通性支付工具，就具有决定性的意义。今后，即使制裁放松，俄罗斯也会考虑风险，预留后路，决不能相信西方的人道主义言辞。

此外，还要使用半合法渠道规避金融制裁。最常用的是使用大型金融机构的服务，让它们在收受一定佣金的前提下，把"受制裁"交易的信息从自己的系统中删除。这种行为往往最容易被美国科以巨额罚金，但是总有空子可钻。

五、制订长远战略，保障能源安全

（一）能源在俄罗斯经济中的地位举足轻重

21世纪初年，能源在俄罗斯GDP中的比重曾高达32%，近年来比重下降，但即使按照较低的俄罗斯国内能源价计算，依然超过10%。如果按照国际市场油气价格折算，俄罗斯2017年油气总产值达3200亿美元，相当于全年GDP的22%。

能源提供的税收占全国财政收入的一小半。例如，预计2019年俄罗斯预算收入为19.969万亿卢布，其中油气收入占8.3万亿卢布。

能源还是本国第一创汇大户。2017年，能源在俄罗斯对独联体以外国家的出口额中占比高达63.2%。

油价事关俄罗斯金融，国际市场原油价格高低与卢布汇率升降成正比。例如，2012年3月28日，布伦特原油单价达124.41美元，卢布汇率也水涨船高地上升到28.94兑1美元；3个月后，布伦特原油单价降为89美元，卢布汇率也落到33兑1美元。

能源帮助俄罗斯经济渡过难关。在国际市场能源价格高的时期依靠超额出口收入积累的国家储备基金，在经济衰退时期用于补贴财政和居民福利。2008年9月1日，储备基金曾达到1426亿美元的高点，到2017年12月1日，只剩下76.2亿美元、67.1亿欧元、11亿英镑……共合170亿美元。

能源产值、出口量和国际能源价格对俄罗斯的国民经济有直接影响。俄罗斯在预测本国经济增长率、制订经济规划时，首先要预测国际石油市场全年平均价和卢布兑美元全年平均汇率。

例如，俄罗斯财政部在编制2018年财政预算时，预测全年平均油价为43.8美元，美元平均汇率为1∶64.7卢布，名义GDP为1.68万亿美元。实际上，到2018年9月14日，油价达到68.73美元，远远高于预测，卢布汇率则低于预测，为68.64卢布兑1美元。

（二）制订有前瞻性的能源战略

考虑到能源对本国经济有关键性意义，俄罗斯注重能源的战略规划，制订前瞻25年的本国能源战略，而且每5年修订一次，前瞻期顺延5年。能源战略的主要目的是，能源市场的数量、质量和结构适应本国经济发展的需求，因此制订能源战略先要预测本国未来25年的国内生产总值（GDP）增长率。俄罗斯有两个预测方案，一是创新发展方案，GDP年均增长率为3.8%，另一为保守方案，GDP年均增长率为2.8%。

根据俄罗斯2035年前能源战略，2035年石油和凝析油产量应该达到5.25亿吨（2015年为5.33亿吨），天然气和石油伴生气的产量应该达到8210亿—8850亿立方米（2015年为6403亿立方米）。

1. 经济与能源发展的基本目标

核心目标是能源动力综合体由资源—原料型向资源—创新型过渡。

GDP比2010年增长1.5倍，能源总需求增长25%—27%，电力和发动机用油增长45%—55%，人均初级能源需求增长30%，人均电力需求增长57%，劳动的电力装备率大大提高。

降低经济对能源的依赖度。通过发展低能耗经济部门和推广节能技术，机械制造、轻工业和食品工业等低能耗经济部门在GDP中的比重将提高50%—60%，同时相应降低原料等高能耗部门在GDP中的比重。

到 2035 年，能源动力综合体产值在 GDP 中的比重下降 38%—42%，GDP 的能源密集度下降一半，电力密集度下降 38%。

能源出口总值在 GDP 中的占比下降三分之二。

对石油、天然气、媒体、电力和节能的投资由 2011—2015 年总共 4600 亿美元，增加到 2031—2035 年总共 7930 亿美元。

能源动力综合体投资在国民经济投资中的比重由 25.6% 下降到 17.7%，在 GDP 中的占比从 5.6% 下降到 4.6%。

初级能源开采量与新增探明储量保持 1 比 1。

2. 能源战略的主要任务

使俄罗斯的电力、燃气和石油产品零售价不高于美国（2010 年，美国电价为 9—10 美分）；

使俄罗斯家庭电力和能源开支不高于家庭开支的 7%；

GDP 的电力密集度比 2010 年下降 40%，能源密集度下降 50%；

优化能源动力综合体的基本建设成本和运营成本，使之与美国水平相当（现在比美国高 20%—60%）。

（三）对外能源政策

战略目标是，提高俄罗斯能源竞争力，实现出口方向和出口产品多样化，提高出口产品质量，以加强俄罗斯在国际能源市场上的地位。主要任务为：

1. 加快亚太市场开发

使俄罗斯出口的石油和石油产品在亚太市场的占比从 12% 提高到 23%（其中原油提高到 32%），天然气在亚太市场占比由 6% 提高到 33%。同时，欧洲与独联体国家依然是俄罗斯最重要的能源出口市场，但从 2015 年起出口量将下降，2035 年降低到 2010 年出口量的 95%。

2. 实现出口产品多样化

管道天然气、液化天然气和电力在俄罗斯能源出口中的比重将提高40%—50%，原油和石油产品的比重将下降30%。重油出口量将从2010年的5700万吨，缩减为2035年的2000万吨，发动机用油则从4400万吨增加到5800万吨，液化天然气出口2025年将增加到3000万吨，2035年达到1亿吨。

3. 稳定传统用户，发展新用户

欧洲方向：在不破坏基本原则的同时，提高长期合同的灵活性，以便克服同欧洲用户关系中出现的危机（需求下降、竞争激烈、定价机制变化、法律纠纷增多、美国掣肘），是合同体制适应市场发展的新趋势。东部方向：结束对华供应天然气的谈判，发展与亚洲用户的能源对话和能源协作。

4. 使本国公司融入国际能源经济

扩大能源资产互换，在北冰洋大陆架能源开采等风险项目中，保证有效的国际合作，使俄罗斯能源公司和俄罗斯参股的外国能源与服务公司能够在良好的、不受歧视的条件下运作。

5. 发展能源领域的基础设施建设

目的是打入新的能源市场，保证能源出口安全和出口途径的多样化，首先要保证"南溪"和"西伯利亚力量"天然气管道的建设，以及亚洲方向其他项目的建设；加强液化气出口的基础设施建设；开发北方航道。2035年北冰洋大陆架开采的石油和天然气在全国产量中的比重应该分别提高到5%和10%。

6. 在欧亚经济联盟实现能源一体化

在俄罗斯主导的欧亚经济联盟内部，石油、石油产品、天然气、煤炭和电力都要形成共同市场、共同的能源调节原则，实现能源领域产品、服务、投资和技术的自由流通。

(四) 俄罗斯能源理念

1. "趁着有市场，赶紧采，赶紧卖"

俄罗斯国家杜马议员、著名政治学家维亚切斯拉夫·尼科诺夫的见解颇为精辟：在木柴远远没有用完的时候，人类使用的燃料就由木柴时代进入了煤炭时代；在煤炭远远没有用完的时候，人类使用的燃料就由煤炭时代进入了石油时代。可以预见，不会等石油用完，人类使用的燃料就会由石油时代进入新能源时代。俄罗斯能源蕴藏量举世无双，应该趁着石油天然气现在有市场，赶紧采，赶紧卖！

近年来几个汽车生产大国的宣布佐证了尼科诺夫的论断。沃尔沃2019年起停止生产纯燃油车，德国2030年、法国2040年、英国、荷兰和挪威2025—2040年停止销售纯燃油汽车。中国北汽2018年起在北京地区停止生产燃油车。2017年全世界销售9000万辆汽车，如果这些车全都改新能源，一年就有上亿吨燃油退出市场。迟早会有这么一天，油气卖不动，油气资源大幅度贬值。

2. 能源开发重环保

当初，俄罗斯通往中国的石油管道是走安加尔斯克—大庆线，还是走泰舍特—纳霍德卡线，俄罗斯朝野争论激烈。反对安加尔斯克—大庆线的俄罗斯官员和能源专家有两条最站得住脚的理由，其中之一就是这条线会破坏贝加尔湖地区的生态环境。

3. 能源管线不得只通一个国家

安加尔斯克—大庆线反对者最站得住脚的理由是第二条，这违反了俄罗斯能源管线不得仅通一个国家的原则。在这方面，俄罗斯曾有惨痛教训。20世纪后期，俄罗斯有一条油管直通欧洲某国，后来这个国家借口经济不振，石油需求量减少，对俄罗斯提出"最后通牒"：你不降低油价，我就降低进口量，弄得俄罗斯非常被动。当初还有一条天然气管道通往南方某国，俄罗斯也接到类似的"最后通牒"。此后，俄罗斯立了条不成文的规矩：油气管道应该通往一个方向，而不是通往一个国家。最后定的俄中石油管道走向是从泰舍特通往太平洋港口纳霍德卡，中间在斯科沃罗季诺分出一条支线通往中国东北。

4. "能源武器"为国家利益服务

俄罗斯善于利用油气价格和石油天然气管道为本国对外政策服务。

对身兼俄白联盟成员、独联体集体安全条约组织成员和欧亚经济联盟成员三重身份的盟国白俄罗斯，俄罗斯以国内价提供石油和天然气。例如，2015年以来，俄罗斯每年向人口不到1000万的白俄罗斯提供原油2400万吨，其中大部分被白俄罗斯炼油厂用于生产成品油，还有600万吨原油用于转口，白俄罗斯仅原油和成品油出口税一项即可赚取5.7亿美元。俄罗斯通过向白俄罗斯提供低价能源和农产品市场，每年向白俄罗斯输送利益达数十亿美元，而欧盟每年用于支持白俄罗斯等"东方伙伴"六国的资金一共才6亿欧元。这是俄罗斯与白俄罗斯亲密盟友关系的重要支柱之一。

然而，一旦白俄罗斯在双边关系或国际问题上跟俄罗斯产生矛盾，俄罗斯就会以减少石油供应量予以警告。2018年9月初，俄罗斯财政部就警告，对白俄罗斯的石油供应量可能砍掉大半。

乌克兰危机前，2012年，俄罗斯对仇俄的波兰提供天然气的单价高达525.5美元（千立方米），对荷兰、德国、奥地利和法国供气价格分别为366美元、379美元、387美元和399美元。对独联体国家白俄罗斯、乌克兰和摩尔多瓦供气价格最便宜，分别为261美元、309美元和338美元。

在西方对俄罗斯实施经济制裁之前，俄罗斯对友好国家德国提供天然气的价格就比"仇俄国家"波兰低若干成。

早在2014年基辅"广场革命"前,乌克兰就因拖欠天然气款和私自截留俄罗斯过境天然气而遭到俄罗斯"断气"的惩罚。乌克兰决心"脱俄入欧"后,俄罗斯一是不再以优惠价格向乌克兰提供天然气,二是加快推进"北溪—2"和"土耳其溪"等绕过乌克兰对欧盟国家供应天然气的管道项目。

5. 争取能源定价权

俄罗斯力求在国际能源市场调节机制中维护本国利益,兼顾用户的能源安全与生产者对大型基础设施和能源项目的投资获得回报。俄罗斯对外供应天然气的价格与石油价格挂钩,但俄罗斯近来主张天然气实行新的定价机制,一定程度上与油价脱钩。2018年4月,俄罗斯天然气工业公司预测,2018年出售给独联体以外国家的天然气单价为197美元。而2018年第一季度的实际价格为232.04美元,俄罗斯天然气工业公司作了调整,预测全年天然气平均单价为230美元。

欧盟在反扩散领域的实践及其面临的挑战

王明进[*]

[内容提要] 欧洲原子能共同体的成立表明欧盟及其前身较早地介入防止大规模杀伤性武器扩散领域。经过60多年的发展，尤其是"9·11"之后，欧盟出台了《欧洲安全战略》《欧盟反扩散战略》等系列文献，强化了反扩散的制度建设。作为一个发达国家集团，欧盟在反扩散问题上立场及其措施有其自身的特点，欧盟在反大规模杀伤性武器方面的措施也表明其非常重视规范和机制的建设。由于军事能力方面的欠缺，欧盟重视民事力量运用，强调道义说服，反对动辄使用武力，强调多边主义。从欧盟反扩散的实践来看，特别是从欧盟介入伊朗核问题的例子来看，欧盟在扩散问题上也面临很大的挑战。

[关键词] 欧盟　反扩散　大规模杀伤性武器　伊朗核问题

当前，由于美国退出《伊核全面协议》，中东局势日益紧张，欧盟在伊朗核不扩散问题上的角色再次引起人们的关注。事实上，自欧洲原子能共同体成立算起，欧盟及其前身欧共体就试图在不扩散领域发挥自己的作用。进入21世纪之后，欧盟在核不扩散领域的活

---

[*] 王明进，北京外国语大学国际关系学院教授，副院长，研究方向为欧盟政治。

动明显加强，积极参与伊朗核问题的解决，并且试图在朝鲜核危机中发挥一定的作用。2003年欧盟制定了三个有关不扩散大规模杀伤性武器重要文件：即欧洲理事会于2003年6月通过的《关于欧盟反对大规模杀伤性武器扩散战略基本原则的行动计划》（以下简称《行动计划》），欧洲理事会2003年12月通过的《欧洲安全战略——更好世界中的安全欧洲》（以下简称《欧洲安全战略》），以及同一次会议上通过的《欧盟反对大规模杀伤性武器扩散战略》（以下简称《欧盟反扩散战略》）。[①] 2008年欧盟又对其反扩散战略进行了升级，提出了《行动新路线》。欧盟发布了大量的《年度进展报告》，欧盟理事会还分别就大规模杀伤性武器的不同议题作出了无数的决议。作为一个区域一体化组织，欧盟在防扩散领域的活动具有鲜明的特点，研究欧盟的防扩散战略对我们理解当前世界安全合作有着重要的现实意义。

一、欧盟在反扩散问题上的基本主张

欧盟及其前身较早地介入了防止大规模杀伤性武器扩散领域，例如1958年生效的成立欧洲原子能共同体的条约就规定成员国所有的核能活动都要接受检查。[②] 但是，冷战结束之前，欧共体在不扩散

---

① 《行动计划》（The Action Plan for the Implementation of the Basic Principles of an EU Strategy against the Proliferation of Weapons of Massive Destruction），《欧洲安全战略》（A Secure Europe in a Better World: European Security Strategy），《欧盟反扩散战略》（The European Union Strategy Against Proliferation of Weapons of Mass Destruction）这三个文件都可以在欧盟理事会网站上查到，http://www.consilium.europa.eu/cms3_fo/showPage.asp?id=718&lang=en#Bookmark4。

② 《建立欧洲原子能共同体条约》第一编共同体使命第二条（5）指出欧共体"将通过适当的管制以保证核物质不致被移用于其正当用途以外的其他目的"，条约第二编第七章"安全管制"则对此作出了详细规定。参见欧共体官方出版局编《欧洲联盟法典》（第一卷），苏明忠译，国际文化出版公司，2005年版，第326—442页。

问题上并不是十分积极。直到1981年，欧共体一些成员国才开始在欧洲政治合作的框架下通过一个非正式的工作组就核扩散问题进行一些联合行动，这是成员国第一次在一个制度化环境下讨论安全问题。在《单一欧洲法案》的框架下又就生化武器组织了另一个工作组。1990年的《都柏林宣言》是欧共体就核不扩散达成的第一个高层文件。

冷战的结束和欧盟的成立明显增加了大规模杀伤性武器在欧盟政治议程中的分量。有关不扩散问题的工作组的活动被纳入了不扩散委员会的工作范畴，从共同外交与安全政策视角来看待大规模杀伤性武器以及导弹的扩散问题，加大了军民两用物品和技术的出口控制。1994年12月欧盟通过了《两用物品出口控制共同体制度》和《两用物品出口控制联合行动》，初步形成了两用物品和技术出口控制体系。欧盟在不扩散领域活动的增加，主要是由于两个方面的原因：一是冷战的结束导致了一个全新的战略环境的出现，美苏对抗结束了，但新的威胁和挑战出现了，海湾战争揭示了伊拉克在发展核项目，朝鲜核问题也开始成为国际社会关注的话题。二是1993年生效的《马约》第5条提出了共同外交与安全政策，这为包括大规模杀伤性武器扩散问题在内的安全议题在欧洲层次上的合作提供了坚实的制度框架。另外，法国在1992年也加入了《非扩散公约》(1968)，扫清了成员国间在这一问题上合作的障碍。但总体来讲，这一时期欧盟在不扩散方面的活动还没有成为其协调战略的一部分，它在欧盟的对外政策中所占的地位仍然是有限的、不重要的且未常规化的。

2001年发生的"9·11"恐怖袭击和随即美国发动的阿富汗战争和伊拉克战争促使欧盟反对大规模杀伤性武器政策的制度化。伊拉克战争对国际不扩散机制造成了冲击,① 也造成了欧盟国家的分裂,使欧盟认识到必须有一个欧盟对外战略以增强欧盟的凝聚力。2003年4月10日,瑞典外交部长安娜·琳和希腊外交部长乔治奥·帕潘德里欧在瑞典的一家报纸上发表文章,呼吁必须采取预防性措施,在发生大规模杀伤性武器扩散的时候避免使用武力,并且呼吁制定欧盟反对大规模杀伤性武器扩散战略。② 经过与成员国的密集沟通协商,欧盟在2003年12月份出台了《欧洲安全战略》《欧盟反扩散战略》和《行动计划》。了解这样的背景有助于我们对欧盟反扩散战略的理解。欧盟2003年制定的上述三个文件较全面地表达了欧盟对大规模杀伤性武器扩散的基本认识,是我们认识欧盟在不扩散领域政策的基本文件。2008年12月,欧盟又作出了《欧盟反对大规模杀伤性武器及其运载系统扩散的新路线》(简称《行动新路线》)。根据对上述文件的解读,我们可以从以下几个方面来把握欧盟对不扩散问题的原则立场。

首先,欧盟认为,大规模杀伤性武器尤其是生化武器的扩散是对国际和平与安全的威胁,而恐怖主义则使大规模杀伤性武器扩散的危险性日益增加。对于不同性质的大规模杀伤性武器,欧盟的态度是不一样的。由于欧盟成员国全都批准了生物武器公约和化学武器公约,欧盟明确无误地表达了致力于完全彻底禁止生化武器的决心。但对于核武器,欧盟并没有坚持这样完全禁止的立场,这大概是由于欧盟的重要成员国英国和法国都是核武器大国,根据《不扩散核武器条约》它们是合法拥有核武器的核国家,因此不愿意放弃自己权利。③ 基于此,《欧盟反扩散战略》并不把大规模杀伤性武器

---

① 孙逊:《论伊拉克战争对国际核不扩散机制的影响》,《国际论坛》2003年第5期,第9—15页。
② Anna Lindh, Georgios Papandreou, "No More Iraqs!", *Dagens Nyheter*, 10 April 2003.
③ 关于这种观点,参阅 Gerrard Quille and Stephen Pullinger, "The European Union: Tackling the Threat from Weapons of Mass Destruction", *ISIS Report*, November, 2003。

存在本身看作是一种对国际和平与安全的威胁,而是认为威胁来自大规模杀伤性武器及其运载工具的扩散,[1] 也就是说扩散增加了使用的风险。[2]

对于遭遇大规模杀伤性武器袭击的可能性,《欧盟反扩散战略》称"所有这些武器都可以直接和间接威胁欧盟及其更广泛的利益。"[3] 该文件还进一步提到这种威胁可能来自于传统的国家以及恐怖分子的袭击。欧盟并没有强调来自于传统国家的大规模杀伤性武器的威胁,《欧洲安全战略》指出,"最恐怖的景象是恐怖分子获取了大规模杀伤性武器",但是,"没有任何新的威胁完全是军事性质的,也没有任何威胁可以完全通过军事手段来解决。"[4] 因此,文件所突出的是恐怖分子使用大规模杀伤性武器的可能性。《欧盟反扩散战略》还认为,生化武器特殊的性质和特点,对恐怖主义的吸引力特别巨大。[5]

其次,欧盟认为,当前大规模杀伤性武器的扩散既是由于某些

---

[1] The European Union Strategy Against Proliferation of Weapons of Mass Destruction, paragraph 1. 《欧盟安全战略》把大规模杀伤性武器及其运载工具的扩散作为其确认的五个威胁之一,指出"大规模杀伤性武器的扩散是对我们安全最严重的潜在威胁。" European Union, "European Security Strategy: A Secure Europe in a Better World", Brussels, 12 December, 2003, p. 3。

[2] European Union, "The European Union Strategy Against Proliferation of Weapons of Mass Destruction", paragraph 1 and 5.

[3] European Union, "The European Union Strategy Against Proliferation of Weapons of Mass Destruction", paragraph 10.

[4] European Union, "European Security Strategy: A Secure Europe in a Better World", Brussels, 12 December, 2003, p. 7.

[5] 与欧洲的分析家相比,大多数美国的分析家认为核恐怖袭击更加危险。这方面的论文,欧洲方面的代表有:Karl-Heinz Kamp, "Nuclear Terrorism is not the Core Problem" in "WMD Terrorism: An Exchange", *Survival*, Winter 1998 – 1999, pp. 168 – 171; Harald Müller, "Terrorism, proliferation: A European threat assessment", *Chaillot Paper*, No. 58, 2003; Gustav Lindstrom and Burkard Schmitt (eds.)" Fighting proliferation: European Perspectives", *Chaillot Paper* No. 66, 2003. 美国方面的代表有:Matthew Bunn and Anthony Wier, "Securing the Bomb: An Agenda for Action", Nuclear Threat Initiative and the Harvard University Project on Managing the Atom, Harvard University, Washington D. C., May 2004, http://www.nti.org/e_research/analysis_cnwmupdate_052404.pdf; Gradham Allison, *Nuclear Terrorism: The Ultimate Preventable Catastrophe*, Times Books, New York, 2004, pp. 19 – 120。

国家在扩散问题上的不负责任，也是由于当前国际规则的不完善以及机制实施方面的缺陷。《欧盟反扩散战略》未指名地提到了一些国家在扩散问题上的责任，特别是在涉及大规模杀伤性武器扩散的具体问题时，突出强调了某些国家违反国际条约是造成大规模杀伤性武器扩散的根源，但欧盟更强调扩散的原因是当前国际规则的不完善。针对大规模杀伤性武器和国际恐怖主义之间的联系，欧盟强调国家的中心地位，认为每个国家最终仍然要为大规模杀伤性武器的扩散负主要责任，在当前的体制下，国际机制和行动在反对国际犯罪时是必要的，但是，国家仍然是执行国际规则最重要的行为体，通过对国家的控制可以在很大程度上降低恐怖主义的威胁。因此，通过国际行动可能削弱恐怖主义组织获得发展和使用大规模杀伤性武器的技术、资源、专家的可能性。国际协调与合作正是处理这类问题的关键。

第三，欧盟反对大规模杀伤性武器扩散的目标是"在世界范围内，预防、阻止、延缓以及在可能的情况下消除人们所关注的扩散计划"。[1] 欧盟主张把消除大规模杀伤性武器扩散威胁的目标建立在可能的条件之上，并不试图涉及世界上所有的扩散计划。因此，欧盟的目标具有有限性和现实性。通过与美国反扩散战略的比较，我们就能对欧盟的反扩散战略的特点有更明确的认识。美国在2002年12月份提出了反对大规模杀伤性武器扩散的国家战略，美国把威胁定义为"敌对国家和恐怖分子掌握大规模杀伤性武器"，并且提出了非常具体的目标：保护美国、美国军队、美国的朋友和盟国，使它们免除现存的且日益增强的大规模杀伤性武器的威胁。[2] 美国的反大

---

[1] European Union, "The European Union Strategy Against Proliferation of Weapons of Mass Destruction", paragraph 2.

[2] 美国政府关注的焦点从"什么"转变为"谁"。The White House, "National Strategy to Combat Weapons of Mass Destruction", December 2002, Introduction. http://www.whitehouse.gov/news/releases/2002/12/WMDStrategy.pdf.

规模杀伤性武器战略仍然属于传统的国家防卫战略范畴：目标明确的敌人：敌对国家及恐怖主义者；目的是免遭这些敌人特别是它们的大规模杀伤性武器的威胁。而对欧盟来说，它对威胁的判断和设定的目标都是由欧盟本身的特点所决定的：在大规模杀伤性武器问题上，欧盟是一个试图通过多边机制解决国际问题的国际组织。美国作为一个超级大国，坚信它自己有塑造新的国际体系的手段和意志，相反，欧盟则不然，它在国际上的行为能力受到严重的限制，换句话说，欧洲是一个全球性的行为角色，但并不是一个大国。这些差别对理解欧盟的反扩散政策是非常重要的。

  第四，欧洲反扩散的指导原则有四：有效的多边主义、全面行动、共同责任和渐进主义。多边主义原则包括捍卫、实施和执行国际裁军和不扩散条约，支持相关多边国际机构的运行等。有效的多边主义被认为是欧盟反扩散战略的基石，被普遍认为是和美国总统布什领导的单边主义战争唱反调。所谓全面行动指的是，使用欧盟的所有资源和手段以实现欧盟的目标，并把反扩散政策融入欧盟的所有政策中去。共同责任则具有两层含义：一是对军民两用物质的出口控制；二是通过欧盟的努力消除不稳定的主要因素，例如发展援助、削减贫困、促进人权等。最后，渐进主义则是反扩散措施实施的指导性原则，这些措施可能既是预防性的也是强制性的。前者构成欧盟反扩散的第一道防线，除了依赖相关的国际组织外，还包括政治、外交行动。后者包括联合国宪章第七章以及国际法提到的一些措施，在预防性的措施失败之后，欧盟会考虑使用威吓，包括使用武力，但对欧盟来说，联合国安理会仍然是最后的判断者。[①]

[①] European Union, "The European Union Strategy Against Proliferation of Weapons of Mass Destruction", paragraph 14–15.

欧盟反扩散战略是欧盟成长为一个成熟的战略行为体后自然而然要提出来的。但是，伊拉克战争给欧洲团结带来的冲击则使欧盟迅速行动起来，采取预防性措施，以避免出现"新的伊拉克危机"。自2003年以来，欧盟实质性地强化了其反大规模杀伤性武器扩散的制度框架，2008年12月17日，欧盟理事会发布了欧盟反对大规模杀伤性武器的《行动新路线》。[①] 文件指出自2003年以来大规模杀伤性武器的威胁在增长，要求加强欧盟机构和成员国之间的合作。文件并没有在政策路径上提出多少新的东西，其主要目的是提醒欧盟成员国大规模杀伤性武器扩散的威胁的增长，号召政府、学界和科学家了解大规模杀伤性武器扩散的情况及其潜在威胁。《行动新路线》被认为是2003年《欧盟反扩散战略》的一个升级版，因后者被广泛认为是欧盟在反对大规模杀伤性武器战略方面的实施和其承诺相比有很大差距，而前者的要求更加具有一致性和有效性。[②]

二、欧盟反扩散的具体实践

欧盟2003年通过的《欧盟反扩散战略》《行动计划》和《欧洲安全战略》提出了欧盟反扩散的各种措施，自2004—2014年，欧洲理事会每半年就对欧盟反对扩散战略的行动计划的执行情况进行辩论，并通过一个进展报告。从2015年起，改为每年发布一个进展报告。2018年5月，欧盟发布了2017年的年度报告，也是欧盟发布的

[①] Council of the European Union, "the New Lines for Action", http://register.consilium.europa.eu/doc/srv?l=EN&f=ST%2017172%202008%20INIT.

[②] Peter van Ham, "The European Union's WMD Strategy and the CFSP: a Critical Analysis", Non-Proliferation Papers, No. 2, September 2011, EU Non-Proliferation Consortium, p. 5.

第26个报告。① 2008年欧盟还提出了《行动新路线》，对其反扩散战略进行了升级。2009年，欧盟又通过了《欧盟CBRN行动计划》，强化欧盟范围内的化学、生物、放射性及核（CRBN）安全状况。通过这些文件，我们可以对欧盟采取的反扩散措施及其执行作如下简单总结。

（一）促进有关大规模杀伤性武器法律规范的建设和执行

在这方面，欧盟采取了如下一些做法：第一，通过外交行动寻求现存国际条约包括有关的核查机制（例如国际原子能机构的附加议定书中所包含的核查机制）的普遍化。这些措施包括一些明显的欧盟共同行动的特征，尤其是2003年6月21日理事会通过的关于欧洲联盟促进全面禁止核试验早期实施的共同立场的决定，以及2003年11月通过的关于大规模杀伤性武器多边国际条约的全球化及其实施的共同立场。第二，向第三国提供直接的技术和经济援助，寻求克服某些国家在遵守这些国际条约的时候所遇到的管理（立法、制度等）和经济（实施费用）等方面的困难，确保它们对有关大规模杀伤性武器的国际条约的正确实施。这里具体指的是两个国际条约的实施，即《禁止生物武器公约》（BTWC）和《禁止化学武器公约》（CWC）。第三，给予相关的多边国际机构，例如国际原子能机构（IAEA）、《全面禁止核试验条约》组织筹备委员会（CTBTO）、禁止化学武器组织（OPCW）等财政援助。第四，强化有关大规模杀伤性武器的核查机制以及国际立法规则方面的控制。《欧盟反扩散战略》提出建议，要求有效利用现存机制并设计新的机制。这要求

---

① 这些报告都可以在欧盟对外行动署网站方便地查到。https://eeas.europa.eu/headquarters/headquarters-homepage/14706/weapons-mass-destruction-wmd_en.

欧盟在研究《禁止生物武器公约》和《禁止化学武器公约》框架下加强核查手段的同时促进对《禁止化学武器公约》框架内部面临的挑战的审查。至于《禁止生物武器公约》，由于没有有关执行组织（该条约的执行协助机构直到2007年8月才成立），欧盟寻求建立一个专家小组协助对其规范的遵守。欧盟还参与了有缔约方各国和专家参与的年度会议，并在这些年度会议的基础上召开了2006年《禁止生物武器公约》的审查会议。2005年3月，索拉纳的反扩散问题上的私人代表贾内拉女士（Annalisa Giannela）提出了欧盟如何促进《禁止生物武器公约》的普遍化及其实施的建议，欧洲理事会在2006年2月27日通过了一个联合法案，并于同年3月20日通过了欧洲理事会的共同立场，支持《禁止生物武器公约》。[1] 欧盟还通过了支持《全面禁止核试验条约》组织筹备委员会核查体系的联合法案。另外，正如上文已经提到，欧盟赞同订立国际原子能机构附加议定书来确定核查的标准机制。所有这些法案都显示了欧盟对国际核查机制的特殊兴趣和信任。[2]

（二）加强对两用物质和技术的控制

欧盟承认很多生物和化学产品具有军用和民用两种用途，并且

---

[1] 参见 Council Joint Action 2006/184/CFSP of 27 February 2006 in Support of the Biological and Toxin Weapons Convention (OJ2006, L 65/51), http://www.eur-lex.europa.eu/LexUriServ/site/en/oj/2006/l_065/l_06520060307en00510055.pdf, Council Common Position 2006/242/CFSP of March 2006 relating to the 2006 Review Conference of the BTWC (OJ 2003, L88/65). http://eur-lex.europa.eu/LexUriServ/LexUriServ.do? uri=OJ: L: 2006: 088: 0065: 0067: EN: PDF。

[2] 一些分析家指出，在2005年不扩散条约回顾会议上，欧盟成员国在《禁止生产裂变材料条约》（FMCT）中核查的作用上存在不同的立场。奥地利和意大利号召开始FMCT谈判并强调需要包含核查条款，欧盟要求进行不预设前提条件的谈判，一些分析家认为这样的声明意味着FMCT的谈判不应该以包含核查机制为前提条件。参见 Peter Crail and James McMonigle, "Stalemate in the Diplomatic Trenches: An Overview of the Diverging Positions at the 2005 NPT Review Conference", Center for Nonproliferation Studies, Available at http://www.cns.miis.edu.pubs/week/pdf/050516.pdf。

认为生化武器对恐怖主义分子更加具有吸引力，因此特别关注对两用物质和技术的管制，采取了出口控制、设备和原材料安全以及打击非法走私等措施。

在出口控制方面，《欧盟反扩散战略》除了确保在这些问题上欧盟对外政策的某种程度的一致性外，还试图加强欧盟的出口控制机制。《欧盟反扩散战略》号召在现有的机制框架内进行欧盟的对外政策协调；支持新成员国融入现有的机制；促进欧盟委员会的参与；必要时在出口控制机制中引进全方位控制条款等。欧盟还要求确立一项计划来帮助那些缺乏足够的出口控制机制知识的国家，并通过了两项特殊的限制措施，目的是使核供应国集团（NSG）承认国际原子能机构附加议定书对出口控制的有关规定，促进对两用技术出口控制的实施。从实践效果看，欧盟采取的这些措施目前取得的效果并不平衡。欧盟在2004年实施了一项检查方法，并将其中的建议付诸实施，以强化欧盟的出口控制机制。欧盟所有的新成员国现在都是两个出口控制机制——澳大利亚集团（the Australia Group）及核供应国集团（the Nuclear Suppliers Group）的参与者，它们向导弹技术控制机制（the Missile Technology Control Regime）和瓦森纳协议（the Wassenaar Agreement）的申请还在被考虑之中。在这些机构举行国际会议之前，欧盟都会组织制度化的协调，而欧洲理事会和欧盟委员会都会出席这些会议。另外，欧盟成员国并不能在核供应国集团的"供应条件"所包含的核项目的范围上达成一致，它们仍然围绕如何解决欧盟成员国之间协调效率低下以及促进有关两用技术转变的信息交流等问题进行旷日持久的讨论。

至于物质安全、未经授权的进入以及改变设施和物资用途的可能性等问题，欧盟追求的是对高度放射源以及核材料和设施的物理保护和有效控制。欧盟所有成员国都已经批准了《核材料实物保护公约》（the Convention on Physical Protection of Nuclear Material），并同意召开一次会议，扩大该公约涉及的范围。另外，欧盟还提出建议，加强对病理微生物和有毒物质的控制，促进美国和欧盟的企业之间的对话，提高在大规模杀伤性武器特别是生物武器问题上的警惕性。为此，欧盟采取了一些措施，其中两项特别值得指出：一是创建了欧洲疾病控制中心；二是欧盟及其成员国支持《禁止生物武器公约》的年度专家会议提出建议，要求制订促进国家立法、遵守《禁止生物武器公约》立场的详细规则。[1] 但欧盟在致病微生物和毒素领域还没有采取什么行动，欧盟在这方面关注的是加强欧盟层次和成员国层次的立法来控制它们（不论是在成员国还是在申请入盟的那些国家）。另外，与一些生物技术企业进行的有关提高对大规模杀伤性武器的警戒问题的对话进行得仍然很缓慢。

最后，《欧盟反扩散战略》建议采取三项措施反对非法走私：通过三项欧盟共同刑事法令，采取措施对高危材料的运输和转移进行控制；支持反对非法走私的任何国际行动。为了实施这些措施，欧盟通过了一项法规，修改了共同体海关规定，以保证安全得到强化和危险分析的水平的提高。2003年11月，欧盟与美国达成一项协议，建立一个旨在欧洲推进"集装箱倡议"的工作小组。所谓的"集装箱倡议"是"9·11"事件后美国海关发起的，要求对开往国外港口的集装箱进行预检，以防止恐怖分子利用集装箱货运的漏洞扩散大规模杀伤性武器的倡议。2004年6月1日，欧盟理事会发表了一个宣言，支持前一年5月美国总统布什提出的"扩散安全倡议"。[2] "扩散安全倡议"所倡导的是一个在美国领导下的对怀疑运输大规模杀伤性武器及其相关原料的货船进行武力拦截的一种多边

---

[1] Jonathan B. Tucker, "The BWC New Process: A Preliminary Assessment" *The Nonproliferation Review*, Spring 2004, pp. 32–33.

[2] 参见 Council of the European Union, "Non-Proliferation Suppor of the Proliferation Security Initiative", Brussels, 1 June 2004, Document 100052/04. 该宣言确认了扩散安全倡议和联合国安理会2004年4月28日作出的1540号决议之间的联系。

战略。

(三) 加强与第三国的合作

欧盟根据其反对大规模杀伤性武器的行动计划,加强与第三国的合作,把对大规模杀伤性武器扩散的关切融入到欧盟的政治、外交和经济等活动与计划中去。

美国不仅是欧洲的主要盟国,并且也是反对大规模杀伤性武器扩散活动中的主要行为体。因此,美国是欧盟在防扩散领域最重要的合作伙伴。尽管欧美在防扩散领域存在着一些重要分歧,但双方都认识到单靠自己的力量无法解决大规模杀伤性武器扩散问题,因此,不扩散成为欧盟与美国首脑会议议程上的问题。[①] 另外,欧盟和美国还形成了在不扩散和裁军领域出现重要的国际事件时进行协商的传统,该领域的官员会进行定期接触。如前文所述,双方还在"集装箱倡议"和"扩散安全倡议"以及联合国安理会1540号决议框架下进行积极合作。但是,双方在一些领域仍然存在一些明显的分歧,例如关于履行《禁止生物武器公约》义务的机制、《禁止生产裂变材料条约》(FMCT) 的特点、美国不遵守其在2000年不扩散条约回顾会议上通过的承诺,以及欧盟和美国在2005年不扩散条约回顾会议上的一些具体措施方面的分歧等等。2005年之后,为了解决这些分歧,欧盟和美国在遵守及核查问题上开始对话,开始详细考察在裁军和不扩散机制等方面面临的一些具体的挑战,双方同意继续这些交流,关注有关国家和具体的条约机制。在这一背景下,2006年的《禁止生物武器公约》回顾会议继续就这些问题进行了讨

[①] 李小军:《论美国和欧盟在防扩散战略上的分歧与合作》,《外交评论》,2005年第6期,第81—88页。

论,试图再进一步推动该公约的签署,以及所有签字国通过国家法律和规定履行该公约。

欧盟还同其他一些国家进行了合作,但具有不同的特点。欧盟的主要目标是与其他一些重要国家建立起政治对话,把不扩散问题作为政治对话的一项内容,以期在国际社会行动中建立一般性共识。在某些情况下,这种政治对话是和欧盟支持这些国家提高它们的防止扩散的能力(例如保护基础设施和科学家的流失等)的援助项目联系在一起的。与俄罗斯和独联体国家的合作就是最突出的例子。从1999年开始,欧盟和俄罗斯就在包括不扩散问题的政治对话与合作中形成了一种特殊的关系。2004年6月24日,欧盟与俄罗斯关于不扩散和裁军的合作项目结束之后,欧洲理事会在同年11月22日通过了一个联合行动计划,支持对俄罗斯的核设施的物理保护。该项目的投资为79.37万欧元。在该地区的双边合作项目中,德国负责技术方面的援助,该联合行动计划实施3年。在塔西斯项目背景下,欧盟委员会联合研究中心设计了几个保障核材料安全的项目的实施工作。在2005—2010年间,该中心支持的塔西斯项目共有14项:7个在俄罗斯,2个在乌克兰,2个在哈萨克斯坦,2个在亚美尼亚,另外还有一个多国家的合作项目。最近,双方就"共同的外部安全空间"达成了一个路线图。其中包括"加强欧盟俄罗斯在不扩散、出口控制、裁军问题上的对话与合作,以期在相关问题上可能形成相近的立场,并在现存国际论坛上进行协调行动"这一目标。为了达到这一总目标,该协议还提出了合作的优先领域和一些具体的措施。[1]

欧盟和中国近年来在防扩散领域进行了积极的合作,并在一些

---

[1] Council of the EU, Brussels, 11 May 2005 (Doc. 8799/05 ADD 1, Press 110), 15th EU-Russia Summit: Moscow, 10 May 2005 (Road Maps), pp. 32, 36.

问题上达成了一些共识。2004年12月8日，欧盟和中国在不扩散和军备控制方面达成了一个联合宣言，承认对方是各自在裁军和不扩散领域主要的战略伙伴。联合宣言在促进不同层次的政策对话以及在具体合作的优先领域（包括加强联合国的作用、核不扩散、生化武器、出口控制以及其他不扩散措施）举行定期的政策性对话达成了一致。

欧盟还试图与印度发展一种特殊关系。2004年11月欧盟与印度的首脑会谈形成了一些协议，2005年9月双方又形成了一个联合行动计划，其中就包含不扩散等议题。联合行动计划特别呼吁就不扩散问题建立一个高级官员的对话机制。到目前为止，这项工作为欧盟与印度建立新的战略伙伴关系打下了基础，而这为2006年5月22日在新德里开始的欧盟与印度的安全对话提供了一个框架。在南亚地区，欧盟与巴基斯坦的关系进展较为缓慢，但与巴基斯坦的关系仍然是欧盟的战略优先之一。2004年欧盟与巴基斯坦签署了贸易与联系协定，欧盟委员会主席已经接受授权与巴基斯坦就保护不扩散和打击恐怖主义内容的政治协议展开谈判。

在欧盟与第三国的关系中，通过实施反扩散政策，其中包括在与这些国家签订的协议中加入不扩散条款，[1] 已经取得了较好的效果。尽管在欧盟与第三国的条约中这一条款使用的语言不同，规定的范围也有差别，但都要求采取有效的反扩散行动，并通过条约签订各方之间的定期对话来检查该条款的执行情况。[2] 这些条约并不包

---

[1] 该条款承诺彻底实施现存的国际反扩散措施和建立有效的国家出口控制制度。

[2] 不扩散条款被写进了欧盟与塔吉克斯坦的伙伴与合作协议以及与叙利亚的联系国协议。另外，关于反对大规模杀伤性武器扩散的合作方面的非扩散条款（是以不扩散条款为基础的）也被写入了修改后的非加太与欧盟的协议，该协议是欧盟与非加太地区的78个国家在2005年6月24日签署的。与此相对应的是，在欧盟周边政策框架下，欧盟与东欧和地中海国家合作的行动计划中也包括了有关大规模杀伤性武器的章节，包括了大规模杀伤性武器的关键性内容。2004年欧盟与印度的峰会，2005年9月通过的与印度的行动计划包含了不扩散的问题。此后，欧盟理事会也与巴基斯坦谈判，在欧盟与其的条约中加入不扩散条款。

含具体的实施机制，而这些条款的实施也会遇到一些具体的法律难题。《欧盟反扩散战略》中所提出的对第三国的技术援助计划也没有得到执行。这可能包含通过帮助大规模杀伤性武器技术知识的转换把政安全和控制高度危险的材料、设备和信息等目的。尽管如此，这些条约和协议的签订仍然值得人们赞赏，它们提供了继续向第三国施加压力的基础，允许欧盟启动与第三国在不扩散条款问题上进行有效合作和必要的对话。

（四）加强欧盟反扩散的机制建设

《欧盟反扩散战略》要求在理事会秘书处内部建立一个特别的机构，强化当前反扩散方面的制度安排。欧洲理事会2003年6月召开的希腊塞萨洛尼基会议已经同意建立这样一个机构，其功能是作为一个监控中心，配合欧盟其他机构（也就是形势中心），负责监督欧盟战略的执行以及收集情报。2003年11月，欧盟共同外交与安全政策高级代表索拉纳任命贾内拉女士为负责大规模杀伤性武器的私人代表。此外，理事会机构中处理欧盟战略实施的包括三个工作小组，即不扩散小组、联合国裁军问题小组和常规武器出口小组，这三个工作小组在共同外交与安全政策支柱下展开工作。所有这些工作小组都包括成员国的代表、欧盟委员会和欧盟外交与安全政策高级代表的私人代表，每个月开会一次。

欧盟在国际政治舞台上一直试图以一种规范性的力量出现，强调规范在维护国际秩序和世界和平方面的重要意义，通过创设机制、引领和遵守机制来发挥作用。欧盟在反大规模杀伤性武器方面的措施也表明其非常重视规范和机制的建设。由于军事能力方面的欠缺，欧盟重视民事力量的运用，强调道义说服，反对动辄使用武力，强调多边主义。正因为如此，利用规范和民事力量被认为是欧盟实现其安全目标的一个特色。①

三、欧盟反扩散战略面临的挑战

欧盟反扩散战略提出已经有十多年了，《里斯本条约》在生效后也大大强化了欧盟在外交与安全事务中的作用，欧盟在伊朗核问题上通过与美国不同的路径选择而扮演了积极的角色。欧盟的作用也得到了国际社会的承认，2010年5月召开的不扩散条约回顾大会欧盟受到邀请参会就是标志。欧盟参加了不扩散条约最后阶段的谈判，并且在有关行动方案的关键性谈判中被赋予了完全的席位，而参加这个谈判的是由大会主席邀请的有限的几个国家，这些国家包括联合国安理会五个常任理事国再加上巴西和墨西哥。时任欧盟委员会副主席、负责外交与安全政策的高级代表阿什顿受邀在开幕式上讲话，表明国际社会对欧盟在反对大规模杀伤性武器方面作用的承认。但是，这并不意味欧盟在其有关战略文件中所作出的战略承诺得以实现。欧盟作为国际行为体角色的行为能力和人们对其的期望之间存在的差距，② 在反扩散问题上表现得尤其明显，这使欧盟的反扩散战略面临巨大挑战。

首先，欧盟机构和成员国之间很难协调一致。欧盟共同外交与安全政策所面对的事项属于敏感的国家主权领域，一直是采取政府间方式运作的，却没有很大的建树。"9·11"事件和伊拉克战争使欧洲在面临的威胁来源上有了共同的认识，《欧洲安全战略》和

---

① 吕蕊、赵建明：《试析欧盟在伊朗核问题中的角色变化与影响》，《欧洲研究》，2016年第6期，第37—56页。

② Christopher Hill, "The Capabilities-Expectations Gap, or Conceptualizing Europe's International Role", *Journal of Common Market Studies*, Vol. 31. No. 3, Sept. 1993.

《反扩散战略》被认为是制定一致而有效的欧盟外交和安全政策的重要机会。但是，在这一问题上，欧盟决策者面临的挑战是如何形成共识，因为在共同外交与安全政策问题上的决策权并不属于欧盟而是属于各个成员国，政策执行的资源也是分散的。正如格力浦所言，反大规模杀伤性武器战略被视为欧盟共同外交与安全政策中的一个横向的问题，需要将反扩散政策与欧盟的对外关系的其他领域（贸易和发展合作）相结合。但是，两者"事实上并没有建立联系"，因此，"反扩散战略实际上使大规模杀伤性武器扩散问题成为一个政府间决策问题，而在这一议题领域，欧盟委员会得到的授权是有限的。"[①] 欧盟不能保证其所有机构——欧盟委员会、欧洲议会和欧洲理事会团结一致，同时，欧盟成员国成分也比较复杂，既包含拥核国家又包括无核武器国家，既包括北约成员国又包括非北约成员国，既包括支持发展核能的国家又包括反对发展核能的国家，即便欧盟为强化自己在反扩散问题上的作用作出了努力，有关大规模杀伤性武器的政策仍然是由各成员国来决策。一个一致而高效的欧盟大规模杀伤性武器战略也是难以形成的。

《里斯本条约》之后，欧盟对外行动署的成立强化了欧盟在对外事务中的能力，但是，反扩散事务本身的横向性质决定了协调的难度很大。欧盟理事会负责制定战略并与第三方展开谈判，欧盟委员会负责共同外交与安全政策预算和贸易、发展援助以及其他合作（通常被称为混合协定）的财政上实施。由于大规模杀伤性武器条款通常被嵌入到混合协定当中，欧盟委员会的作用因此也相当重要。自2007年以来，欧盟委员会和理事会的官员在欧盟大规模杀伤性武器监视中心的组织下大约每月会面一次，其目的并不是去"监视"，

[①] Lina Grip, "Mapping the European Union's Institutional Actors Related to WMD Non-proliferation", EU Non-Proliferation Consortium Papers No.1, May 2001, http://www.nonproliferation.eu/activities/activities.php, p.2.

而是去协调。该中心相当于一个协调机制,目的是使欧盟有关大规模杀伤性武器的政策融合进欧盟的各机构当中去。欧洲议会对大规模杀伤性武器问题非常积极,号召欧盟的各机构和成员国克服分歧。但是,尽管其有监督欧盟政策并控制欧盟预算的权利,但是其对欧盟的决策过程的影响是有限的。

欧盟大规模杀伤性武器政策主要是政府间决策,来自各成员国的专家和外交部官员发挥着关键性作用。各成员国的官员现在占欧盟对外事务行动总署职员的1/3,尽管理事会内部很多机密的信息可以分享,但对有关这一政策领域的政策对欧盟的影响通常并没有展开讨论。深入的讨论主要是在具体的工作组内进行的,这些小组包括欧盟理事会非扩散工作组(the Council Working Party on Non-Proliferation)和欧盟理事会全球裁军和军控工作组(the Council Working Party on Global Disarmament and Arms Control)。现在这些小组的主席一直由对外事务行动总署的官员担任。很明显,这些由中级官员组成的工作小组,并不能确定政治方向,只能就一些技术方面的事项作出决定。欧盟成员国对现在的安排也并不满意,欧盟成员国之间的巨大差异使得形成一个能够照顾到多数利益的实质性的大规模杀伤性武器共同战略是很难的。同时,成员国对欧盟能否超越政策宣誓而在重大事项上产生切实的影响也是持怀疑态度的。英国上院的一份报告就指出:"欧盟的机构目前缺少在非扩散领域实施一个全面计划所需要的法律权威和官场灵活性,这在很多成员国中仍然被认为是成员国的特权。"[1]

其次,欧盟在兜售其大规模杀伤性武器条款的时候在国际上遇到巨大障碍。欧盟共同外交与安全政策的规则和程序明确排除了采

---

[1] British House of Lords, European Union Committee, "Preventing Proliferation of Weapons of Mass Destruction: The EU Contribution, 13th Report of Session 2004 – 05", The Stationary Office: London, Apr. 2005, p. 68.

取立法方式实施共同立场。由于没有立法上的权限，欧盟就必须依赖比较薄弱的规范性和宪法性的安排来实施其在共同外交与安全政策领域的一些政策措施。而实际上，由于外交与安全领域的主权敏感性，即便在实施与各种联合声明以及其他传统的共同外交与安全政策措施相关的共同立场的时候，各成员国往往各按各的想法办。在这种情况下，必须在欧盟与第三方签订的所有混合协定中加入欧盟大规模杀伤性武器条款，才能保证欧盟反扩散战略的实施。[1] 该条款指出，一旦某第三方国家不遵守有关裁军和不扩散条约和协议规定的义务，作为最后的补救措施，欧盟可以停止整个协议的实施。[2] 利用自己在经济和金融领域的影响力在贸易和发展援助政策中来实现自己反扩散的政策目标，是欧盟实施其对外政策的惯用手法。欧盟经常在贸易和发展援助政策中把第三方的表现联系起来，从而捍卫欧盟的价值观和利益。在大规模杀伤性武器条款方面也是如此，这在2008年欧盟通过的《新行动路线》文件中得到了充分展示。

在大规模杀伤性武器条款方面，欧盟已经与中国、利比亚、韩国、俄罗斯、新加坡、泰国、菲律宾、越南以及几个中美洲国家展开谈判，并取得了一些进展，但是，仅仅有两个嵌入大规模杀伤性武器条款的协定得以生效，[3] 且这两个协议都是和没有发展大规模杀伤性武器能力和想法的国家签订的，因此也没有什么影响。一旦涉及那些大规模杀伤性武器条款可能对其有实际影响的国家，谈判的双方都避免把双边合作限定为"混合协定"。例如，欧盟和印度在谈

---

[1] 参见张华：《刍议欧共体对外关系中的混合协定问题》，《国际论坛》，2007年第3期，第68—73页；李琳婧：《欧盟混合协定实施的问题及影响》，《哈尔滨师范大学社会科学学报》，2017年第6期，第46—49页。

[2] Council of the European Union, "Fight against the Proliferation of Weapons of Mass Destruction: Mainstreaming Non-proliferation Policies into the EU's Wider Relations with Third Countries", Brussels, 14997/03, 19 Nov. 2003, p. 4.

[3] 这两个协定分别是与阿尔巴尼亚签订的协定和与非加太国家修订的《科托努协定》。

判建立自由贸易协定的时候，双方在谈判之前就同意自由贸易协定不同任何政治条件相关联。印度明确声明它不接受欧盟胁迫添加的额外的大规模杀伤性武器条款。欧盟与印度虽然自2007年就开始了自由贸易协定的谈判，但直到2018年仍然没有达成协议。这种情况非常不利于在欧盟内部以及在世界上推广其大规模杀伤性武器条款。

第三，预算方面的问题也不利于欧盟大规模杀伤性武器战略的实施。欧盟共同外交与安全政策方面的预算被认为是推动强化欧盟在反对大规模杀伤性武器扩散的机制建设各种努力方面的有效工具。2003年之后，欧盟把反对大规模杀伤性武器扩散作为其对外政策的优先领域。但是，除了一些涉及反扩散的宣誓性关注之外，欧盟通过的大规模杀伤性武器战略并没有得到额外的预算支持。2004年欧盟用在共同外交与安全政策方面的预算仅仅6260万欧元，其中大约1500万欧元用于反扩散方面的努力。到了2005年用于反扩散方面的预算只有600万欧元，这种减少令人感到奇怪。除了预算的规模外，还有另一个问题，共同外交与安全政策方面的预算被认为是应对危机的应急基金，而不是一种实施中长期规划的基金。因此，通过联合行动的方式使用欧盟用于共同外交与安全政策的预算，支持国际原子能机构、全面禁止核试验条约组织和禁止化学武器组织的做法是说不过去的。

自2003年以来，欧盟一直通过政治宣言的形式来支持国际反扩散的各种努力，欧盟作出了大量的理事会决议和联合行动计划来支持核武器以及运载火箭不扩散方面的条约和协定、支持联合国安全理事会关于不扩散大规模杀伤性武器及其运载系统的第1540号决议、支持有关化学武器与生物武器等方面的条约、支持关于在中东地区设立无大规模杀伤性武器及其运载手段的决定、支持欧盟设立反扩散学术联盟的活动等等。① 欧盟还利用共同外交与安全政策方面的预算来支持全面禁止核试验条约组织设立并发展自己的监督机构，并向国际原子能机构提供大量捐款促使国际原子能机构缔结其他重要的议定书，以及支持各国国内的立法和规范的相应的修订工作。欧盟还利用联合行动推动第三国在反扩散能力建设方面取得一些实际进展。欧盟委员会也利用其预算工具支持第三方国家实施的一些削减化学生物放射核污染方面的一些项目，欧盟委员会的稳定工具（IFS）资助反对大规模杀伤性武器扩散项目，包括反走私以及生化武器安全项目。这些都是2008年《行动新路线》所包含的项目。欧盟的所有这些支持活动都在其每年发布的进展报告中有充分的说明。支持上述条约、组织和机制是欧盟有效的多边主义路径的一个重要的构成部分。同时，欧盟试图在这些机制中投入更多的资金扩大自己的影响力。尽管这些方式的有效性受到了质疑，但是通过增加在其他已经存在的组织中的影响力来强化自己国际行为体的角色，已经成为欧盟的一种战术。这种技术专家型的援助是欧盟运用较为娴熟的手段。欧盟共同外交与安全政策的基本伦理是建立在这样的假设上的：削减贫困和人权是解决绝大多数危机的可持续解决方案的核心要素。"没有发展就没有和平"是欧盟的信条。和平、安全、稳定三者已经成为欧盟对外关系话语的主题，充满了对全球发展与安全政策需要综合而连贯的政策的强调。这也同样适用于欧盟反对国际恐怖主义和对待大规模杀伤性武器的扩散挑战的方式。

对欧盟在所有这些机构的财政上的贡献的真实具体的影响如何以及卓越中心工作成就如何、联合国安理会第1540号决议在发展中国家的影响如何等进行评价将是非常有用的。一个危险的错误是把

---

① European Union External Action, "Weapons of Mass Destruction (WMD)", https://eeas.europa.eu/headquarters/headquarters-homepage/14706/weapons-mass-destruction-wmd_en.

花多少钱等同于取得了多大成就，如果是这样，那么欧盟的有效的多边主义的基本原则将声誉扫地，这不仅对大规模杀伤性武器战略而言是这样，对整个欧盟的安全战略而言也是这样。

第四，反扩散战略在欧盟共同外交与安全政策的优先地位值得怀疑。在"9·11"恐怖袭击事件以及随后的阿富汗战争和伊拉克战争大背景下，大规模杀伤性武器扩散成为《欧洲安全战略》中所提出的欧洲面对的五大安全挑战之一。[①]《欧洲安全战略》甚至把大规模杀伤性武器的扩散说成是"对我们安全潜在的最大威胁"，并且认为化学、生物、放射以及核恐怖主义（CBRN terrorism）是最令人恐惧的景象。《欧洲安全战略》的升级版2008年的《行动新路线》可以算作是对欧盟成员国和欧盟机构在改进欧盟在大规模杀伤性武器战略方面效率的一种新的要求。该文件指出，私人和非法网络的崛起有助于两用技术的扩散，增加了欧盟公民面对的大规模杀伤性武器的威胁。该文件一再提到"提高警惕"的重要性（25页的文件总共提到了15次），这说明文件使用的是一种警示性的语言，显然，这是要求欧盟和成员国都要认同把防止大规模杀伤性武器扩散作为一种优先选择，实际上说明欧盟及其成员国在这一认同上还存在一定的困难。

从预算上来看，大规模杀伤性武器扩散也不是欧盟的头等关切。2009年欧盟共同外交与安全政策预算中只有550万欧元用于大规模杀伤性武器扩大和裁军政策，大约相当于欧盟用于在民主刚果共和国执行警察任务的预算。因此，不管在《欧洲安全战略》和其他相关文件中对安全威胁的描述如何，防止大规模杀伤性武器扩散和其他的重要挑战如反对恐怖主义和应对全球气候变化相比并没有得到

[①] 五大安全威胁包括恐怖主义、大规模杀伤性武器的扩散、地区冲突、国家失败和有组织犯罪。此外，《欧洲安全战略》还提出了其他的一些挑战，如能源依赖、流行病、自然资源的争夺等，2008年欧盟发布的《行动新路线》又增加了其他的挑战，例如网络安全和气候变化等。

足够的重视，在资源上也没有得到更多的投入。例如，欧盟把反对恐怖主义和气候变化列为头等优先事项。"由于存在众多的优先事项，因此毫不奇怪欧盟的共同外交与安全政策在很大程度上是由事件来推动的"，"正如欧盟的反恐战略一样，大规模杀伤性武器战略只不过是没有法律地位的政治宣言，最终是由成员国来决定是否执行这些文件中确定的目标，成员国深化合作的欲望，在经过各国旷日持久的谈判形成战略文件之后，也就慢慢消失了。"①

欧盟提升人们对其在大规模杀伤性武器扩散领域中发挥作用的预期是为了换得成员国对欧盟的支持，并时刻协调相关政策。但是，这种做法并不成功。成员国不准备为了欧盟层面上的政策一致性而放弃自己的战略利益。另外，从欧盟发布各种战略报告后的情况来看，往往在采用一种新的"战略"（例如大规模杀伤性武器扩散、反恐或其他领域的战略）之后，外交上的短暂关注很快就消失在工作组各种繁杂的工作中，最后产出的往往是无关紧要的报告。于是，人们就产生了这样一种印象：这些"战略"和后续文件以及报告本身就被视为欧盟政策的核心，而不是捍卫欧洲价值观和利益所需的实际行动，欧盟最终政策指导方针只能含糊不清，往往倾向于空喊含义不明确的"有效多边主义"口号。

四、案例分析：欧盟在伊朗核问题上的角色

伊朗的核计划早在20世纪50年代就在美国和其他西方国家的支持下启动，但在1979年伊朗伊斯兰革命后停滞，90年代在俄罗斯

---

① Peter van Ham, "The European Union's WMD Strategy and the CFSP: a Critical Analysis", Non-Proliferation Papers, No. 2, September 2011, EU Non-Proliferation Consortium, p. 9.

的帮助下进入新的阶段。2002 年伊朗被曝出有未申报的秘密核设施建设活动，伊朗核问题于是成为国际反扩散领域中的重要事件，成为牵动国际局势发展变化的重大问题。欧盟在伊朗核问题的发展过程中，一直扮演核心推动者的角色，其对伊朗核问题的政策和策略，显示了其在大规模杀伤性武器扩散问题上的政策立场和独特角色，值得深入研究和分析。

事实上，早在伊朗秘密核活动被曝光以前，欧盟就对伊朗核项目表示担心。2001 年，欧盟委员会已经对"伊朗发展大规模杀伤性武器的意图"表示了不安。伊朗秘密核活动被曝光之后，欧盟及其主要成员国就决心在国际社会阻止伊朗获得核武器能力的努力中发挥核心作用。2003 年 6 月，欧盟理事会首次在决议中提及伊朗核计划，但措辞相当温和："伊朗核计划某些方面的性质引发了严重关切"，并暗示伊核问题将与双方贸易联系相挂钩；2003 年 7 月，欧盟通过决议要求伊朗积极配合国际原子能机构的检查；2003 年 8 月，欧盟共同外交与安全政策高级代表索拉纳访问德黑兰。2003 年 9 月欧盟以书信的方式向伊朗表示可以提供民用核技术来换取伊朗的全面合作。2003 年 10 月，英国、法国、德国三国外长飞赴德黑兰与伊朗进行谈判。

欧盟积极寻求介入伊朗核危机，有着自身的经济利益、防止大规模杀伤性武器扩散、维护周边地区安全稳定、提升自己在国际上的影响力等方面的考虑，[1] 但其中最为关键的是形成怎样的大规模杀伤性武器战略的问题。当时，伊拉克战争正在进行当中，而伊拉克战争正是打着反大规模杀伤性武器扩散的旗号进行的，大规模杀伤性武器扩散问题成为国际社会头等的安全关切，欧盟内部也正在围

---

[1] 李格琴：《欧盟介入伊朗核问题政策评估》，《武汉大学学报（哲学社会科学版）》，2006 年第 3 期，第 419—424 页。

绕欧盟的反扩散战略展开深入的讨论。同时，欧盟内部围绕美国单边主义领导下的伊拉克战争产生了严重的分裂，这种分裂不仅导致人们对欧盟在共同外交与安全事务能力上的怀疑，甚至威胁欧洲一体化本身，欧盟迫切需要在反扩散问题上形成不同于美国的立场来维护欧洲的团结。因此，欧盟在伊朗核问题上的战略目标是：一是要避免伊朗核问题升级，反对美国使用武力解决问题；二是反对大规模杀伤性武器的扩散，禁止伊朗拥有核武器。伊朗核问题的出现正好是欧盟共同外交与安全政策的试金石，也是欧盟将自己打造成具有全球安全野心的有影响力的独立参与者的机会。

自1979年伊朗伊斯兰革命以来，美国一直采取孤立伊朗的政策，拒绝与伊朗对话。美国和伊朗关系断绝，这为欧盟在其中发挥独特的作用提供了机会。同时，欧盟也有与伊朗对话的渠道。欧盟与伊朗自1992年就建立了对话机制，这种对话包括正式的人权对话、2002年12月以来的贸易与合作协定（TCA）谈判以及政治对话。经过英、法、德三国外长与伊朗的谈判，2003年10月三国与伊朗签订了《德黑兰宣言》。伊朗同意同国际社会合作解决核问题，同意签署《核不扩散条约》附加议定书，在议会批准《德黑兰宣言》之前伊朗暂停所有铀浓缩和后处理活动。而三国外长则承认伊朗有和平利用核能的权利，欧盟反对将伊朗问题提交联合国，欧盟重启欧盟和伊朗的贸易合作协定的谈判等。这就是所谓的"E3"机制，凸显了欧盟主导性大国作用。2004年11月15日双方又签订了以核暂停为主要内容的《巴黎协定》，伊朗继续暂停铀浓缩活动，而欧盟则承诺重启与伊朗的贸易合作谈判，支持伊朗加入WTO，重申对伊朗民用核技术提供支持，包括供应核燃料和轻水反应堆建设。《巴黎协定》是欧盟三国和伊朗政府之间达成的，并得到欧盟（E3/EU）外交与安全政策高级代表的支持，显示了欧盟的作用在增加。《德黑兰宣言》和《巴黎协定》是欧盟参与伊朗核问题解决过程中两个最重要的协议,避免了中东在经过伊拉克战争之后再陷入战火,也显示了欧盟用综合性解决手段和多边主义途径解决伊朗核问题的有效性,被认为是欧盟对伊朗核政策的成功。但是,欧盟的综合性解决手段超越了纯粹的核问题,欧盟对多边主义的倾向和对安全与发展的全面态度意味着,谈判将很快扩大到诸如"恐怖主义、伊朗对中东和平进程的态度、地区问题以及尊重人权和基本自由"等问题上,这是伊朗所不能接受的。再加上欧盟对伊朗的承诺口惠而实不至,欧盟认为伊朗人权问题无实质性改善而导致《合作贸易协定》的谈判搁浅,欧盟对伊朗的核技术支持也没有兑现,伊朗在核问题上面临双输的局面。这种情况导致伊朗对欧盟的目的和作用产生质疑,并导致伊朗国内强硬派势力代表内贾德上台执政。

由于伊朗在经贸问题上难求突破,核发展又被限制,2005年上台执政的内贾德在核问题就采取强硬政策,彻底撕毁与欧盟达成的核暂停协议。在美国提议下,成立了"联合国安理会常任理事国+德国"的协商机制,伊朗核问题被提交联合国,从2006年12月开始,联合国出台了对伊朗的系列制裁决议。但联合国的制裁并没有起到阻止伊朗核计划的预期效果,伊朗核问题造成的中东紧张局势反而刺激国际油价一路走高,这让依靠石油收入的伊朗大获收益,同时,内贾德的核对抗政策也使伊朗的核进程得到迅速发展,伊朗由双输变成了双赢。尽管如此,欧盟仍在采取一种基于对话和适度胁迫措施的双轨方式。尽管欧盟严格执行了联合国安理会关于对伊朗实施经济制裁的多项决议,但它始终遵循索拉纳的格言:对话仍是进程的核心。欧盟和伊朗之间的联系并没有完全中断,在阿富汗难民、反对毒品走私和高等教育等方面仍进行有限的合作。2009年7月,伊朗暗示欧盟正在干涉其总统选举,并声称欧盟因此"没有资格"就其核计划进行进一步谈判。

在联合国对伊朗制裁无效的情况下,欧盟对过去对伊朗的以接触促变化的反扩散政策进行了反思和调整,于2010年7月针对伊朗的能源、交通、银行和保险行业实施了一套新的制裁措施,使得新的欧盟投资不可能流入伊朗。但制裁措施的推出并不容易,因为欧盟成员国与伊朗存在密切的经济联系,此前,许多成员国就反对联合国提出的严厉的制裁。塞浦路斯、希腊和马耳他尤其反对扩大联合国对伊朗航运公司的制裁范围;而奥地利、比利时和瑞典则抵制对抗政策和经济胁迫,支持多边主义和开放对话;意大利、西班牙和希腊同伊朗有密切的能源联系,2010年意大利从伊朗进口石油占其石油进口总量的13%,西班牙为14.6%,希腊为13.8%。经过反复的讨价还价,欧盟才最终在2012年1月23日通过了针对伊朗的包括石油禁运和金融制裁的决议。

欧盟对伊朗的单独制裁具有重大意义。过去,对伊朗制裁只是美国的单边行为,虽然美国要求欧盟、日本、韩国等盟友配合,但除日本外,其他各方很少响应,欧盟则更是为了凸显自己独特立场而不予配合。现在欧盟加入制裁,增强了制裁的效果。同时,欧盟对伊朗的制裁也意味着伊朗不能有效利用欧盟和美国的分歧,不能有效利用所谓的第三方外交拓展自己的外交空间。欧盟对伊朗的能源禁运和金融制裁使伊朗蒙受巨大损失,石油收入减少,货币贬值和外汇出逃,使伊朗经济遭受实质性伤害,民众苦不堪言。在这种情况下,伊朗政府在内贾德下台之前就被迫寻求同西方改善关系,温和派鲁哈尼也因此能够以解决核问题和解除经济制裁为竞选口号在2013年伊朗大选中击败对手。鲁哈尼上台之后便同美国进行了良性互动,推动了伊朗核问题的解决。从2013年起,伊朗与六国经过多轮谈判,最终于2015年7月达成《联合全面行动计划》,即伊核问题全面协议。

欧盟参与伊朗核问题解决的过程,正是欧盟共同外交与安全政策成长的过程,伊朗核问题被认为欧盟外交政策的分水岭。欧盟自

2003年以来一直试图以自己的独特方式来解决伊朗核问题，反对美国的单边主义行动，并认为经济制裁是危险的政策工具，不仅不能达到目标，反而会损害自己的经济和外交利益。欧盟的立场为伊朗与欧盟的合作提供了空间。但由于欧盟内部利益差异难以协调以及欧盟试图以全面解决方案来解决伊朗核问题，以规范性力量来推广自己的价值观外交，导致欧盟与伊朗难以继续沟通，最终导致伊朗转向强硬政策，凸显了欧盟反扩散战略的内在矛盾。欧盟最后被迫在联合国的框架内解决伊朗核问题。

伊核问题全面协议的达成使伊朗通过暂停活动和降低丰度等换取了欧美解除制裁，但是，伊朗的核研发活动基础设施、研究能力和技术力量都得到保留。"即便伊朗的意图是和平的，只要其他人怀疑伊朗有核武器计划就是危险的。只有这一条就足以触发核武竞赛。这时整个核不扩散机制就差不多成为碎片。"[1] 这引起了以色列、沙特等国的强烈不满，沙特、卡塔尔、阿联酋等国也纷纷寻求开发核能，沙特甚至扬言购置核武器对抗伊朗，而美国国内也有强烈的反对声。这正是美国总统特朗普在2018年5月退出伊核问题全面协议并宣布对伊朗实施最高级别的制裁的原因。

美国退出伊核问题全面协议遭到了包括欧盟3国及中国和俄罗斯的反对。欧盟理事会主席图斯克2018年5月16日在保加利亚首都索菲亚甚至呼吁欧盟各国组织联合阵线，共同反对美国退出伊核问题全面协议。同年6月6日，欧盟委员会为了减轻美国制裁对欧盟某些成员国的影响，启动了升级1996年实施的《阻断法令》的程序，并于8月7日使该法令生效。该法令是为了反制美国的"域外法权"，根据该法令，如果美国对别国的制裁殃及欧盟企业，涉事企

---

[1] Javier Solana, Intervention by Javier Solana, EU High Representative for the Common Foreign and Security Policy, Munich Conference on Security Policy, S059/05, Munich, 11–13 Feb. 2005.

业无需遵守相关制裁法案。[1] 2019年1月，欧盟主要成员国法国、德国和英国建立了一种促进商业结算的机制（INSTEX），应对美国对伊朗的制裁。[2] 但这种结算机制能够在多大程度上规避制裁，却很难说。因为该结算机制支持的药品、医疗器械和农产品交易属于人道主义贸易范畴，也属于美国制裁豁免的范畴，并不包含能源、汽车等。因此，伊朗对此并没有给予太高的希望。同时，美国退出伊核问题全面协议之后一年多的时间里，美国向伊朗施加了多次单边制裁。2019年7月，伊朗宣布已突破伊核问题全面协议对伊朗的限制，并表示如果伊核问题全面协议签署方无法保证伊朗在协议中的权益，伊朗将在下一步实现丰度为20%的铀浓缩生产。欧盟除了安抚伊朗并敦促伊朗扭转局势之外，并没有多少切实可行的办法。欧盟的做法显示了欧盟和美国在伊朗核问题上的差别，但在成员国的复杂利益方面，欧盟似乎也难有多大作为。自从伊朗宣布在铀浓缩生产上突破伊核问题全面协议上限后，美国和伊朗之间的关系日趋紧张，尤其是在伊朗2019年6月击落美国无人机之后，双方剑拔弩张，陷入脱欧泥潭中的英国此时则密切配合美国，在地中海扣留伊朗的船只，并引起伊朗的报复，使中东地区局势更加复杂，这也充分说明欧盟成员国之间在伊核问题上的利益分歧，充分说明欧盟在伊朗核问题上发挥作用的局限性。

欧盟之所以反对美国退出伊朗核协议：一是因为从欧盟与伊朗围绕核问题打交道的历史来看，能达成这样的协议已是难得；二是因为伊朗是欧盟的大周边国家，从欧洲债务危机以来欧盟的战略调整来看，其重点是维护周边的安全稳定，防止战争冲突再度发生，

---

[1] European Commission, "Updated Blocking Statute in support of Iran nuclear deal enters into force," https：//europa.eu/rapid/press-release_ IP-18-4805_ en.htm.
[2] Kesey Davenport, "EU Trade Tool Seeks to Save Iran Nuclear Deal", *Arms Control Today*, https：//www.armscontrol.org/act/2019-03/news/eu-trade-tool-seeks-save-iran-nuclear-deal.

防止再次出现大规模的难民潮涌向欧洲；三是欧盟与伊朗历来存在较为密切的经济联系，而在2015年伊朗核协议达成之后，欧盟有更多的企业进入伊朗；四是中东地区的油气资源关乎欧洲的能源安全，一旦伊朗生战生乱，伊朗封锁霍尔木兹海峡，将直接影响欧洲能源来源，这是欧盟所不能承受的。五是同欧盟在反对大规模杀伤性武器的理念上与美国的差别有关系。欧盟主张把消除大规模杀伤性武器扩散威胁的目标建立在可能的条件之上，并不试图涉及世界上所有的扩散计划。因此，欧盟的目标具有有限性和现实性，并主张通过多边主义途径解决问题。美国的反对大规模杀伤性武器的理念则是建立在传统国家方位理念上，目标明确，敌人明确，可以动用战争手段来解决问题。鉴于欧盟各国在伊朗的利益复杂性，以及欧盟反扩散战略的基本特点，欧盟在伊朗核问题的解决上与美国仍将存在重大的分歧，但由于价值观和根本利益的一致性，在关键节点欧美合作并不让人意外，欧盟共同外交与安全政策仍将在充满矛盾中继续发展。

结束语

"9·11"事件之后，大规模杀伤性武器的扩散被认为是国际和平与安全的主要威胁，主要国家和国家集团都制定了自己的防扩散战略并提出了一些具体的措施。特别是美国，由于对传统的以外交和多边机制为主要手段的防扩散体制的严重不信任，而主张对防扩散体制进行根本性的变革，逐渐增强反大规模杀伤性武器扩散的"牙齿"功能，并主张以"先发制人"的方式武力消除大规模杀伤性武器扩散带来的威胁。和美国相比，欧盟的防扩散战略及其措施则显示了自己的独特性。欧盟并不认为当前的防扩散机制需要进行根本性的变革，而是认为当前的国际条约机制和出口控制安排已经延缓了大规模杀伤性武器的扩散，现有的国际防扩散机制不但不能削弱，反而要不断强化。正是在这一意义上，欧盟的防扩散战略强调有效的多边主义，主张采取促进国际和地区稳定的措施，加强国际合作等等。当前国际社会解决大规模杀伤性武器扩散问题的主流是采用多边主义和合作的方法，构筑地区谈判机制，同时充分发挥联合国的主导作用以及利用其他有关国际机构（如 IAEA）的作用。因此，欧盟的防扩散战略及其采取的措施在很大程度上是符合防扩散机制发展的潮流的，对维护防扩散的多边机制、消除大规模杀伤性武器的扩散有积极的意义。

但是，欧盟的防扩散战略又有其局限性。首先，大规模杀伤性武器扩散问题在冷战结束之后之所以日益严峻，和冷战结束后发展中国家发展形势恶化、安全没有保障密切相关。从根本上解决大规模杀伤性武器扩散问题必须照顾发展中国家对发展和安全的基本需求，这是欧盟反扩散战略所缺少的。其次，防扩散必须与裁军同时进行才能收到实效。1968 年的《不扩散核武器条约》达成的一个共识或者说一个妥协的结果是，不拥有核武器的国家将永远放弃发展核武器，如果几个核武器国家在核裁军方面进行了切实的努力。因此，大规模杀伤性武器的裁军与不扩散是相互联系、相互促进的，裁军的进展有助于推动防扩散进程。"在不扩散条约中，并不存在'合法的'和'非法的'核武器拥有国，条约承认 5 个国家为核武器拥有国这一事实，实际上被认为是一种过渡状态。该条约并没有在任何意义上承认这些国家作为核武器拥有国的永久地位。"[1] 冷战结束后，西方大国把关注的重点放在了防止大规模杀伤性武器扩散方面而不是裁军。《欧盟反扩散战略》仅把大规模杀伤性武器的扩散

---

[1] Mohamed ElBaradei, "Rethinking Nuclear Safeguards", *Washington Post*, 14 June, 2006.

而不是其存在作为一种威胁，实际上正是反映了西方国家的这种立场。第三，需要采取措施加强联合国作为违反相关条约最终情况裁定者的作用和权力。事实上，《欧盟反扩散战略》只赋予了安理会在反扩散中的"中心角色"（a central role），而不是联合国宪章第24条所表述的"主要责任"（primary competence），[1] 也没有把采取强制行动与联合国的安理会的授权联系起来。这就导致一些人认为，欧盟反扩散战略的可信度只有在欧盟宣布使用武力反对扩散者意愿的时候才能存在，而不管使用武力是否得到安理会的授权。[2] 第四，欧盟对反扩散事业提供的财政支持还远不够。到目前为止，欧盟还没有为大规模杀伤性武器的削减划定专门的预算额度。《欧盟反扩散战略》中提出的对第三国的援助执行缓慢，例如涉及俄罗斯的塔西斯项目尽管在2003年就已经提出来，但直到2006年才开始执行。

尽管欧盟反扩散战略有不同于美国反扩散战略的特点，但我们不能夸大欧美在反扩散问题上的分歧。其实，导致欧美之间分歧的因素除了它们对威胁的认识和安全概念上的差异外，更主要的是欧洲的自主性和美国的主导性之间的冲突。随着欧洲共同外交与安全政策的发展，欧盟试图通过确立解决国际和平与安全问题的欧洲模式，在世界上显示自己的存在并追求自己对世界事务的影响。但是，由于欧美在基本价值观方面是一致的，它们在维持自己大规模杀伤性武器优势地位方面也有共同的利益。另外，欧美反扩散的一些措施并没有照顾到广大无核国家和平利用核能方面的利益，现在已经

---

[1] 一些人认为，这种用词上的差异表明了欧盟内部在联合国安理会作用方面存在意见分歧。Clara Portela, "The Role of the EU in the Non-proliferation of Nuclear Weapons: The Way to Thessaloniki and Beyond", *PRIF Reports*, 2003, No. 65, pp. 2 – 22.

[2] Asle Toje "The 2003 European Security Strategy: A Critical Appraisal" *European Foreign Affairs Review*, Vol. 10, No. 1, 2005, pp. 117 – 133.

造成了无核国家与西方国家之间的分歧,[①] 在这样的对立中,欧盟和美国显然能够更好地合作。

(本文部分内容以《简析欧盟的反扩散政策及基本措施》发表于《国际论坛》,2008年第3期,本次发表根据近10年的发展做了重大修改)

[①] 田景梅、胡思得:《〈不扩散核武器条约〉:分歧与弥合》,《现代国际关系》,2006年第10期,第1—5页。

中国与欧盟在反恐领域的合作

江时学*

[内容提要] 安全领域的合作是中国与欧盟之间的全面战略伙伴关系的重要组成部分。中国与欧盟都是恐怖主义的受害者，因此有必要在反恐领域加强合作。中欧在反恐领域的合作可包括以下八个方面：尽快消除中欧双方在反恐领域中的认知差距；在欧盟层面上和国别层面上"双管齐下"；加强边境管控和信息交流；在武器贸易领域相互支持；加大在核安全领域的反恐合作；积极探讨两军在反恐领域加强合作的可能性；进一步发挥中欧警务培训项目的作用；经常性地开展反恐演习。

[关键词] 欧盟　中欧关系　安全　反恐

人类命运共同体就是一个持久和平、普遍安全、共同繁荣、开放包容、清洁美丽的世界。在构成人类命运共同体的五个"支柱"中，安全的重要意义不容低估。正如中国国家主席习近平强调的那样，"实现各国共同安全，是构建人类命运共同体的题中应有之义。促进和平与发展，首先要维护安全稳定；没有安全稳定，就谈不上

---

* 江时学，上海大学特聘教授，研究领域为拉美经济与政治。

和平与发展。"①

安全领域的合作是中国与欧盟之间的全面战略伙伴关系的重要组成部分。中国与欧盟都是恐怖主义的受害者，因此有必要在反恐领域加强合作。毫无疑问，中欧在这一领域的合作既能为国际反恐斗争作出贡献，也能提升中欧在全球治理中的地位；既能丰富中欧全面战略伙伴关系的内涵，也能落实《中欧合作2020战略规划》确定的倡议。

一、中欧在反恐领域加强合作的必要性

安全治理（security governance）被视作全球治理的"硬案例"（hard case）。②尤其是在"9·11"事件以来，如何打击恐怖主义越来越成为安全领域的一大难题。

恐怖主义是人类社会的公敌，使世界各国人民的生命和财产蒙受巨大损失。2003年12月12日，欧盟就制定了《欧盟安全战略》，《战略》指出，"恐怖主义使人的生命处于危险之中。它不仅产生巨大的成本，而且还试图损害我们的社会的开放性和忍耐性，并使整个欧洲蒙受不断增加的战略风险中。"③

没有一个国家能凭一己之力就能获取自身的绝对安全，没有一个国家可以从他国的动荡中得到稳定。只有从人类命运共同体的视角出发，才能找到全球安全治理之道。只有毫不留情地打击恐怖主

---

① "习近平在国际刑警组织第八十六届全体大会开幕式上的主旨演讲"，2017年9月26日，新华网，http://www.xinhuanet.com/politics/2017-09/26/c_1121726066.htm。
② Charlotte Wagnsson, James Sperling and Jan Hallenberg (eds.), *European Security Governance: The European Union in a Westphalian World*, Routledge, 2011, p. 82.
③ European Union, "A Secure Europe in A Better World: European Security Strategy", Brussels, December 12, 2003, p. 3.

义，才能实现普遍安全，实现各国共同安全。

恐怖主义也是一个日益严重的全球问题，因此，反恐是全球治理的重要组成部分。国际社会对恐怖主义必须采取零容忍态度，必须予以明确反对和坚决打击。

一些欧洲学者认为，欧盟在安全领域面临着五大挑战，其中之一就是恐怖主义。[①]事实上，中国和欧盟都是恐怖主义的受害者。2009年7月5日，中国乌鲁木齐市发生有组织、有策划、有图谋的恐怖主义事件，致使各族居民的生命和财产蒙受巨大损失。2013年10月28日，3名恐怖主义者驾吉普车闯入长安街，沿途快速行驶，故意冲撞游人群众，造成2人死亡，40人受伤。汽车在撞向金水桥护栏后，他们点燃车内汽油，导致车辆起火燃烧。2014年3月1日，8名暴徒持刀在中国云南省首府昆明火车站广场和售票厅等处砍杀无辜群众，造成多名无辜群众死伤。经调查，这是一起由新疆分裂势力一手策划组织的严重暴力恐怖事件。

2004年3月11日，马德里共有4列旅客列车发生连环爆炸，造成192人死亡、1500多人受伤。爆炸案发生后，与"基地"组织有联系的另一个恐怖主义组织"阿布·哈夫斯·马斯里旅"宣布对这一事件负责。2005年7月7日，4名恐怖分子在伦敦3列地铁和一辆公交车上实施自杀式爆炸袭击，造成52人死亡、700多人受伤。2015年1月7日，法国《查理周刊》编辑部遭到武装分子袭击，造成至少12人死亡，另有多人受伤，死者包括两名警察。在此后不久的2月14日晚和15日凌晨，丹麦首都哥本哈根先后发生两起枪击案，共造成2人死亡，5人受伤。丹麦伊斯兰理事会表示，所有信息

---

① 其他四个挑战是：大规模杀伤性武器的扩散、地区冲突、失败国家和有组织犯罪。（Jean-Yves Haine, "The European Security Strategy Coping with Threats: Is Europe Secure?", in Sven Biscop and Jan Joel Andersson (eds.), The EU and the European Security Strategy: Forging a Global Europe, Routledge, 2007, p. 21.）

都表明，哥本哈根的这起袭击事件，是恐怖主义策划的有针对性的袭击，是对言论自由的攻击。2015年11月13日晚，巴黎发生多起恐怖袭击事件。据法国媒体报道，在恐怖分子枪击和爆炸中已有至少百余人死亡，另有数十人受伤。法国总统奥朗德宣布全国进入紧急状态并关闭边境。2016年3月22日，布鲁塞尔首都布鲁塞尔机场和地铁站发生系列爆炸袭击事件，造成至少34人死亡，超过180人受伤。事件发生后，极端组织"伊斯兰国"宣称对此负责。2017年8月17日，西班牙巴塞罗那热门景区加泰罗尼亚广场附近发生货车撞人事件，十多人丧生，近百人受伤。恐怖主义组织"伊斯兰国"宣称这一袭击是该组织的"战士"所为。

欧盟委员会移民和内部事务总司的有关文件指出，"恐怖主义在欧洲并不是一种新现象。它对我们的安全、我们的民主社会的价值观以及欧洲公民的权利和自由构成了挑战。在2009—2013年期间，欧盟成员国共发生了1010起未遂或得逞的恐怖主义袭击，38人丧生。此外，一些欧洲公民在世界各地被绑架或杀害。……恐怖主义威胁是跨国界的，因此，必须在国别或国际层面上打击恐怖主义。"[1]

欧盟的反恐决心是强大的。《查理周刊》惨案发生后的第四天（即2015年1月11日）下午，巴黎举行反恐大游行，法国政要以及40多位外国领导人（其中包括德国总理默克尔、英国首相卡梅伦、意大利总理伦齐、西班牙首相拉霍伊、以色列总理内塔尼亚胡以及欧盟委员会主席容克）参加了这一活动。1月15日，德国总理默克尔在德国议会发表讲演时表示，德国将用法律武器毫不留情地、有力地打击"伊斯兰暴力"。她说，为了禁止那些从事恐怖主义活动的"伊斯兰战士"离开德国，德国政府已决定取消其护照，以身份证取

---

[1] http://www.consilium.europa.eu/en/policies/fight-against-terrorism/.

而代之。她坚信，民主的力量必定会战胜恐怖主义。①在 2015 年 1 月的达沃斯世界经济论坛上，法国总统奥朗德说："千万不要让野兽在今天随意走动，因为它可能会在明天攻击你。"他要求各国工商界在反恐斗争中与政府联手，防止恐怖主义分子利用洗钱、偷税漏税和走私武器等手段助长各种恐怖主义活动。他还要求互联网公司删除"非法"的信息和言论。②英国首相卡梅伦多次表示，英国将毫不留情地打击恐怖主义。他甚至说，反恐是"我们这一代人的斗争"，并称英国的"自由价值观是反恐的最有力的武器"。他还表示，政府将实施一些"反激进化"计划（deradicalisation programmes），防止更多的人被极端宗教思想迷惑，尤其要打击那些对青少年灌输极端宗教思想的所谓"课外辅导班"（supplementary schools）和"教育中心"（tuition centres）。③

《查理周刊》惨案发生后第三天，欧盟理事会外交事务委员会立即召开会议，表示要在 2005 年制定的欧盟反恐战略的基础上，在国际法的框架内，通过国际合作，进一步加大反恐力度，并使反恐成为欧盟外交政策的重要组成部分。会议认为，恐怖主义对世界上所有国家的人民构成了威胁。欧盟应该强化反恐的能力建设，有的放矢地消除滋生恐怖主义的诱因，如武装冲突、贫困、武器扩散以及

---

① "GOVERNMENT STATEMENT: Democracy is stronger than terrorism", 15. January 2015. http://www.bundesregierung.de/Content/EN/Artikel/2015/01_en/2015-01-15-merkel-regierung-serklaerung-terrorakte-paris_en.html.

② Antonia Molloy, "Davos 2015: French President Francois Hollande calls on business leaders to help fight terrorism", *Independent*, 24 January, 2015. http://www.independent.co.uk/news/business/news/davos-2015-french-president-francois-hollande-calls-on-business-leaders-to-help-fight-terrorism-9999067.html.

③ Jamie Grierson, "The four pillars of David Cameron's counter-extremism strategy", *The Guardian*, 20 July, 2015. http://www.theguardian.com/politics/2015/jul/20/the-four-pillars-of-david-camerons-counter-extremism-strategy.

国家治理的脆弱性。①

欧洲警察署（Europol，又名欧洲刑警组织）在2015年7月6日发表的报告《2015年欧洲恐怖主义形势及前景》认为，欧洲安全面临的恐怖主义威胁在未来会继续上升。在中国，反恐形势同样面临着越来越严峻的局面。在一定程度上，中国正处于恐怖主义袭击的高发期。

正是因为中欧双方都是恐怖主义的受害者，而且，恐怖主义是一种跨国界的犯罪行为，因此，中欧有必要在反恐领域的各个方面加强合作。《第十次中欧领导人会晤联合声明》（2007年11月28日）首次表达了中欧双方对恐怖主义的立场："双方重申谴责任何形式的、无限定表现形式的、由任何人在任何时间出于任何目的发起的恐怖主义。……双方同意加强在反恐、打击跨国有组织犯罪、偷渡和贩卖人口、毒品犯罪领域的合作。"2013年11月发表的《中欧合作2020战略规划》要求双方"在《联合国打击跨国有组织犯罪公约》和《联合国反腐败公约》框架下，在打击跨国犯罪、非法移民、网络犯罪等方面开展具体项目合作，适时就反恐问题举行专门磋商。中欧应相互通报刑事犯罪、有组织犯罪、小武器非法贸易、绑架、偷渡、非法移民、贩卖人口、洗钱、造假、毒品、经济金融案件等犯罪活动，并开展联合行动，加强警务培训合作。"

2015年5月28日，中国国务院国务委员、公安部部长郭声琨在北京会见欧洲警察署署长温赖特时表示，希望中欧双方加强交流、增进互信，建立完善合作机制，不断在打击恐怖主义和跨国有组织犯罪、追逃等领域取得合作新成效，为打造中欧和平、增长、改革、文明四大伙伴关系作出更大贡献。温赖特表示，欧洲警察署高度重

---

① Foreign Affairs Council, "Council conclusions on counter-terrorism", Brussels, 9 February 2015.

视发展与中国公安部的执法合作，愿与中方加强经验交流和情报分享，进一步提升务实合作水平。[1]

2015年11月13日，巴黎恐怖袭击事件发生后，欧盟驻华大使史伟曾表示，尽管中欧对恐怖主义产生的根源有不同看法，但当前一致认为，叙利亚问题是其中一大根源，应尽快通过政治手段解决叙利亚问题，为此中欧连同美俄等各方在奥地利首都维也纳举行两次叙利亚问题外长会议，并在停火止暴、政治过渡等问题上取得进展。他还说，中欧一致认为，"伊斯兰国"带来的恐怖威胁不分国界，不仅仅针对特定地区，而是全球共同面临的威胁，需要全球通力打击。这些共识都为今后中欧反恐合作奠定了坚实基础。[2]

2018年12月18日，中国发布了第三个《中国对欧盟政策文件》。该文件的第二部分是"政治安全防务等领域合作"。在这一文件中，中方提出，双方要在相互尊重、平等相待基础上加强反恐交流与合作，在反恐问题上决不搞"双重标准"，推动国际反恐合作不断取得新进展。[3]由此可见，在反恐领域开展合作已成为中欧关系的重要组成部分。

二、中国在反恐问题上的立场

中国在反恐问题上的立场是一贯而坚定的。早在20世纪90年代，中国就曾倡导"互信、互利、平等、协作"的"新安全观"。在2003年10月召开的亚太经合组织第十一次领导人非正式会议第

---

[1] http://news.xinhuanet.com/world/2015-05/29/c_1115453473.htm.
[2] "欧盟驻华大使：中欧反恐合作存在坚实基础"，2015年11月19日，中国新闻网，http://www.chinanews.com/gj/2015/11-19/7632184.shtml.
[3] 《中国对欧盟政策文件》，2018年12月18日。http://www.gov.cn/xinwen/2018-12/18/content_5349904.htm.

二部分会议上，中国国家主席胡锦涛指出，"9·11"事件后，国际社会加强合作，在全球范围开展了反恐斗争，取得了重大进展。但恐怖主义的威胁并未消除，国际反恐形势依然严峻，国际社会应进一步加强反恐合作，坚决同各种恐怖主义活动进行斗争。他认为，"要赢得反恐斗争的最终胜利，必须标本兼治。冲突和动荡是恐怖主义滋生的温床，贫穷和落后是恐怖主义产生的土壤。我们应在缓和地区及国际紧张局势、消除贫困和加强反恐合作三方面同时开展工作，从政治、经济、文化和社会等多方面采取措施，以彻底铲除恐怖主义。"他还强调，中国也是恐怖主义的受害者。我们坚决反对一切形式的恐怖主义，认真遵守国际反恐公约，严格执行联合国安理会有关决议，积极参与国际社会反恐正义行动。中国的反恐努力是国际反恐斗争的重要组成部分。①

2011年10月29日，第十一届全国人民代表大会常务委员会第二十三次会议通过的《全国人民代表大会常务委员会关于加强反恐怖工作有关问题的决定》为恐怖主义活动作出以下定义："恐怖活动是指以制造社会恐慌、危害公共安全或者胁迫国家机关、国际组织为目的，采取暴力、破坏、恐吓等手段，造成或者意图造成人员伤亡、重大财产损失、公共设施损坏、社会秩序混乱等严重危害社会的行为，以及煽动、资助或者以其他方式协助实施上述活动的行为。"此外，这一文件还确定了国家层面是反恐工作的领导机构，并要求公安机关、国家安全机关和人民检察院、人民法院、司法行政机关、中国人民解放军、中国人民武装警察部队和民兵组织各司其职，密切配合。②

在2014年5月召开的"亚洲相互协作与信任措施会议第四次峰

---

① "胡锦涛出席APEC领导人非正式会议第二部分会议"，《人民日报海外版》，2003年10月22日。http：//www.people.com.cn/GB/paper39/10439/951013.html。

② http：//www.gov.cn/jrzg/2011-10-29/content_1981428.htm。

会"主旨发言中，中国国家主席习近平呼吁，对恐怖主义、分裂主义、极端主义这三股势力，必须采取零容忍的态度，加强国家和地区合作，加大打击力度，使本地区人民都能在安宁祥和的土地上幸福生活。①这是中国领导人在国际场合首次提出对恐怖主义"零容忍"。

在2014年4月25日举行的中共中央政治局第十四次集体学习中，习近平指出，反恐怖斗争事关国家安全，事关人民群众切身利益，事关改革发展稳定全局，是一场维护祖国统一、社会安定、人民幸福的斗争，必须采取坚决果断措施，保持严打高压态势，坚决把暴力恐怖分子嚣张气焰打下去。要建立健全反恐工作格局，完善反恐工作体系，加强反恐力量建设。要坚持专群结合、依靠群众，深入开展各种形式的群防群治活动，筑起铜墙铁壁，使暴力恐怖分子成为"过街老鼠、人人喊打"。②

法国《查理周刊》恐怖袭击事件发生后，习近平主席向法国总统奥朗德致慰问电，对袭击行为予以强烈谴责，向不幸遇难者表示深切的哀悼，向伤员和遇难者家属表示诚挚的慰问。习近平表示，中方一贯反对一切形式的恐怖主义，愿同法国及国际社会一道，继续加强安全和反恐领域合作。③

2015年12月27日，第十二届全国人民代表大会常务委员会第十八次会议通过了《中华人民共和国反恐怖主义法》（以下简称《反恐法》）。该法律所称恐怖主义，是指通过暴力、破坏、恐吓等手段，制造社会恐慌、危害公共安全、侵犯人身财产，或者胁迫国家

---

① "习近平在亚信峰会作主旨发言"，2014年5月21日，人民网，http：//world. people. com. cn/n/2014/0521/c1002-25046183. html。
② "习近平：要使暴力恐怖分子成为'过街老鼠 人人喊打'"，2014年4月26日，新华网，http：//www. xinhuanet. com/politics/2014-04-26/c_ 1110426869. htm。
③ "习近平：伤害无辜就是触碰底线"，2015年1月9日，人民网，http：//politics. people. com. cn/n/2015/0109/c1001-26355703. html。

机关、国际组织，以实现其政治、意识形态等目的的主张和行为。[①]

《反恐法》明确表示，中国反对一切形式的恐怖主义，依法取缔恐怖活动组织，对任何组织、策划、准备实施、实施恐怖活动，宣扬恐怖主义，煽动实施恐怖活动，组织、领导、参加恐怖活动组织，为恐怖活动提供帮助的，依法追究法律责任。

习近平主席提出的人类命运共同体理念已被写入中华人民共和国宪法和中国共产党章程。人类命运共同体就是一个持久和平、普遍安全、共同繁荣、开放包容、清洁美丽的世界。为了实现普遍安全，必须毫不留情地打击恐怖主义。

三、欧盟的反恐战略

欧盟委员会负责内政事务的委员季米特里斯·阿夫拉莫普洛斯认为，"安全体系的问题导致整个欧盟都处于脆弱的环境之中。安全环境变化速度极快，涉及的范围也广。因此，有必要从多方面入手，构建一个有效的安全联盟。"欧盟委员会负责安全事务的委员朱利安·金也指出，"极端恐怖主义绝不是针对任何一个欧盟成员国这么简单。它针对的是我们的生活方式、我们的开放和我们的未来。因此，我们需要全面地打击恐怖主义。在这一过程中，各成员国之间

[①] 该法律所称恐怖活动，是指恐怖主义性质的下列行为：（1）组织、策划、准备实施、实施造成或者意图造成人员伤亡、重大财产损失、公共设施损坏、社会秩序混乱等严重社会危害的活动的；（2）宣扬恐怖主义，煽动实施恐怖活动，或者非法持有宣扬恐怖主义的物品，强制他人在公共场所穿戴宣扬恐怖主义的服饰、标志的；（3）组织、领导、参加恐怖活动组织的；（4）为恐怖活动组织、恐怖活动人员、实施恐怖活动或者恐怖活动培训提供信息、资金、物资、劳务、技术、场所等支持、协助、便利的；（5）其他恐怖活动。

需要建立有效的合作，在互信的基础上实施可持续的反恐政策。"①

早在 2003 年 12 月 12 日，欧盟就制定了《欧盟安全战略》。该文件指出，欧洲从未如此繁荣，如此安全，如此自由，但也在安全领域面临着威胁和挑战。在该文件罗列的 5 个方面的威胁中，恐怖主义名列首位。②

2004 年 3 月 11 日马德里恐怖主义事件发生后不久，欧盟发表了《反恐宣言》。这一宣言指出，欧盟及其成员国决心竭尽全力，以欧盟的基本原则、联合国宪章以及联合国安理会第 1373 号决议（2001 年）为基础，打击各种形式的恐怖主义。该宣言还强调，恐怖主义威胁影响与每一个人息息相关。恐怖主义针对任何一个国家的每一个人。

早在 2005 年 11 月 30 日，欧盟就公布了反恐战略。这一战略确定了反恐的原则以及反恐的"四根支柱"：

（一）预防

努力消除可能会产生恐怖主义的根源和诱因，及早发现可疑的行为（尤其是在因特网上发布可疑言论等行为），关注特殊环境（如监狱和宗教场所）的动向，通过各种媒介工具宣传欧盟的各种政策，提高各级政府的管理的水平，促进民主和教育的发展，为低收入阶层提供多种多样的救助，在欧盟内和欧盟外鼓励开展不同文化之间的对话，反对各种形式的讨论会使用情绪化语言，加大反恐研究的力度。

---

① European Commission, "Press release - European Agenda on Security: First report on progress towards an effective and sustainable Security Union", Brussels, 12 October 2016. http: //europa. eu/rapid/press-release_ IP-16-3367_ en. htm.

② 其他 4 个威胁是：大规模杀伤性武器的扩散、地区性冲突、国家的失败（state failure）和有组织犯罪。

（二）保护

强化对公民和公共基础设施的保护，通过采集生物特征（如指纹）等方法提升护照的安全度，建立签证信息体系（Visa Information System，VIS）和第二代申根信息体系（Schengen Information System），强化欧洲国际边界管理署（Frontex）的风险分析能力，严格执行民用航空、港口和海上运输的有关规定，制定一个保护重要基础设施的计划。

（三）追踪

强化在欧盟或全球范围内抓捕恐怖分子的能力，充分发挥欧洲警察署、欧洲司法组织（Eurojust，又名欧洲检察官组织）的作用，加大警察和司法体系的合作，相互承认司法决定（包括证据的采纳），提升执法的力度，批准有关国际公约，密切跟踪武器和爆炸物的销路，切断恐怖主义分子获取资金的渠道。

（四）反应

在应对恐怖主义袭击时加强与有关国家和国际组织的协调和沟通，提升风险评估能力，为恐怖主义的受害者提供必要的帮助。

欧盟的反恐战略要求成员国在反恐斗争中担当首要责任，但欧盟可在以下4个方面予以配合和支持：（1）通过分享信息和交流经验等方式，强化各国反恐的能力建设；（2）促进成员国之间的合作；（3）充分利用欧洲警察署、欧洲司法组织和欧洲国际边界管理署等机构的优势，强化欧盟层面上的反恐能力；（4）促进国际合作。

实施反恐战略，欧盟先后在2007年3月29日、2009年11月26日、2011年1月17日和2016年2月2日公布了4个反恐行动计划（Action Plan），对如何将这一战略的四大支柱落实到实处作出了极为详细的说明。

2016年10月12日，欧盟公布了第一份关于欧盟安全形势的月度报告。该报告指出，在反恐领域，欧盟成员国需要加强合作，强化预防性措施，以消除恐怖主义分子发动恐怖袭击的能力。该报告建议，欧盟委员会应该与司法机构合作，控制各种武器（尤其是杀伤力大的半自动武器）在欧盟范围内的流动，并要对爆炸物品市场加以有效的监管，以防止与爆炸物品有关的原材料落入恐怖分子之手。此外，该报告还要求欧盟有关机构加强反恐信息的搜集、整理和分析。[①]

四、中欧在反恐领域加强合作的方式方法

中欧在反恐领域的合作应着重关注以下几个方面：

（一）尽快消除中欧双方在反恐领域中的认知差距

不容否认，在反恐问题上，中欧双方的官方立场以及学术界、媒体和公众的评论并非完全相同。例如，中方认为，恐怖主义与分裂主义、极端主义密切相连，而欧方则认为，分裂主义是民族问题

[①] European Commission, "A European Agenda on Security State of Play: October 2016". https://ec.europa.eu/home-affairs/sites/homeaffairs/files/what-we-do/policies/european-agenda-security/fact-sheets/docs/20161012/factsheet_ security_ union_ en. pdf.

的一个方面，未必与恐怖主义有关；①又如，中方认为，西方国家不能包容其他文明，以傲慢和偏见对待伊斯兰教，从而诱发了弱势群体的不满，而欧方则认为，恐怖主义行为既剥夺了平民的生命，也扼杀了言论自由。再如，中方认为，美国的霸权主义和强权政治破坏了中东、北非和南亚等地区一些国家的政治稳定，从而助长了恐怖主义行为，而欧方则认为，恐怖主义的根源与这些国家的独裁统治有关。

甚至在如何打击"伊斯兰国"等问题上，中欧的立场也不尽相同。一些欧盟成员国参与了打击"伊斯兰国"的国际行动，而中国则坚持不干涉内政的原则。

为弥合上述"认知差距"，中欧有必要根据《中欧合作 2020 战略规划》的构想，"适时就反恐问题举行专门磋商"。除政府层面的磋商以外，学术界和媒体也应该展开对话，以寻求最大限度的共识，为双方在反恐领域的合作奠定政治基础。

此外，中方还应该明确地向欧方表明以下立场：（1）反恐不能搞双重标准；（2）国际反恐合作应在联合国框架下开展；（3）消除恐怖主义根源的有效手段是妥善处理地区纠纷、恢复地区局势稳定、增强各国治理能力、加快发展经济和切实改善民生。

（二）在欧盟层面上和国别层面上开展合作

根据欧美的反恐战略和行动计划，反恐的首要担当是在成员国层面上。但在制定战略、落实行动、协调政策和提升反恐能力建设

---

① 例如，法国《新观察家》驻北京记者郭玉（又名高洁，法文名为 Ursula Gauthier）称中国境内发生的恐怖袭击是"民族压迫""宗教压迫"所导致的"反抗"。这一公然为恐怖主义行径、为残忍杀害无辜平民行径张目的错误言论，引发了中国民众的公愤。中国外交部发言人表示，她未能就她为恐怖主义行径张目的错误言论向中国民众作出严肃道歉，因此不适合继续留在中国工作。

等领域，欧盟委员会、欧盟对外行动署、欧洲警察署、欧洲司法组织和欧洲国际边界管理署等部门、机构发挥着重要作用。由此可见，中方既要与有关成员国在国别层面上加强合作，也要在欧盟层面上与有关部门和机构开展合作。

（三）加强边境管控和信息交流

中欧双方都有一些人希望加入国外的恐怖主义组织，在国际上从事恐怖主义活动。迄今为止，已有数千名欧洲人出境后加入了国际上的恐怖主义组织，或直接参加"圣战"，或回到欧洲后伺机从事恐怖主义行为。据估计，截至2015年底，出境接受恐怖主义组织的培训或参与"圣战"的欧洲人预计将多达1万人。不能排除拥有欧盟成员国国籍的恐怖分子在进入中国境内后赴新疆等地从事各种非法活动的可能性。

力图在出境后加入国际恐怖主义组织和参与"圣战"的中国人同样不在少数。这意味着，中欧双方应该在边境管控等领域加强合作。

为强化边境管控，中欧双方既要经常不断地交换情报和信息，还应该与潜在的恐怖主义者选择的第三方（如东南亚国家、土耳其和叙利亚等国）加强合作。

此外，由于恐怖主义活动的蛛丝马迹具有极强的隐蔽性和时效性，因此，在金融业和其他一些容易为恐怖主义活动提供便利的部门，中欧也应该加强信息沟通，以便及早甄别和发现恐怖主义活动的前兆，防患于未然。

一些欧盟成员国希望尽快构建一套反恐司法登记系统。中国也应该认真考虑构建这一系统的可行性。毫无疑问，这一系统必将推动双方在反恐信息领域的合作。

（四）在武器贸易领域相互支持

在法国《查理周刊》事件中，恐怖主义者使用了杀伤力极强的常规武器。法国每年都会查缴 4000 多件非法入境的常规武器。因此，欧方希望国际社会采取联合行动，切断恐怖主义者获得武器的渠道。

联合国大会于 2013 年 4 月 2 日通过了《武器贸易条约》。该条约旨在防止武器被用于恐怖活动和大规模屠杀。这是限制常规武器贸易的首个国际准则。欧盟接受了这一条约，中国不接受。一些欧洲学者认为，中国对《武器贸易条约》的不接受加大了中欧在反恐领域合作的难度。

但中国愿意与世界各国合作，防止各种武器、简易爆炸装置、化学品前体和制爆零件的非法扩散。此外，虽然发生在中国的一些恐怖主义活动中较少见到常规武器，但恐怖主义者非法进口军火的案例时有发生。事实上，即使中国尚未接受《武器贸易条约》，中欧仍然有必要与欧盟协作，阻止恐怖主义者在第三方获得任何种类的常规武器。

有些武器可被用于反恐。中方还应该以中欧在反恐领域加强合作为契机，要求欧盟取消始于 1989 年的武器禁运。

（五）加大在核安全领域的反恐合作

恐怖分子无所不为，因此不能排除其利用核材料发动恐怖主义袭击。大量证据表明，他们获取核材料、制造核弹或放射性物质散布装置（"脏弹"）以及蓄意破坏核设施等风险绝对不可低估。核恐怖事件一旦发生，将引发灾难性后果。毋庸置疑，核恐怖主义是对国际安全最具挑战性的威胁之一。这意味着,强有力的核安全措施是防止恐怖分子、犯罪分子及其他非授权行为者获取核材料的最有效途径。

2014年3月在荷兰海牙举行的第三届核安全峰会以"加强核安全、防范核恐怖主义"为主题,中国和多个欧盟成员国的领导人或代表出席了会议。中国国家主席习近平在其重要讲话中指出,"治标和治本并重,以消除根源为目标全面推进核安全努力。完善核安全政策举措,坚持核材料供需平衡,深化打击核恐怖主义国际合作,是消除核安全隐患和核扩散风险的直接和有效途径。只有营造和平稳定的国际环境,才能从根本上解决核恐怖主义和核扩散问题,实现核能持久安全和发展。……我们在核安全领域多作一份努力,恐怖主义就少一次可乘之机。中国将坚定不移增强自身核安全能力,坚定不移参与构建公平、合作、共赢的国际核安全体系,坚定不移支持国际原子能机构主导的核安全国际合作,坚定不移维护地区和世界和平稳定,为实现持久核安全继续作出自己的努力和贡献。"[①]

欧盟同样认为加强核安全、防范核恐怖主义是未来几年国际社会共同面临的重要挑战,因此各国都负有维护核材料和核设施安全的责任,同时要深化国际合作并加强协调,建立国际核安全体系并支持国际原子能机构发挥中心作用。

中欧在这一领域的合作应该关注以下几个方面:(1)尊重和发挥国际原子能机构在国际核安全框架中至关重要的作用;(2)在遵守《核材料实物保护公约》和《制止核恐怖主义行为国际公约》等国际公约时相互磋商、相互学习;(3)通过技术开发、人力资源开发、教育和培训等方式,在强化核安全能力建设的过程中相互取长

[①] "习近平出席第三届核安全峰会并发表重要讲话",2014年3月25日,人民网,http://news.xinhuanet.com/world/2014-03/25/c_119921679.htm。

补短;(4)切断核非法贩运渠道;(5)在核材料存放、核探测、分析鉴定、执法和新技术开发等相关领域分享信息和专业知识。

(六) 积极探讨双方的军队在反恐领域加强合作的可能性

《中华人民共和国反恐怖主义法(草案)》第七十六条规定,"经与有关国家达成协议,并报中央军事委员会批准,中国人民解放军、中国人民武装警察部队可以派员出境执行反恐怖主义任务。"作为派员出境执行反恐怖任务的第一步,中国人民解放军与欧盟军事参谋部(EUMS)就如何在反恐领域加强合作开展对话,甚至还可探讨举行反恐军事演习的可能性。

目前,中国与欧盟的所有成员国都建立了双边军事关系。因此,中国人民解放军还可与欧盟成员国在反恐领域加强合作,包括交流反恐技能和举行反恐军事演习。

(七) 进一步发挥中欧警务培训项目的作用

2014年4月中国发表的第二个对欧盟政策文件指出,"推动中欧警务执法合作发展,落实五年期警务培训合作项目,通过培训、考察和研讨会等形式,扩大中欧在警务管理、社会治安管理、执法规范、刑侦技术以及打击有组织犯罪等领域交流,增进互信,并为共同合作打击恐怖主义和经济犯罪、网络犯罪、毒品犯罪、有组织非法移民活动等严重跨国有组织犯罪奠定基础。"《中华人民共和国反恐怖主义法(草案)》第七十三条规定,"中华人民共和国根据缔结或者参加的国际条约,或者根据有关中央主管机关签订的合作协议,或者按照平等互惠原则,与其他国家、地区、国际组织开展反恐怖主义交流与合作。"

始于2012年的中欧警务培训项目是中欧警方首次在华开展的培训项目，为期5年。这一项目主要通过举办培训班和召开研讨会等形式，在维护社会秩序、打击跨国有组织犯罪和规范化执法等领域开展交流活动，受训人员以中国警察为主。

由于警察在反恐领域的作用不断上升，有必要更好地发挥这一项目在中欧反恐合作领域中的积极作用。具体措施可包括：（1）在认真总结经验的基础上，使这一项目进一步机制化和长期化；（2）扩大培训项目的涵盖面，大幅度增加反恐的内容；（3）选择若干欧盟成员国，在对方开办类似的培训项目。

（八）经常性地开展反恐联合演习

恐怖主义分子使用的技术不断提高，发动袭击的手法也在与时俱进。因此，为了有效地打击恐怖主义，中欧双方必须经常性地开展反恐演习，从中获取实战经验。演习的地点可由双方轮流提供。

结 论

实现各国共同安全，是构建人类命运共同体的题中应有之义。反恐斗争已成为全球治理的重要组成部分。中欧双方都是恐怖主义的受害者，因此有必要在反恐斗争中加强合作。

欧盟的反恐战略注重预防、保护、追踪和反应。中国尚未公开发表成文的反恐战略，但中国领导人的讲话以及中国在反恐领域采取的种种措施都表明，中国的反恐战略实际上与欧盟的反恐战略很相似。

中欧在反恐领域的合作可包括以下八个方面：尽快消除中欧双

方在反恐领域中的认知差距;在欧盟层面上和国别层面上"双管齐下";加强边境管控和信息交流;在武器贸易领域相互支持;加大在核安全领域的反恐合作;积极探讨两军在反恐领域加强合作的可能性;进一步发挥中欧警务培训项目的作用;经常性地开展反恐演习。

(本文曾发表于《全球治理中的中国与欧盟:观念、行动与合作领域》第七章,中国社会科学出版社,2016年版)

图书在版编目（CIP）数据

国际安全秩序与治理：现状与展望/罗英杰，申林主编.—北京：时事出版社，2020.1
ISBN 978-7-5195-0349-9

Ⅰ.①国… Ⅱ.①罗… ②申… Ⅲ.①国家安全—研究—世界 Ⅳ.①D815.5

中国版本图书馆 CIP 数据核字（2019）第 274382 号

出 版 发 行：时事出版社
地　　　　址：北京市海淀区万寿寺甲 2 号
邮　　　编：100081
发 行 热 线：（010）88547590　88547591
读者服务部：（010）88547595
传　　　真：（010）88547592
电 子 邮 箱：shishichubanshe@sina.com
网　　　址：www.shishishe.com
印　　　刷：北京旺都印务有限公司

开本：787×1092　1/16　印张：22　字数：275 千字
2020 年 1 月第 1 版　2020 年 1 月第 1 次印刷
定价：132.00 元
（如有印装质量问题，请与本社发行部联系调换）